2023

Realschule

Original-Prüfungsaufgaben
und Training

W0225365

Hessen

Deutsch

LÖSUNGEN

STARK

19. ergänzte Auflage
www.stark-verlag.de

Inhalt

Fortsetzung siehe nächste Seite

Sobald die Original-Prüfungsaufgaben 2022 freigegeben sind, können die dazugehörigen Lösungen als PDF auf der Plattform MyStark heruntergeladen werden (Zugangscode vgl. Umschlaginnenseite).

Autorin:
Susanne Falk

Vorwort

Liebe Schülerin, lieber Schüler,

dies ist das Lösungsbuch zum Band *Original-Prüfungsaufgaben und Training Deutsch Realschule Hessen* (Best.-Nr. C06140). Es enthält ausführliche und kommentierte Lösungen zu den Übungsaufgaben im Stil der Prüfung sowie zu den vom hessischen Kultusministerium gestellten offiziellen Abschlussprüfungsaufgaben der Jahre 2017 bis 2021. Die Lösungen zur Abschlussprüfung 2022 stehen dir auf der Internetplattform *MyStark* zum Download zur Verfügung.

Die Lösungen ermöglichen es dir, deine Leistung einzuschätzen. Es handelt sich um **Lösungsvorschläge**, die dir zeigen, wie man die Aufgaben richtig und umfassend beantworten kann. Das heißt, dass auch andere Lösungen als die hier abgedruckten möglich sind. Die Lösungen sind manchmal recht ausführlich und geben dir Anregungen, was du alles schreiben könntest. Das heißt nicht, dass deine Antworten auch immer so lang sein müssen. Wichtig ist, dass du die Hinweise beachtest, die in der Aufgabenstellung genannt sind, und alles **vollständig** und **richtig** bearbeitest.

Außerdem gilt: Versuche stets, die Aufgabe zunächst **selbstständig** zu lösen, und sieh nicht gleich in der Lösung nach. Solltest du nicht weiterkommen, helfen dir die grau markierten **Hinweise und Tipps**. Wenn du sie gelesen hast, solltest du unbedingt selbstständig weiterarbeiten. Zusätzliche Hinweise zur Bearbeitung der Aufgaben findest du im Kapitel „Grund- und Merkwissen" des Bandes *Original-Prüfungsaufgaben und Training Deutsch Realschule Hessen.* Am Schluss solltest du deine Lösung mit der Lösung hier im Buch vergleichen und deine eigenen Ergebnisse korrigieren oder ergänzen.

Sollten nach Erscheinen dieses Bandes noch wichtige Änderungen für die Abschlussprüfung 2023 vom Kultusministerium bekannt gegeben werden, findest du aktuelle Informationen dazu auf der Plattform *MyStark*.

Viel Erfolg bei der Abschlussprüfung wünschen dir die Autorin und der Verlag!

Abschlussprüfung Deutsch an Realschulen in Hessen
Übungsaufgabe 1

Teil I: Lesen

1. a) ☒ mehr als drei Viertel seiner Maisernte.

   Hinweis: *Achtzig Prozent sind etwas mehr als drei Viertel (vgl. Z. 18f.).*

   b) ☒ Menschen und Elefanten vor gefährlichen Zusammenstößen zu schützen.

   Hinweis: *vgl. Z. 26f.*

   c) ☒ überschreiten die Elefanten die Grenzen der Schutzgebiete.

   Hinweis: *vgl. Z. 44–47*

   d) ☒ sie die Geräusche nach kurzer Zeit als ungefährlich erkennen.

   Hinweis: *vgl. Z. 69f.*

   e) ☒ Elefanten Akazienbäume mit Bienenstöcken meiden.

   Hinweis: *vgl. Z. 89–92*

2. a) ☒ dem Rauch ausweichen.

   Hinweis: *Die Redewendung „einen Bogen um etwas/jemanden machen" meint, dass man etwas (ver)meiden will, z. B. die Begegnung mit jemandem.*

   b) ☒ es verschiedene Abwehrmittel aus Chili gegen Elefanten gibt.

   Hinweis: *Paletten kennt man einerseits als stabile hölzerne Transportkonstruktionen, andererseits aber auch als Hilfsmittel für Kunstmaler, die darauf ihre Farben anmischen. Auf diese zweite Bedeutung spielt die Verwendung des Begriffs an, denn Malerpaletten weisen eine bunte Farbenvielfalt auf.*

   c) ☒ die Elefantenhaut an bestimmten Stellen besonders dünn ist.

   Hinweis: *Im Text steht, dass die Haut der Elefanten zwar bis zu drei Zentimeter dick ist, aber eben nicht überall. An den genannten Stellen kann der Stachel einer Biene die Haut durchdringen, was auch für Elefanten sehr schmerzhaft ist.*

d) [X] der Drahtzaun doppelten Nutzen hat.

Hinweis: Die Redewendung bedeutet, dass man mit nur einer Handlung zwei Ziele erreicht. Die Zäune bieten zum einen Schutz vor den hungrigen Elefanten, zum anderen liefern die integrierten Bienenstöcke wertvollen Honig. Deshalb haben sie doppelten Nutzen.

3. [X] Nur A und C stehen im Text.

*Hinweis: Für **Aussage A** findet sich der Beleg in den Zeilen 100–103. **Aussage B** stimmt nicht, denn der in Zeile 107 verwendete Begriff „Insekten" wird hier nur als Ersatzwort für Bienen verwendet. **Aussage C** ist richtig, wie ab Zeile 107 deutlich wird. **Aussage D** trifft nicht zu, denn der Zaun aus Draht und Bienenkörben schlägt zwar sprichwörtlich wegen seines doppelten Nutzens „zwei Fliegen mit einer Klappe", kann aber natürlich keine Fliegen abwehren.*

4. ***Hinweis:** Es genügt, wenn du die Textsortenmerkmale in Stichpunkten aufschreibst. Vergiss aber nicht, sie mit passenden Textstellen zu belegen. Als Belege kommen Zitate, reine Zeilenangaben, Verweise auf Textabschnitte oder auch Umschreibungen in eigenen Worten infrage.*

Mögliche Lösungen (vier erforderlich):

- Interessante Überschrift: Der Titel „Ängstliche Riesen" drückt einen Gegensatz aus und weckt auf diese Weise das Interesse der Leser*innen.
- Zweite Überschrift: Sie gibt einen aussagekräftigen Hinweis über den Inhalt des Artikels und damit eine Orientierung für die Leserschaft.
- Teaser/Lead (Z. 1–6)

  ***Hinweis:** In einer kurzen Zusammenfassung erfahren die Leser*innen, worum es in dem Artikel genau geht.*
- Szenischer/erlebnisorientierter Einstieg (Z. 7–20): Eine Elefantenherde zerstört das Maisfeld eines afrikanischen Bauern.

  ***Hinweis:** Die plastische Schilderung dieses Ereignisses dient als Aufhänger für das Thema des Artikels.*
- Expertenmeinung, z. B. Zitate der Elefantenforscherin Lucy King (Z. 40–42, Z. 55–59, Z. 111–114, Z. 136–138)

  ***Hinweis:** Wörtliche oder auch indirekte Zitate von Fachleuten sichern den Wahrheitsgehalt des Inhalts ab.*

- Zahlen, Daten, Fakten als Hintergrundwissen: Gründe für die Zunahme der Plünderungen durch Elefantenherden (Z. 32–39); Versuchsergebnisse in Zahlen (Z. 103–106, Z. 154–160)

  Hinweis: *Fakten dieser Art geben vertiefende Informationen.*
- Fazit: erfolgreicher Einsatz des von Lucy King entwickelten Bienenzauns (Z. 161–168)

  Hinweis: *Das Ergebnis der beschriebenen Methode wird zusammengefasst.*
- Anschauliche Sprachgestaltung: Verwendung von Sprachbildern, z. B. Vergleiche (z. B. Z. 119: „wie von der Biene gestochen"), Metaphern (z. B. Z. 30: „ein summender Verbündeter"), Redewendungen (z. B. Z. 151 f.: „zwei Fliegen mit einer Klappe schlagen")

  Hinweis: *Auf diese Weise werden wissenschaftliche Informationen verständlich und lebensnah aufbereitet.*
- Wechsel der Zeitform: Präsens (z. B. Z. 1–6, Z. 51–59), Präteritum (z. B. Z. 7–10, Z. 13–18, Z. 154–168), Perfekt (z. B. Z. 23–27, Z. 43 f., Z. 60 f., Z. 69 f., Z. 111), Plusquamperfekt (z. B. Z. 10 f., Z. 86–89)

  Hinweis: *Die Darstellung von Beobachtungen und Tatsachen wechselt mit Schilderungen vergangener Ereignisse ab. Damit bekommen die Leser*innen das Gefühl, unmittelbar teilzunehmen.*

5.

Zitat	**Sprachliches Mittel**
„Ängstliche Riesen" (Überschrift)	B
„Wie eine Naturgewalt walzte die Herde über den Acker" (Z. 13 f.)	D
„mit dem beißenden Rauch verbrennender Chili-Schoten" (Z. 74 f.)	C
„in rupfenden Rüsseln" (Z. 164 f.)	A

Hinweis: Antithese (B): *Die Kombination von „ängstlich" und „Riesen" drückt einen Gegensatz aus, da man den Begriff „Riesen" mit etwas sehr Großem und Furchteinflößendem verbindet.* ***Vergleich (D):*** *Das Verbindungswort „wie" kennzeichnet dieses Sprachbild als Vergleich.* ***Personifikation (C):*** *Dem Rauch der verbrennenden Chilischoten wird die Fähigkeit eines lebendigen Wesens (beißen) zugesprochen.* ***Alliteration (A):*** *Damit bezeichnet man den gleichen Anlaut aufeinanderfolgender Wörter.*

6. a) Es handelt sich bei diesen Ausdrücken um Metaphern.

Hinweis: Bei Metaphern wird ein Begriff durch einen anderen, bildhaften Ausdruck bzw. eine Wortgruppe aus einem anderen Themenbereich ersetzt.

b) Durch die Verwendung der Metaphern vermeidet die Autorin zum einen allzu häufige Wiederholungen, zum anderen wird der Text durch diese bildhaften Ausdrücke lebendiger und anschaulicher.

7. ***Hinweis:*** *Beim textbezogenen „Erläutern" geht es darum, wichtige Aussagen und Zusammenhänge aus dem Text abzuleiten und mithilfe von Beispielen (Zitate, Umschreibungen) nachvollziehbar darzulegen. Für die vollen sechs Punkte müssen zwei verschiedene Gründe für die Zunahme der Konflikte aus dem Text abgeleitet, mit eigenen Worten dargestellt und belegt werden.*

Bis vor 40 bis 50 Jahren wurden viele Elefanten von Wilderern getötet, sodass die wandernden Herden nicht so groß waren. Seit die illegale Jagd abgenommen hat, gibt es wieder mehr Elefanten, die auf der Suche nach Futter Felder zerstören (vgl. Z. 34–37, Z. 44–50).
Gleichzeitig wächst auch die Bevölkerung in vielen Regionen Afrikas. Dadurch wird der Lebensraum für die Elefanten immer kleiner, weil die Menschen das Land für Wohnraum, Felder und Viehweiden benötigen (vgl. Z. 37–42).

8. ***Hinweis:*** *Hier sollen bestimmte Aussagen und Inhalte erkannt und aus dem Textzusammenhang herausgelöst werden. Es geht bei dieser Aufgabe also nur darum, die verschiedenen vorgestellten Methoden zur Abschreckung von Elefanten darzustellen. Du musst weder begründen, warum die Tiere vertrieben werden sollen, noch beschreiben, wie die Verhaltensforscher zu ihren Ergebnissen gekommen sind. Es gibt jeweils zwei Punkte für ein schlüssig herausgearbeitetes Beispiel mit dem passenden Textverweis (Zeilenangabe).*

Mögliche Lösungen (zwei erforderlich):

- Eine einfache, aber nur kurzfristig wirksame Methode, um Elefanten zu vertreiben, ist die Erzeugung von Lärm, z. B. durch Trommeln oder Feuerwerk. Die Tiere lernen jedoch schon nach kurzer Zeit, dass der Krach nicht gefährlich ist. (Vgl. Z. 65–71)
- Beim Verbrennen von Chilischoten entsteht ein scharfer Rauch, dem die empfindlichen Tiere offenbar lieber aus dem Weg gehen und an den sie sich nicht so schnell gewöhnen wie an Lärm. Deshalb gibt es inzwischen verschiedene Produkte, die Chili enthalten und die von den Bauern als Vertrei-

bungsmittel eingesetzt werden, z. B. Spray oder Öl, das auf die Zäune geschmiert wird, oder chilihaltige Briketts, deren Qualm beim Verbrennen die Elefanten vertreibt. (Vgl. Z. 72–85)
- Da Elefanten Angst davor haben, von Bienen gestochen zu werden, sind sogenannte Bienenzäune ein besonders wirksames Mittel, Elefanten von den Feldern fernzuhalten. Dabei werden Bienenstöcke mit Draht verbunden und um die Felder herum aufgestellt. (Vgl. Z. 148–160)

9. ✎ ***Hinweis:*** *Bei einer Erklärung sollen Zusammenhänge durch verständliche Formulierungen deutlich werden. Du musst also die angegebene Textstelle noch einmal genau lesen und anschließend mit eigenen Worten den Ablauf des „Bienen-Alarms" aufschreiben.*

Wenn Elefanten das Summen angriffslustiger Bienen hören, verhalten sie sich schon so, als ob sie die Insekten abschütteln und vertreiben würden: Sie wirbeln Staub auf und schütteln heftig die Köpfe. Anschließend flüchten sie und stoßen dabei ein typisches grollendes Geräusch aus, was auf ihre Artgenossen wie ein Alarmsignal wirkt und sie ebenfalls zur Flucht veranlasst. (Vgl. Z. 111–121)

10. ✎ ***Hinweis:*** *Egal ob du die Forderung ablehnst oder ihr zustimmst, in beiden Fällen kommt es darauf an, dass du deine Haltung nachvollziehbar begründen kannst. Dazu kannst du dich sowohl auf Sachverhalte stützen, die im Text genannt werden, als auch auf allgemeine Erkenntnisse oder dein eigenes Wissen.*

Ablehnung:
Ich kann dieser Forderung nicht zustimmen, da sie an der Realität vorbeigeht. Im Text steht, dass Elefanten Wanderer sind, „die auf der Suche nach Wasser und Futter immer wieder die Grenzen dieser Refugien [Schutzgebiete] überschreiten" (Z. 45–47). Das bedeutet, dass es auf artgerechte Weise nicht möglich ist, die Tiere in festgelegten Gebieten zu halten. Würde man das versuchen, könnte man die Elefanten genauso gut in zoologische Gärten einsperren.

Zustimmung:
Ich kann diese Forderung gut nachvollziehen. Die wachsende Bevölkerung hat ein Recht darauf, das Land zur Besiedelung und zur Nahrungsmittelproduktion zu nutzen. Lässt man die Elefanten weiterhin ungehindert durch die Felder ziehen und die Arbeit der Bauern zerstören, haben die Länder in Afrika niemals die Chance, sich aus der Abhängigkeit von der Entwicklungshilfe reicher Nationen zu befreien.

Teil II: Schreiben

II.A: Textproduktion (Wahlaufgabe)

a) *Hinweis: Bei dieser Aufgabe kannst du von einem eigenen Erlebnis erzählen, aber natürlich kannst du auch etwas erfinden. Wichtig ist, dass du deine Geschichte in Einleitung, Hauptteil und Schluss gliederst und ihr einen Spannungsverlauf gibst, der die Leser*innen dazu veranlasst weiterzulesen. Überlege dir, wie du deinen Text abwechslungsreich und anschaulich gestalten kannst (Satzbau, Wortwahl, wörtliche Rede etc.). Die Leser*innen deiner Geschichte sollten sich die dargestellte Situation und die beteiligten Personen gut vorstellen können. Achte daher auf treffende und lebendige Beschreibungen, denke aber auch daran, dich nicht in Einzelheiten zu „verzetteln“: Der rote Faden in deiner Geschichte sollte immer klar erkennbar bleiben.*

Fipsi ist weg

treffende Überschrift

Seit ich denken kann, habe ich mir ein eigenes Haustier gewünscht. Nach langem Bitten und Betteln bekam ich zu meinem zehnten Geburtstag einen kleinen Hamster geschenkt. Sein weiches Wuschelfell war blond-weiß gescheckt, er hatte zartrosa Tütenöhrchen und allerliebste schwarze Knopfaugen, mit denen er neugierig zwischen den Gitterstäben seines Käfigs hervorschaute. Fipsi, wie ich das Hamsterkind taufte, wurde sehr schnell zutraulich.

Einleitung
Darstellung der Ausgangssituation

Beschreibung des Hamsters Fipsi

Da das Tierchen den gesamten Tag verschlief, war es am Abend, wenn ich den Käfig öffnete, voller Tatendrang. Die Abenteuerspielplätze, die mein Bruder ihm aus Legosteinen und leeren Klopapierrollen baute, reichten ihm bald nicht mehr. Er liebte es, sich in den Spalt zwischen Bücherregal und Wohnzimmerwand zu quetschen und mit seinen kleinen Krallenfüßen wie ein Extremkletterer an der rauen Tapete senkrecht nach oben zu robben. Dann saß er oben auf dem Regal, wischte sich die Spinnweben aus dem Bart und blickte triumphierend aus seinen blanken Äuglein hinunter ins Wohnzimmer. Denselben Weg zurück traute er sich allerdings nicht zu, sondern er ließ sich hinunterheben, um sofort wieder hinter dem Regal zu verschwinden und die nächste Klettertour anzugehen. Außer dem zarten Kratzen seiner

Hauptteil
Schilderung der allabendlichen Klettertouren des Hamsters

Spannungsaufbau: Knuspergeräusche hinter dem Regal

Krallen hörte man dabei auch immer wieder emsige Knuspergeräusche, was besonders meinen Vater ziemlich irritierte. Was in aller Welt konnte Fipsi hinter dem Regal zu fressen vorfinden?

besonderes Ereignis / Höhepunkt: plötzliches Verschwinden des Hamsters

Eines Abends passierte es: Fipsi verschwand wie immer hinter dem Regal, tauchte auf seinem Ausguck aber nicht auf. Wir warteten stundenlang, ich sollte ins Bett gehen, doch ich weinte, jammerte und flehte, bis meine Eltern das gesamte Bücherregal ausräumten, um das schwere Möbel von der Wand abrücken zu können. Kein Hamster, doch die Isolierung des Antennenkabels, das hinter dem Regal verlief, war vollkommen abgefressen. Das erklärte zwar die Fressgeräusche, tröstete mich aber nicht. Fipsi blieb verschwunden.

tagelange Suche

In den folgenden Tagen suchte ich jeden Winkel und jeden Spalt in der Wohnung ab, leuchtete mit der Taschenlampe hinter Möbelfüße und abstehende Sockelleisten – nichts.

Aufstellen von Futterquellen

Dann begann ich, kleine Näpfchen mit Hamsterfutter an strategischen Punkten in der Wohnung aufzustellen. Und tatsächlich: Irgendjemand schien sich an den Körnern zu bedienen. Ich wollte mich nachts auf die Lauer legen, doch meine Eltern schickten mich ins Bett. Aber jetzt war ich mir sicher, dass Fipsi lebte, nächtliche Streifzüge in der Wohnung unternahm und irgendwo einen Schlafplatz gefunden hatte. Wo konnte das sein? Weitere Tage der Ungewissheit verstrichen, bis meine Mutter den Handfeger unter der Spüle hervorholte und verblüfft feststellte, dass die Haare des kleinen Besens vollkommen abgefressen waren.

Auflösung der Spannung: Wiederfinden des Hamsters

Kurze Zeit später fanden wir des Rätsels Lösung: Fipsi hatte entlang des Wasserzulaufs einen Weg hinter die Spülmaschine gefunden und sich dort ein gemütliches Nest aus Besenhaaren gebaut. Verschlafen blinzelte er ins Licht der Taschenlampe, als ich durch den schmalen Spalt unter der Spüle leuchtete.

Schluss

Konsequenzen des Ereignisses

Zurück im Käfig, schien er mir ziemlich erleichtert. Aber es dauerte eine Weile, bis er wieder ins Wohnzimmer durfte. Das neue Antennenkabel hat mein Vater direkt unter der Zimmerdecke verlegt.

b) *Hinweis: **Berichte** dienen dazu, ihre Leserschaft über eine Handlung, ein Ereignis oder eine Situation zu **informieren**. Der Bericht enthält alle wichtigen Fakten, die mithilfe der **W-Fragen** dargestellt werden. Die Sprache ist sachlich und neutral, d. h., die eigene Meinung des Verfassers bzw. der Verfasserin soll nicht enthalten sein. Geschrieben wird der Bericht in den Zeitformen der Vergangenheit (überwiegend Präteritum), da das Ereignis bereits passiert ist (Ausnahme: Zitate von Beteiligten).*
*Formuliere eine passende **Überschrift**, die Interesse weckt. In der **Einleitung** gibst du in einem sogenannten Berichtskern einen Überblick über die wichtigsten Fakten: **Was** ist **wann** und **wo** passiert, **wer** war beteiligt? Der **Hauptteil** befasst sich ausführlich mit dem Ablauf des Geschehens und beantwortet dabei die W-Fragen: **Warum? Wie? Womit? Welche Folgen** hat das Ereignis? Im **Schlussteil** kannst du zur Abrundung z. B. Beteiligte in Form eines Zitats zu Wort kommen und sie ein Fazit ziehen lassen.*

Tierschutz macht Schule

treffende Überschrift

Einleitung / Lead mit einer kurzen Zusammenfassung der wichtigsten Informationen (Was? Wann? Wer? Wo?)

Der Welttierschutztag ist ein internationaler Aktionstag, der seit fast 100 Jahren am 4. Oktober begangen wird und daran erinnern soll, dass wir Menschen für das Wohl der Tierwelt verantwortlich sind und Rücksicht auf die Bedürfnisse aller Lebewesen in unserer Umgebung nehmen müssen. Auf Anregung der Klassen- und Biologielehrerin Frau Sperber-Schmidt hat die 10B3 der Bertha-von-Suttner-Schule in diesem Jahr an der Aktion teilgenommen und mit verschiedenen Projekten erprobt, wie Schüler*innen in ihrer direkten Umgebung praktischen Tierschutz ausüben können.

Hauptteil Erläuterung der Hintergründe (Warum?)

Die Idee zu dem Projekt entstand, weil sich auffällig viele Schülerinnen und Schüler im Rahmen ihrer mündlichen Abschlussprüfung mit Themen beschäftigen wollten, die mit Massentierhaltung, umweltverträglicher Nahrungsmittelproduktion, dem Artensterben, sogenannten „Qualzüchtungen“ bei Haustieren oder auch veganer und vegetarischer Ernährung zu tun haben. Frau Sperber-Schmidt schloss daraus, dass diese Fragestellungen ihre Klasse weit mehr interessierten als der aktuelle Unterrichtsstoff in Biologie, und schlug deshalb vor, anlässlich des Welttierschutztages am 4. Oktober eine Projektwoche zum Thema „Tierwohl geht uns alle an“ durchzuführen.

Durchführung / Vorgehensweise: Festlegung von Arbeitsschwerpunkten / Gruppenfindung (Wie? / Womit?)

Dazu wurde zunächst mithilfe eines Brainstormings in der Klasse ein Katalog mit Themenschwerpunkten und Fragestellungen entwickelt, zu denen in verschiedenen Arbeitsgruppen recherchiert und gearbeitet werden sollte. Biniam, Devin, Anke, Eleni und Jean-Paul wollten sich mit Herkunft und Zusammensetzung unseres Mensaessens beschäftigen und dabei den Anteil an biologisch erzeugten Lebensmitteln überprüfen. Außerdem hatten sie vor, gemeinsam mit dem Zulieferer die Möglichkeit zu diskutieren, einmal wöchentlich nur vegetarische oder vegane Gerichte anzubieten. Die Gruppe von Emilia, Phoebe, Lennox und Vivienne plante eine Schulhoferkundung: Welche Tierarten leben auf dem Außengelände unserer Schule? Wie kann eine naturnahe Schulhofgestaltung aussehen? Gibt es genügend Nist- und Rückzugsmöglichkeiten für einheimische Wildvögel? Passend zu diesem Thema wollten Jannis, Leonie, Marvin, Mike und Aeneas ein ganz besonderes Insektenhotel designen und ihren Entwurf in der Holzwerkstatt mit verschiedenen Materialien umsetzen. Eine Wandzeitung mit aktuellen Informationen zum Thema „Massentierhaltung und mögliche Alternativen" war die Aufgabe, der sich Marlon, Melina, Leony, Laura und Kaswa widmeten. Die Gruppe von Sebastian, Till, Maria, Silas und Aleyna entwarf eine Liste mit Interviewfragen, mit denen sie in den Parallelklassen die Ernährungsgewohnheiten ihrer Mitschüler*innen sowie deren Kenntnisstand über Biolebensmittel erfragen und anschließend in einer Statistik zusammenstellen wollten. Mit welchen Problemen seit der Corona-Pandemie die Tierheime in der Umgebung zu kämpfen haben, war das Thema von Eleni, Jannis, Faycal, Aleksa und Marvin.

Beispiele für die Umsetzung

Nachdem die Aufgaben verteilt waren, machte sich die Klasse mit Feuereifer an die Arbeit. Die Tierheimgruppe bekam von der Schulleitung die Erlaubnis, mit dem Bus nach Hanau und Fechenheim zu fahren, um in den dortigen Tierauffangstationen zu recherchieren. In der Holzwerkstatt entstand aus Kiefernholz, Stroh, Bambus, Tannenzapfen und anderen Naturmaterialien nach Leonies ungewöhnlichem Entwurf ein Insektenhotel, das wie ein mehrstöckiges Fachwerkhaus aussah. Lennox hatte von seinem Opa leihweise zwei Wildtierkameras bekommen, mit denen die nächtlichen Tierbewegungen auf dem Schulgelände aufgezeichnet werden konnten. Außerdem erstellte die Gruppe ein Register der vorhandenen Nisthilfen und dokumentierte mithilfe von Fotos und Bestimmungsbüchern, welche Wildvogelarten sich bereits jetzt auf unserem Schulhof zu Hause fühlen.

Beispiel für Schwierigkeiten bei der Umsetzung

Die größten Schwierigkeiten, zu Ergebnissen zu kommen, ergaben sich bei der Mensagruppe. Die Zulieferfirma konnte oder wollte keinen Gesprächstermin mit den Jugendlichen ausmachen und auch keine Informationen über die Herkunft der verarbeiteten Lebensmittel liefern. Deshalb beschlossen Biniam und seine Gruppe, sich stattdessen das Mensaangebot genauer anzuschauen und mithilfe von Befragungen nach Beliebtheit und Geschmack einen tierwohlgerechten Essensplan zusammenzustellen.

Arbeitsergebnisse

Am Ende der Woche dokumentierten die Gruppen ihre Arbeitsergebnisse in Form von Fotos, Texten und Diagrammen auf großen Plakaten, die an Stellwänden befestigt in der Aula den anderen Klassen und auch dem Lehrerkollegium gezeigt wurden.

Welche Folgen ergeben sich aus dem Projekt?

Einige der Präsentationen führten zu hitzigen Diskussionen, z. B. ob die Schule vom Essenszulieferer ein tierwohlgerechtes Mensaangebot einfordern könnte. Besondere Aufmerksamkeit bekam auch das große Fachwerk-Insektenhotel; es wird demnächst im Schulgarten aufgestellt und soll möglichst vielen nützlichen Krabbeltieren Unterschlupf bieten. Für den meisten Gesprächsstoff sorgte jedoch der Film, den die Schulhofgruppe aus den Aufnahmen der beiden Wildtierkameras zusammengeschnitten hatte: Niemand hätte gedacht, dass so unterschiedliche nachtaktive Mitlebewesen das Schulgelände als Jagd- und Kampfrevier nutzen und vor allem ihren Speiseplan mit den entsorgten Pausenbrotresten ergänzen: Außer verschiedenen Katzen aus den angrenzenden Wohngebieten gehen mindestens zwei Marder, ein Fuchs, mehrere Igel, ein Wiesel, Spitzmäuse, Feldmäuse und sogar ein Kauz regelmäßig rund um die Schule auf Nahrungssuche. In einem Kommentar zu ihrem Film appellierte die Gruppe an alle Schüler*innen, den für die Tiere ungesunden Abfall nicht in den umliegenden Hecken zu entsorgen.

Dass ihnen die Projektwoche trotz mancher Schwierigkeiten viel gebracht hat, davon sind alle in der Klasse überzeugt. „Bei dieser Aktion habe ich viel mehr über mein Prüfungsthema gelernt, als wenn ich mich alleine damit auseinandergesetzt hätte. Außerdem hat es auch noch Spaß gemacht", lautet stellvertretend für die Klasse Melinas Fazit, die demnächst ihre Projektprüfung über „Alternativen zur Massentierhaltung" ablegen wird. Und auch Lennox hat seine Sichtweise geschärft: „Seit ich weiß, wer hier alles wohnt, sehe ich unseren Schulhof mit ganz anderen Augen."

Schluss

positives Fazit:
- Hilfe bei der Prüfungsvorbereitung
- veränderte Sichtweise

II.B: Sprachliche Richtigkeit

1. Das drittwichtigste Nutztier in Europa ist die Biene. Nicht nur die Imker**, (fehlendes Komma)**[1] sondern vor allem die Blütenpflanzen ~~profitiren~~ **profitieren**[2] von der Beziehung zwischen Bienchen und Blümchen. Auf die ~~bestäubung~~ **Bestäubung**[3] durch die schwarz-gelben Brummer sind nahezu 80 Prozent der heimischen ~~Nutzpflantzen~~ **Nutzpflanzen**[4] angewiesen, um ihre Vermehrung sicherzustellen. Das heißt: ~~Gähbe~~ **Gäbe**[5] es keine Bienen, würden nur ~~Zwei~~ **zwei**[6] statt hundert Äpfel reifen. Experten schätzen den volkswirtschaftlichen Nutzen der ~~Inseckten~~ **Insekten**[7] allein in Deutschland auf annähernd zwei Milliarden Euro, europaweit soll die Zahl nach ~~Ausage~~ **Aussage**[8] des Imkerbundes 14,4 Milliarden Euro betragen. Damit belegt *Apis mellifera*, wie die Honigbiene unter Zoologen genannt wird**, (fehlendes Komma)**[9] nach Rind und Schwein Platz drei der wichtigsten Nutztiere. ~~Wärend~~ **Während**[10] man auf Fleisch ~~nothfalls~~ **notfalls**[11] verzichten könnte, ist der Einsatz der eifrigen Bestäuber durch nichts zu ersetzen. Auch von blühenden ~~Landschafften~~ **Landschaften**[12] müssten wir ohne die Arbeit der bienenfleißigen Helfer wohl Abschied nehmen.

Hinweis:* *1*) *Bei „sondern" handelt es sich um eine Konjunktion, die einen Gegensatz zum Ausdruck bringt. Vor „sondern" muss immer ein Komma stehen.* ***2*) Der zweite i-Laut wird lang gesprochen, daher musst du „ie" schreiben.* ***3****) Dass es sich hier um ein Nomen handelt, erkennst du an dem vorangestellten Artikel „die".* ***4****) Du musst das Wort „Nutzpflanze" mit einfachem „z" schreiben, da dem „z" ein Konsonant vorausgeht. Nur nach kurzem Vokal schreibt man „tz" (z. B. pu****tz****en).* ***5)*** *Ein Dehnungs-h steht nur vor den Konsonanten „l", „m", „n" und „r", nie vor „b".* ***6****) Bei „zwei" handelt es sich um ein Adjektiv (Zahlwort), das sich auf das Nomen „Äpfel" bezieht.* ***7****) „Insekt" ist ein Fremdwort (von lateinisch „insectum"). Daher schreibt man nicht „ck", obwohl ein kurz gesprochener Vokal vorangeht. Sieh im Wörterbuch nach, wenn du dir bei der Schreibung unsicher bist.* ***8****) Suche nach einem verwandten Wort und zerlege es in seine Bestandteile: Aussage → aussagen (Vorsilbe „aus" + Verb „sagen").* ***9****) Das „wie" ist hier eine Konjunktion und leitet einen Nebensatz ein. Nach dem finiten Verb am Nebensatzende („wird") muss daher ein Komma stehen.* ***10****) Das „ä" in „während" wird lang gesprochen und es folgt der Konsonant „r", deshalb muss das Dehnungs-h stehen.* ***11****) Suche nach einem verwandten Wort und zerlege es in seine Bestandteile: notfalls → Notfall → Not + Fall. Das Nomen „Not" schreibt man ohne „h" am Ende.* ***12****) Auf den kurz gesprochenen Vokal in „-schaften" folgen zwei verschiedene Konsonanten („f" und „t"). In diesem Fall schreibt man keinen Doppelkonsonanten „ff".*

2. b) Es hatte Nachts geregnet und gestürmt, sodass der Boden voll mit nassem Laub lag und die Schüler*innen ständig ins Rutschen kamen.

Hinweis: „nachts" ist hier Adverb → Kleinschreibung

c) Am Gefährlichsten war es neben dem Eingang, wo sich die Fünftklässler mit dem Werfen von nassen Blättern vergnügten.

Hinweis: Superlativ zum Adjektiv „gefährlich" → Kleinschreibung

e) So kam es, dass ein Schüler mit einem Haufen Laub etwas Hartes an den Kopf bekam und zum verbinden in den Sanitätsraum musste.

Hinweis: „Verbinden" ist hier eine Nominalisierung. Du erkennst sie an dem vorangestellten Artikel (zum Verbinden = zu dem Verbinden).

g) Der Übeltäter musste wegen seines ungehorsams eine Strafarbeit schreiben.

Hinweis: Das Possessivpronomen „sein" ist ein typischer Nomenbegleiter.

3.

Satz	Begründung
„Guten Morgen!", rief die Klasse zur Begrüßung im Chor.	C
Das war ungewöhnlich, denn es war bereits die letzte Stunde des Vormittags.	E
Die Lehrerin erzählte den Kindern, dass sie sie zu einem Naturschutzwettbewerb angemeldet habe.	D
Die Klasse, besonders die Jungen, war sofort begeistert.	B
Sie riefen durcheinander: „Wir schaffen das, wir gewinnen auf jeden Fall, wir sind die Besten!"	E

***Hinweis: Satz 1:** Bei direkter Rede steht nach dem schließenden Anführungszeichen immer ein Komma, wenn ein Redebegleitsatz folgt. **Satz 2:** „Denn" ist hier eine nebenordnende Konjunktion, die zwei Hauptsätze miteinander verbindet (finites Verb jeweils an zweiter Position im Satz). **Satz 3:** „Dass" leitet als unterordnende Konjunktion einen Nebensatz ein (finites Verb „habe" am Satzende). **Satz 4:** „besonders die Jungen" ist kein eigenständiger (Neben-)Satz, sondern ein nachgestellter Einschub, da kein Verb enthalten ist. **Satz 5:** Es handelt sich um drei Hauptsätze, die durch Komma voneinander getrennt werden. Jeder Satz könnte auch für sich alleine stehen.*

4.

Satz	**Strategie**
Die Klasse wünscht ihrem Lehrer **G**esundheit und ein langes Leben.	A
Beim Klettern brach Tom sich den Fu**ß**.	E
Weil die Hose zu kurz war, musste sie verl**ä**ngert werden.	B
In dürren Blättern säuselt der Win**d**.	C
Nach dem Fest mussten die Schüler*innen den Saal aufr**äu**men.	B

Hinweis: Satz 1: *„Gesundheit“ ist ein Nomen; „-heit“ ist eine typische Nomenendung.* ***Satz 2:*** *scharfes „ß“ nach lang gesprochenem Vokal;* ***Satz 3:*** *Wortursprung: lang → verlängert;* ***Satz 4:*** *Mehrzahl: Winde → Wind; der Binnenlaut „d“ wird weich gesprochen.* ***Satz 5:*** *auf + räumen, Wortursprung: Raum → räumen*

Abschlussprüfung Deutsch an Realschulen in Hessen
Übungsaufgabe 2

Teil I: Lesen

1. Die Luft ist **lau**. Es wird **Frühling**. Aus dem Wald erklingen **Hörner**. Die Augen leuchten vor **Mut**. Das bunte „Wirren" des Frühlings wirkt wie ein **wilder Fluss** und verlockt dazu, **in die (schöne) Welt** zu ziehen.

   Hinweis: *vgl. V. 1f., V. 3 („Hörnerklang"), V. 4 („Mutger Augen"), V. 6f.*

2. a) ☒ das Farbenspiel und die Lebendigkeit des Frühlings

   b) ☒ Bewegung und Aufbruch.

   c) ☒ Das lyrische Ich will sich von der Aufbruchsstimmung des Frühlings mitreißen lassen.

   Hinweis: *Die erste Antwortmöglichkeit ist falsch, da sie nicht berücksichtigt, dass nach der übertragenen Bedeutung der Verse gefragt wird. Das lyrische Ich will sich „**nicht** bewahren". Sich vor etwas bewahren heißt, dass man sich vor etwas schützen möchte. Das lyrische Ich möchte sich aber nicht schützen, es möchte „auf dem Strome fahren", d. h. im übertragenen Sinne, dass es sich von der Aufbruchsstimmung mitreißen lassen möchte.*

   d) ☒ Trennung

   Hinweis: *Das lyrische Ich muss sich von seiner Familie und seinen Freunden trennen, wenn es in die Welt ziehen möchte.*

3. a) ☒ Freude

   b) V. 10: „Weit von euch treibt mich der Wind." Das lyrische Ich muss Abschied nehmen von seinen Freunden/seiner Familie.

   V. 15f.: „[…] Ich mag nicht fragen,/Wo die Fahrt zu Ende geht!" In die Freude über den Frühling mischt sich Wehmut; das lyrische Ich weiß, dass „die Fahrt", d. h. Frühling und Aufbruchsstimmung, irgendwann zu Ende sein wird.

Hinweis: Beachte, dass in Aufgabe a) nach der Grundstimmung, d. h. nach der vorherrschenden Stimmung gefragt wird. Das lyrische Ich empfindet zwar auch Wehmut, die Freude überwiegt aber.

4. a) *Fühlen:* „Laue Luft“ (V. 1); das lyrische Ich fühlt sich getrieben („Weit von euch treibt mich der Wind“, V. 10); „selig“ (V. 12)

   Hören: „Hörnerklang geschossen“ (V. 3); „Stromes Gruß“ (V. 8); „Tausend Stimmen lockend schlagen“ (V. 13)

   Sehen: „blau“ (V. 1); „Mutger Augen lichter Schein“ (V. 4); „bunt und bunter“ (V. 5); „schöne Welt“ (V. 7); „Hoch Aurora flammend weht“ (V. 14)

   b) V. 2: „Frühling, Frühling soll es sein.“ Das lyrische Ich spürt die ersten Vorboten des Frühlings und ist schon sehr ungeduldig. Es kann die Ankunft des Frühlings kaum noch erwarten.

   V. 11: „Auf dem Strome will ich fahren.“ Das lyrische Ich möchte sich mitreißen lassen von den Glücksgefühlen, die der anbrechende Frühling bei ihm auslöst.

   V. 15 f.: „Fahre zu! Ich mag nicht fragen,/Wo die Fahrt zu Ende geht!“ Das lyrische Ich will sich seiner freudigen Stimmung hingeben und bewusst verdrängen, dass diese nicht immer so schön bleiben wird.

5. a) In den Versen 2, 9, 12, 15 und 16 sind Ausrufe enthalten. Das verstärkt die Darstellung der Begeisterung des lyrischen Ichs über den Frühling.
   Die Vokale „a“ und „o“ („magisch“, „Strom“, „Glanze“, „lockend“, „hoch“, „Aurora“) drücken die Überschwänglichkeit und das freudige Erstaunen über die vielfältigen Erscheinungsformen des Frühlings aus.

   b) Das Gedicht enthält viele Sprachbilder, die Bewegung ausdrücken: „blau geflossen“ (V. 1), „magisch wilder Fluss“ (V. 6), „[…] hinunter/Lockt dich dieses Stromes Gruß“ (V. 7 f.), „Weit von euch treibt mich der Wind“ (V. 10), „Auf dem Strome will ich fahren“ (V. 11), „Hoch Aurora flammend weht “ (V. 14).

6.

Zitat	Sprachliches Mittel
„Und das Wirren bunt und bunter“ (V. 5)	B / A
„Weit von euch treibt mich der Wind“ (V. 10)	E
„Waldwärts Hörnerklang geschossen, / Mutger Augen lichter Schein“ (V. 3 f.)	C
„Frische Fahrt“ (Titel); „Laue Luft […]“ (V. 1)	A
„Hoch Aurora flammend weht“ (V. 14)	F / E

7. a) Reimschema: Kreuzreim (abab, cdcd, efef, ghgh); Metrum: Trochäus

   b) Die unvollständigen Sätze in der ersten Strophe (V. 3 f.) verstärken das beschriebene „bunte Wirren“ (vgl. V. 5) des anbrechenden Frühlings.

   Der durchgängige Kreuzreim vermittelt Dynamik und unterstreicht damit die Vorwärtsbewegung der Fahrt.

   Das regelmäßige Metrum des vierhebigen Trochäus sorgt für fließende Bewegung und unterstützt die lustvolle Aufbruchsstimmung des Gedichts.

8. *Lösungsvorschlag 1:*
Meiner Meinung nach trifft die erste Aussage am ehesten zu. Mithilfe zahlreicher Sprachbilder und der äußeren Form des Gedichts werden Bewegung und Beschleunigung dargestellt. Der Grund für all dies Fließen, Fahren und Wehen ist der Beginn des Frühlings und das Ende des Winters, in dem die Natur stillstand. Mit dem ersten zarten Wehen der „lauen Luft“ (V. 1) ist dieser Zustand beendet, der Frühling löst die Starre mit Wärme und bunten Farben. Das Gedicht umschreibt die Bewegung, die die wieder erwachende Natur mit sich bringt. Auch die Menschen lassen sich von der Dynamik des Frühlings anstecken, verlassen ihre Häuser und gehen auf Reisen, wie es schon der Titel „Frische Fahrt“ vermittelt.

   Lösungsvorschlag 2:
Ich entscheide mich für die zweite Aussage. Wie in vielen Gedichten, in denen Jahreszeiten verschiedene Lebensalter symbolisieren, steht auch hier der Frühling für den Aufbruch in einen neuen Lebensabschnitt. Das „bunte Wirren“ (vgl. V. 5) könnte für die Unsicherheiten der Pubertät stehen, der „magisch wilde“ (V. 6) Fluss ist der Fluss des Lebens, der gefährlich, aber auch geheimnisvoll

und verlockend ist. Noch deutlicher wird diese Interpretationsmöglichkeit in der zweiten Strophe. Das lyrische Ich wirft alle Bedenken über Bord, lässt sich betören von den Möglichkeiten, die ihm das Leben bietet („Von dem Glanze selig blind!“, V. 12) und gibt sich dem Abenteuer des Lebens hin. Dabei geht es bewusst das Risiko ein, das Ziel nicht zu kennen: „Fahre zu! Ich mag nicht fragen/ Wo die Fahrt zu Ende geht!“ (V. 15 f.)

Lösungsvorschlag 3:
Die letzte Aussage passt am besten auf das Gedicht. Zunächst wird ausführlich beschrieben, welche Sinneseindrücke durch den erwachenden Frühling vom lyrischen Ich wahrgenommen werden: Es spürt die warme Luft, hört den Klang der Jagdhörner, sieht die verwirrend bunten Farben, mit denen sich die Natur nach dem Grau des Winters schmückt. Voller Begeisterung lässt es sich mitreißen und gibt sich genießerisch der Fülle der Wahrnehmungen hin: „Auf dem Strome will ich fahren/Von dem Glanze selig blind!“ (V. 11 f.). In all diese Freude mischt sich jedoch bereits Wehmut über das baldige Ende des Frühlings: „Ich mag nicht fragen,/Wo die Fahrt zu Ende geht!“ (V. 15 f.)

Teil II: Schreiben

II.A: Textproduktion (Wahlaufgabe)

a) *Hinweis: Bei dieser Aufgabenstellung sollst du die Eingangsfrage erörtern und zu einem begründeten Ergebnis, das heißt zu einer abschließenden Antwort kommen. In der Einleitung greifst du das Thema mit der Fragestellung auf und formulierst dabei die beiden gegensätzlichen Positionen. Den Hauptteil gliederst du in einen Pro- und einen Kontra-Abschnitt mit jeweils zwei bis drei Argumenten, die du durch Beispiele anschaulich gestaltest. Am Schluss beantwortest du die Eingangsfrage, indem du das deiner Meinung nach stärkste Argument noch einmal zusammenfassend formulierst. Natürlich kannst du auch eine vermittelnde Stellung zwischen beiden Positionen einnehmen oder eine Forderung bzw. einen Appell formulieren.*

Einleitung
Thema

Immer mehr Schülerinnen und Schüler wollen ein Gastschuljahr im Ausland verbringen. Sie wollen eine Fremdsprache richtig gut lernen, sich von zu Hause abnabeln, ausländische Freunde gewinnen, Abwechslung in ihr Leben bringen. Aber verlieren sie damit nicht zu viel Zeit? Oder gleichen die gewonnenen Erfahrungen das verlorene Schuljahr im Heimatland wieder aus?

Fragestellung

Hauptteil
Argumente für ein Gastschuljahr:
Sprachkenntnisse

Wer in der Jugend eine längere Zeit im Ausland verbringt, lernt viel fürs Leben. Nicht nur, weil Fremdsprachenkenntnisse am besten durch den Gebrauch der Sprache erworben werden, sondern weil es fernab von zu Hause noch viel mehr zu lernen gibt als nur eine neue Sprache. „Andere Länder, andere Sitten", so lautet ein Sprichwort, das mit vier Worten auf den Punkt bringt, was neben dem Spracherwerb meiner Ansicht nach das Hauptargument für ein Auslandsschuljahr ist. Denn wer Deutschland hinter sich lässt und beispielsweise ein Gastschuljahr bei einer Familie in den USA verbringt, taucht ein in eine andere Kultur. Diese betrifft das Schulsystem, die Ernährungsgewohnheiten, die Lebensbedingungen, die Moralvorstellungen und natürlich auch die Rituale in der Gastfamilie, die von den gewohnten Abläufen zu Hause vollkommen abweichen können. Sich mit all diesen Neuerungen zu arrangieren und sie anzunehmen, erfordert Mut und Anpassungsfähigkeit. Man kann nicht wie

Kennenlernen einer anderen Kultur

zu Hause schnell mal die Eltern bitten, bei der Lösung von Problemen behilflich zu sein. Wem es gelingt, ohne die gewohnte Unterstützung von Familie und Freunden im Ausland zurechtzukommen, der wird selbstständiger, stärkt sein Selbstvertrauen und wird auch im späteren Leben vor schwierigen Aufgaben nicht zurückschrecken. Überdies verhilft der Blick über den Tellerrand, der mit dem Auslandsaufenthalt zwangsläufig verbunden ist, zu einer erweiterten Sichtweise von Lebensmöglichkeiten: Außerhalb der eigenen begrenzten Welt leben die Menschen anders, haben andere Werte, andere Lebensziele, kurz: eine andere Mentalität. Diese zu respektieren und als gleichwertig mit den eigenen anzuerkennen ist ein wichtiger Effekt, der mit dem Aufenthalt im Ausland verbunden sein kann.

Stärkung des Selbstbewusstseins und -vertrauens

Respekt für andere Mentalitäten

Ein weiteres Argument für ein Auslandsschuljahr ist das Knüpfen von Kontakten, die einem auch später noch nützlich sein können. Zum einen ist es einfach schön, Freundinnen und Freunde im Ausland zu haben, die man besuchen kann, zum anderen können internationale freundschaftliche Verbindungen aus der Schulzeit später auch berufliche Vorteile bringen.

Knüpfen von Kontakten: private und berufliche Vorteile

Gegen ein Auslandsschuljahr spricht, dass man ein ganzes Jahr in seiner schulischen Laufbahn verliert. Den wenigsten gelingt es, nach der Rückkehr in ihrem alten Jahrgang gleich wieder Fuß zu fassen, sie müssen eine Klasse wiederholen. Selbst wenn man in seinem Auslandsjahr viel gelernt hat und die Fremdsprache gut beherrscht, fehlt ein großer Teil des für deutsche Schulabschlüsse notwendigen Lernstoffs.

Argumente gegen ein Gastschuljahr: Verzögerung der Schullaufbahn

Manche Jugendliche merken zudem erst, wenn sie im Ausland angekommen sind, dass sie sich doch noch nicht reif genug fühlen, so lange von zu Hause weg zu sein. Sie haben Heimweh und brechen das Gastschuljahr vorzeitig ab. In solchen Fällen ist viel Geld und Vorbereitungszeit verschwendet worden.

Schüler*innen z. T. zu jung für Gastschuljahr

Ich denke jedoch, dass solche Fälle selten sind und bin der Meinung, dass sich ein Auslandsschuljahr in den meisten Fällen positiv auf die geistige und seelische Entwicklung von Jugendlichen auswirkt. Da aber für den Flug und Schul-

Schluss
Stellungnahme

gebühren viel Geld aufgewendet werden muss, bleibt diese Möglichkeit den meisten verschlossen. Um Fremdsprachen zu lernen und Verständnis für fremde Lebenskulturen zu verankern, sollte mithilfe von Stipendien jeder die Möglichkeit bekommen, ein Gastschuljahr im Ausland zu verbringen. Forderung nach mehr Stipendien

b) *Hinweis: Obwohl es sich bei dieser Aufgabenstellung um einen* ***persönlichen Brief*** *handelt, musst du verschiedene formale Aspekte beachten. Dazu gehören Ort und Datum, Anrede und auch die Grußformel am Schluss. In der Einleitung nennst du den Grund für dein Schreiben. Im Hauptteil beschreibst du sinnliche Eindrücke der von dir gewählten Jahreszeit, also alles, was man hört, sieht, riecht, schmeckt und fühlt. Geeignete sprachliche Mittel für eine solche Beschreibung sind anschauliche Verben und Adjektive, Farben und bildhafte Vergleiche. In den Schlussteil des Briefes gehören vertraute, persönliche Worte, z. B. der Wunsch nach einem baldigen Wiedersehen. Mit der Grußformel und deiner Unterschrift wird der Brief beendet.*

Frostbeulen, 6. Januar 20xx — Ort, Datum

Liebe Anna, — Anrede

Einleitung Ausgangssituation

als du im August zu deinem Auslandsjahr nach Mittelamerika aufgebrochen bist, waren ich und die meisten anderen aus der Klasse schon ziemlich neidisch: Die große Reise, das fremde Land, das warme Klima. Auch jetzt noch, wenn wir deine kurzen Statements und Fotos sehen, die du auf Instagram postest, wünschen wir uns auch ein bisschen Regenwald und Tropenhitze. Nun hast du geschrieben, dass dir genau das ziemlich auf die Nerven geht: Es ist immer warm, selbst wenn es regnet. Dir fehlen die bunten Laubwälder im Herbst und der knackige Frost im Winter; es gibt keine wirklichen Jahreszeiten, wie du sie von zu Hause kennst. Also versuche ich mal, dir den Gefallen zu tun und zu beschreiben, wie es hier im Moment ist, wenn ich auch nicht verstehe, wie man so etwas vermissen kann. — Schreibanlass: Anna vermisst Herbst und Winter

Hauptteil lebendige Beschreibung des Winters

Seit Weihnachten haben wir hier wirklich Winter nach Vorschrift. Pünktlich zu Heiligabend rieselten Watteflöckchen vom Himmel, so sanft und zart, als hätten die kleinen Engel da oben kurz mal ihre Flügel ausgeschüttelt. Das ging die ganze Nacht und den nächsten Tag so weiter, bis alles von einer dicken puderigen Schicht überdeckt war. Erinnerst du dich an das knirschende Geräusch, das die Stiefel beim Laufen im frischen Schnee machen? Oder an das Gefühl, wie die Hände langsam kalt werden, weil man auf jedem Gartenpfosten und auf jeder Windschutzscheibe einen möglichst makellosen Handabdruck hinterlassen will? Kennst du noch das eisblaue Leuchten der schneebedeckten Hügel, kurz bevor die Sonne untergeht? Und den unverwechselbaren Geschmack von auf der Zunge schmelzenden Schneekristallen?

Wachrufen von Erinnerungen

Der Zauber dieser ersten Winternacht hielt eine ganze Weile an, weil wegen der Feiertage kaum jemand unterwegs war, um die Weichheit und Stille zu stören. Und es schneite weiter, bis in den Januar hinein. Dann kam der Frost und konservierte die ganze Pracht. Die Nächte sind bitterkalt und sternenschön, tagsüber bricht sich das Sonnenlicht in den Eiszapfen, die als bizarre Girlanden Laternenpfähle und Dachrinnen schmücken. Wir haben noch Ferien, die Rodelhänge und Schlittschuhseen sind dicht bevölkert, in den Supermärkten gibt es einen Engpass bei Meisenknödeln und Sonnenblumenkernen. Am Montag fängt die Schule wieder an und wir hoffen alle, dass die Heizung über die Feiertage nicht schlapp gemacht hat.

Fortsetzung der Winterbeschreibung

Solche Probleme kennst du nicht, aber ich hoffe, ich habe dir mit diesem Brief trotzdem so viel Lust auf unseren deutschen Winter gemacht, dass du deinen Plan, möglicherweise länger in Costa Rica zu bleiben, nicht ernsthaft verfolgst.

Schluss
Hoffnung auf baldige Rückkehr der Freundin

Ich vermisse dich und freue mich auf ein Wiedersehen im Juni,

Grußformel

Deine allerbeste Freundin Lisa

Unterschrift

II.B: Sprachliche Richtigkeit

1. Welche Kräfte ein Lenkdrachen ~~entfallten~~ **entfalten**[1] kann, weiß jeder**, (fehlendes Komma)**[2] der schon einmal an stürmischen Tagen einen solchen Himmelsvogel hat steigen lassen. Der Niederländer Wubbo Ockels, Professor für Luft- und Raumfahrttechnik an der Universität Delft, will nun diese Kraft nutzen und den Windrädern am Boden mit Lenkdrachen in der Luft ~~Konkurenz~~ **Konkurrenz**[3] machen. Das ~~Prinnzip~~ **Prinzip**[4] der Energieerzeugung, ~~dass~~ **das**[5] mit dem eines Jo-Jos vergleichbar ist, hat er „Kite-Power" genannt. Dabei wird beim Auf- und ~~abwickeln~~ **Abwickeln**[6] des Zugseils, mit dem der Drachen aus Holland gelenkt wird, gleichzeitig ein Generator angetrieben. In einer Höhe von 500 Metern sei der Einsatz besonders ~~effektif~~ **effektiv**[7]**, (fehlendes Komma)**[8] da dort konstantere ~~Windströhme~~ **Windströme**[9] herrschten als in tieferen Luftschichten. Gegenüber herkömmlichen Windrädern seien diese fliegenden Kleinkraftwerke nicht nur unauffälliger**, (fehlendes Komma)**[10] billiger und leiser, sondern hätten auch eine höhere ~~Energieausbäute~~ **Energieausbeute**[11], so der Professor. Ganze Drachenschwärme will der ~~niederländer~~ **Niederländer**[12] zukünftig steigen lassen, um auf diese Weise möglichst viel Strom zu erzeugen.

Hinweis: ***1)*** *Folgen auf einen kurz gesprochenen Vokal zwei verschiedene Konsonanten (hier: l und t), schreibt man keinen Doppelkonsonanten.* ***2)*** *Komma vor dem Relativsatz, eingeleitet durch das Relativpronomen „der" und erkennbar am finiten Verb am Satzende;* ***3)*** *„Konkurrenz" ist ein Fremdwort. Sieh die Schreibung im Wörterbuch nach, wenn du dir unsicher bist.* ***4)*** *Auch „Prinzip" ist ein Fremdwort, das du im Wörterbuch nachschlagen kannst. Dass das „n" in der Wortmitte nicht verdoppelt wird, kannst du auch hier wieder aus der Regel ableiten, dass man keinen Doppelkonsonanten schreibt, wenn auf einen kurz gesprochenen Vokal zwei verschiedene Konsonanten (hier: n und z) folgen.* ***5)*** *„Das" bezieht sich hier auf das Subjekt „Prinzip der Energieerzeugung" und hat daher die Funktion eines Relativpronomens, welches mit einfachem „s" geschrieben wird.* ***6)*** *Die Verben „aufwickeln" bzw. „abwickeln" wurden hier nominalisiert, was du an dem „versteckten" Artikel (beim = bei dem) erkennen kannst. Auch wenn hier ein Wortbestandteil weggelassen und durch einen Bindestrich ersetzt wurde, um die Wortwiederholung zu vermeiden, musst du nach dem eingeschobenen „und" großschreiben, da es sich um zwei verschiedene Nomen handelt. Ersetze zur Probe den Bindestrich: „beim Aufwickeln und Abwickeln".* ***7)*** *„Effektiv" ist ein Fremdwort. Schlage im Wörterbuch nach. Du kannst die korrekte Schreibweise auch von der Regel ableiten, dass es im Deutschen keine Adjektive gibt, die auf „if" enden. Immer wenn du diese Konsonan-*

tenfolge am Wortende hörst, musst du „iv“ schreiben (z. B. aktiv, impulsiv etc.). ***8)*** *„Da“ ist hier eine Konjunktion; sie leitet einen kausalen Nebensatz ein.* ***9)*** *Bilde zunächst die Grundform (hier: Einzahl): Windstrom → Windströme. Wenn du dir dann immer noch unsicher bist, sieh im Wörterbuch nach. Das Wort „Strom“ ist eine der Ausnahmen, bei denen nach dem lang gesprochenen Vokal kein Dehnungs-h steht, obwohl ein „m“ als Konsonant folgt. Erinnere dich: Bei den meisten Wörtern, bei denen auf den lang gesprochenen Vokal ein l, m, n, oder r folgt, schreibt man ein Dehnungs-h.* ***10)*** *Kommasetzung zur Kennzeichnung von Aufzählungen;* ***11)*** *Überlege dir, ob der Wortstamm oder ein verwandtes Wort mit „au“ geschrieben wird. Das ist hier nicht der Fall, daher schreibt man „eu“.* ***12)*** *„Niederländer“ ist ein Nomen, erkennbar an dem Artikel „der“.*

2. a) Im Sommer treffen sich die Jugendlichen jeden abend an der Anglerhütte.

   Hinweis: *„(der) Abend“ ist ein Nomen → Großschreibung; hier auch erkennbar am vorangehenden Nomenbegleiter „jeden“ (Indefinitpronomen)*

   e) Dann kommen nämlich die Vereinsmitglieder bis zum frühen Sonntagmorgen zum angeln.

   Hinweis: *„Angeln“ ist hier ein Nomen (vorangestellter Artikel: zum = zu dem) → Großschreibung.*

   g) Dafür ist Wochentags die Umgebung des Sees wie ausgestorben.

   Hinweis: *Ebenso wie „montags“ oder „samstags“ ist „wochentags“ ein Adverb, das du kleinschreiben musst.*

   i) Für das Legen eines Stromanschlusses wollte der Verein keine Finanzielle Anstrengung unternehmen.

   Hinweis: *„finanziell“ ist ein Adjektiv → Kleinschreibung*

3. Nach Beendigung **seines Auslandsschuljahres** (*oder:* Auslandsschuljahrs)[1] in Brasilien hatte Moritz viel zu erzählen. Alle wollten wissen, was er in **dem südamerikanischen Land**[2] erlebt hatte. Immer wieder baten sie ihn darum, von **dieser aufregenden Zeit**[3] zu erzählen. Sie hatten romantische Vorstellungen von **wilden Partys**[4] vor **tropischen Sonnenuntergängen**[5]. Doch leider handelten die Berichte **ihres weit gereisten Mitschülers**[6] hauptsächlich von **seinem langweiligen und stressigen Schulalltag**[7]. Trotzdem wünschten sich alle, auch einmal in **ein fernes Land**[8] reisen zu können.

   Hinweis: ***1)*** *Genitiv,* ***2)–5)*** *Dativ,* ***6)*** *Genitiv,* ***7)*** *Dativ,* ***8)*** *Akkusativ*

4.

Satz	**Zeitform**
Tom **hatte verschlafen**.	Plusquamperfekt
Auf dem Tisch **lag** sein Frühstücksbrot.	Präteritum
„Mum **wird** es doch hoffentlich mit Käse **belegt haben**!", dachte er.	Futur II
„Schön, dass du auch da **bist**", begrüßte ihn in der Schule seine Klassenlehrerin.	Präsens
„Wir **haben** schon mal ohne dich **angefangen**. Das stört dich doch hoffentlich nicht?"	Perfekt
„Wie peinlich! Ich **werde** nie wieder zu spät **kommen**", dachte Tom bei sich.	Futur I

Hinweis: Satz 1: *Zusammengesetzte Zeitform: Hilfsverb „haben" im Präteritum + Partizip Perfekt des Vollverbs (verschlafen);* ***Satz 2:*** *Einfache Zeitform: Vollverb (legen) im Präteritum;* ***Satz 3:*** *Zusammengesetzte Zeitform: Hilfsverb „sein" im Futur I + Partizip Perfekt des Vollverbs (belegen) + Hilfsverb „haben" im Infinitiv;* ***Satz 4:*** *Einfache Zeitform: Vollverb (sein) im Präsens;* ***Satz 5:*** *Zusammengesetzte Zeitform: Hilfsverb „haben" im Präsens + Partizip Perfekt des Vollverbs (anfangen);* ***Satz 6:*** *Zusammengesetzte Zeitform: Hilfsverb „werden" im Präsens + Infinitiv des Vollverbs (kommen)*

Abschlussprüfung Deutsch an Realschulen in Hessen
Übungsaufgabe 3

Teil I: Lesen

1. a) ☒ mit einer Straßenbahn.

   Hinweis: *vgl. Z. 4 f., Z. 27*

   b) ☒ fahren zum Schulheim in Laurich.

   Hinweis: *vgl. Z. 33 f.*

   c) ☒ versucht ein Fahrradfahrer, sie einzuholen.

   Hinweis: *vgl. Z. 57–60*

   d) ☒ eine Gruppe Kinder, die schreiend durcheinander rennt.

   Hinweis: *vgl. Z. 84–86*

2. a) ☒ der Vater enttäuscht von der Reaktion des Sohnes ist.

   Hinweis: *Der Vater ist enttäuscht, weil der Sohn durch seine einsilbige Antwort signalisiert, dass er sich nicht auf das Gespräch einlassen möchte. Einige Zeilen später wird das noch deutlicher: „Mit gekränkter Stimme sagte der Vater […].“ (Z. 51)*

   b) ☒ das Kind mit den Tränen kämpft und alles verschwommen sieht.

   Hinweis: *In den Zeilen 46–48 wird gesagt, dass die Augen des Kindes nass werden, d. h., es hat Tränen in den Augen.*

   c) ☒ die Liebe der Mutter kostbarer ist als alles andere.

   Hinweis: *Der Vater möchte mit diesem Satz ausdrücken, dass materielle Dinge ersetzbar und damit weniger wert sind als Gefühle, in diesem Fall die Liebe der Mutter.*

   d) ☒ der Junge traurige Gedanken mit schönen Erinnerungen vertreiben soll.

   Hinweis: *Der Vater weiß, dass sein Sohn traurige Gedanken hat, und möchte ihm mit diesem Ratschlag eine Möglichkeit zeigen, positiv in die Zukunft zu schauen.*

3. a) ☒ Nur B und C stehen im Text.

Hinweis: ***B:*** *Vgl. Z. 30 f.;* ***C:*** *Vgl. Z. 38–40;* ***Aussage A*** *trifft nicht zu (vgl. Z. 1), auch die* ***Aussage D*** *ist falsch (vgl. Z. 34–37).*

b) ☒ Nur A und C stehen im Text.

Hinweis: A: *Vgl. Z. 117 f.;* ***C:*** *Vgl. Z. 42 f., Z. 67; Die* ***Aussagen B*** *und* ***D*** *treffen nicht zu (vgl. Z. 34–37 bzw. Z. 79–82).*

c) ☒ Nur A und D stehen im Text.

Hinweis: A: *Vgl. Z. 16 f., Z. 93 f.;* ***D:*** *Vgl. Z. 130–132.* ***Aussage B*** *(vgl. Z. 103) und* ***C*** *sind falsch (vgl. Z. 94 f.).*

4. ***Hinweis:*** *Schreibe die Textsortenmerkmale in Stichpunkten auf und achte darauf, sie mit passenden Textstellen zu belegen. Als Belege gelten Zitate, Zeilenangaben, Verweise auf Textabschnitte oder Umschreibungen in eigenen Worten.*

Mögliche Lösungen (vier erforderlich):
- Offener Anfang (Z. 1 ff.): Die Geschichte beginnt unvermittelt mit einer Äußerung des Vaters, ohne dass man zuvor mit einer Einleitung etwas über die Hintergründe (Ort, Zeit, Personen) der Situation erfährt.
- Kurzer Zeitraum der Handlung: Die erzählte Zeit umfasst ungefähr eine halbe Stunde (vgl. Z. 1).
- Wenige handelnde Hauptfiguren: Vater und Sohn
- Wenige Handlungsorte (hintere Plattform der Straßenbahn, Fußweg zum Schulheim)
- Innere Handlung: Die Gefühle und Gedanken der handelnden Figuren werden nicht direkt beschrieben, sondern durch ihr Verhalten deutlich.
  Hinweis: *So wird z. B. nicht ausdrücklich gesagt, dass und warum der Junge traurig ist. Da er aber immer wieder die Tränen unterdrücken muss (vgl. Z. 46–48, Z. 95–98), wird seine niedergeschlagene Stimmung deutlich. Nur indirekt lässt sich durch die Äußerungen des Vaters („Vergiss nicht, wie lieb sie dich hatte […]“, Z. 53 f.) erschließen, dass die Mutter gestorben ist.*
- Geradlinige Erzählweise: Es gibt keine Vor- oder Rückblenden und auch keine Nebenhandlungen.
- Wendepunkt am Ende: Der Sohn erkennt am Ende, dass auch sein Vater Mitleid und Anteilnahme benötigt (vgl. Z. 130–132).
- Offener Schluss: Es bleibt offen, in welcher Weise sich die Einstellung des Jungen bzw. sein Verhalten gegenüber seinem Vater ändern.

5.

Zitat	Sprachliches Mittel
„und Gratte sah nur noch wie ein […] dunkler Pickel aus" (Z. 28 f.)	D
„Und vergiss nicht die Liebe deiner Mutter. Sie ist dein wertvollster Besitz." (Z. 51–53)	B
„aus dem die Zunge sich plötzlich listig reckte" (Z. 64)	C
„allmählich Spaß am Sport" (Z. 80)	A

***Hinweis:* *Vergleiche (D)* dienen der Veranschaulichung und sind erkennbar an den Verbindungswörtern „wie" und „als ob". Bei *Metaphern (B)* werden zwei Begriffe gleichgesetzt, die eigentlich nichts miteinander zu tun haben. Bei diesem Beispiel ist es ein Gefühl (Liebe), das wie ein Gegenstand (wertvoller Besitz) dargestellt wird. Werden leblosen Dingen Eigenschaften oder Fähigkeiten zugesprochen, die eigentlich nur Menschen haben können, bezeichnet man dies als *Personifikation (C)*. Von einer *Alliteration (A)* spricht man, wenn zwei oder mehr aufeinanderfolgende Wörter den gleichen Anlaut haben.*

6. ***Hinweis:* „Zitieren" bedeutet, die passenden Textstellen fehlerfrei abzuschreiben und am Anfang und am Ende mit Anführungsstrichen zu versehen. Enthält das Zitat eine wörtliche Rede, wird diese mit einfachen Anführungszeichen wiedergegeben (‚…'). Wichtig ist, die genauen Zeilenzahlen der Textstelle zu nennen, die zitiert wird. Fehlt dieser Hinweis in Form von Zeilenzahlen, gibt es Punktabzug! Eine Erklärung oder ein Kommentar zur Textstelle werden beim Zitieren nicht erwartet.*

Z. 46–48: „Das Kind merkte mit einer geheimen Erregung, dass seine Augen jetzt schon wieder nass wurden;"

Z. 95 f.: „Von Neuem schwoll das Nasse in seinen Augen […]."

7. ***Hinweis:* Beim Erklären sollen Zusammenhänge und Sachverhalte verständlich dargestellt werden: Was ist eine Ellipse? (1 Pkt.) Warum wird dieses Stilmittel hier eingesetzt? (2 Pkt.) Nur wenn beide Teile der Aufgabe gelöst sind, gibt es drei Punkte.*

Als Ellipse wird ein Satz bezeichnet, der durch das Fehlen von Satzteilen (meist Subjekt, Prädikat) unvollständig ist. Oft sind solche Sätze Ausdruck besonders starker Emotionen, z. B. Angst oder Freude.

Durch das Sprechen in verkürzten Sätzen wird die innere Anspannung des Vaters deutlich. Er versucht, seinem Sohn die Situation „schönzureden“, unter der er selbst leidet.

8. ***Hinweis:*** *Beim textbezogenen „Erläutern“ musst du wichtige Aussagen und Zusammenhänge aus dem Text ableiten und mithilfe von Beispielen (Zitate, Umschreibungen) nachvollziehbar darlegen. Damit sollst du zeigen, dass du den Inhalt des Textes nicht nur verstanden hast, sondern ihn auch bezüglich der vorgegebenen Fragestellung interpretieren kannst. Für die vollen sechs Punkte müssen zwei unterschiedliche Wahrnehmungen erläutert werden.*

Mögliche Lösungen:
- Z. 18–24: „‚Wie im Aussichtswagen. Lauter lustige Dinge‘, sagte der Vater. ‚[…] Schön, wir fahren eine Bahn später. Die hübschen Mannequins, weißt du’s noch?‘“ Der Vater beschreibt den Aufenthalt in Gratte wie einen erlebnisreichen Schaufensterbummel. Wenig später heißt es über den gleichen Ort: „[…] und Gratte sah nur noch wie ein dicker dunkler Pickel aus.“ (Z. 28 f.) Daraus lässt sich ableiten, dass der Junge den Besuch in Gratte im Gegensatz zu der Darstellung seines Vaters als abstoßend empfunden hat.
- Z. 29–32: „Dann Bäume, die meisten noch kahl, […] gekrümmte nackte Kiefernstämme in sandigen Kahlschlägen.“ Die Straßenbahn fährt durch einen Wald, der durch die gewählten Adjektive noch nicht einmal zum Spazierengehen einlädt und schon gar nicht zu den Kinderabenteuern („Schnitzelversteck […], Räuberspiele, Waldlauf“, Z. 36 f.), die der Vater sich angesichts der Bäume vorstellt.
- Z. 38–42: „Ein fetter Junge […]. Sein schwitzendes bläuliches Gesicht war vom Ehrgeiz verunstaltet, die farblose dicke Zunge lag schlaff auf der Unterlippe.“ Die abwertende Beschreibung des Jungen auf dem Fahrrad, der hinter der Straßenbahn herhetzt, spiegelt die Sicht des Sohnes. Im Gegensatz dazu steht der Kommentar des Vaters, der den fremden Jungen und seinen sportlichen Ehrgeiz positiv bewertet („Seine Stimme war stolz und fast zärtlich“, Z. 61 f.) und ihn darüber hinaus als möglichen zukünftigen Schulkameraden seines Sohnes bezeichnet („Dann würdest du schon einen kennen“, Z. 70 f.).
- Bei der Ankunft in Laurich empfindet der Vater die äußere Ansicht der Schule als „freundlich“ und „nett“ (Z. 77 f.). In der Wahrnehmung des Jun-

gen wirkt die Schule jedoch eher wie ein Gefängnis („Ein hoher Drahtzaun umschloss den Platz", Z. 83) und das Ballspiel der Kinder in hohem Maße abschreckend („Eine Horde von Kindern […] rannte und stieß und schrie planlos durcheinander", Z. 84–86). Gesteigert wird diese negative Wahrnehmung durch den Vergleich des Balls mit einem „kranken Vogel" (Z. 88).

9. ***Hinweis:*** *Dass zwischen den beiden Hauptfiguren der Geschichte keine innige Vater-Sohn-Beziehung besteht, wird durch das abweisende Verhalten des Jungen und seine spärlichen Antworten deutlich. Anhand einer selbst gewählten Textstelle sollst du darstellen, wie diese Fremdheit zwischen den beiden deutlich wird. Für eine Erklärung mit passendem Textverweis gibt es drei Punkte, fehlt die Textstelle, werden zwei Punkte vergeben. Für einen Textbeleg ohne Erklärung gibt es keinen Punkt.*

Mögliche Lösungen:

- Z. 25: „‚Ja', sagte das Kind."; Z. 44: „‚Ich weiß nicht', sagte das Kind."; Z. 122: „‚Ja', sagte das Kind." Der Vater spricht seinen Sohn immer wieder an und versucht, ihn zu einem Gespräch zu ermuntern. Der Junge bleibt jedoch einsilbig und geht nicht auf die Gesprächsangebote ein. Er teilt seinem Vater auch nicht mit, dass er traurig ist.
- Z. 53–56: „Vergiss nicht, wie lieb sie dich hatte, und handle danach. […] Ich hoffe sehr, du kannst das behalten." Hier wird deutlich, dass der Vater nicht weiß, was der Junge denkt, und sich auch nicht sicher ist, wie eng er sich mit seinen Eltern verbunden fühlt. Eindringlich mahnt er ihn, die Liebe seiner Mutter nicht zu vergessen. Dass auch er seinen Sohn liebt, erwähnt er hingegen nicht. Auch traut er dem Jungen offenbar noch nicht einmal zu, dass er sich diese Ermahnungen merken kann.
- Z. 79–81: „Ich hoffe sehr, du wirst hier allmählich Spaß am Sport bekommen. Richtige Muskeln, weißt du." Mit der deutlichen Anspielung auf die fehlenden „richtigen Muskeln" seines Sohnes drückt der Vater aus, dass er nicht zufrieden mit ihm ist und sich wünscht, dass er sportlicher wäre.
- Z. 93–95: „Durch die Handschuhwolle spürte das Kind den Wärmestrom. Es hatte Lust, den Handschuh auszuziehen, aber es regte seine Finger nicht." Als der Vater bei der Ankunft am Schulheim sein Kind an die Hand nimmt, spürt das Kind die Körperwärme des Vaters und sehnt sich offenbar danach, ihm durch direkten Kontakt noch näher zu sein. Der Junge traut sich jedoch nicht, den Handschuh auszuziehen.

10. ✎ ***Hinweis:*** *Bei dieser Aufgabe sollen bestimmte Inhalte im Text erkannt und wiedergegeben werden, die dort nicht ausdrücklich formuliert sind. Du musst hier also ein bisschen „zwischen den Zeilen" lesen und den Text noch einmal daraufhin überprüfen, welche Textstellen auf den emotionalen Zustand des Vaters hinweisen und warum er, genauso wie sein Sohn, Grund hat, traurig zu sein. Die meiste Zeit scheint es ja so, als ob er gut gelaunt sei.*

- Der Grund für die Fahrt ins Internat ist offenbar der Tod der Mutter bzw. der Ehefrau. Das erkennt man daran, dass der Vater in der Vergangenheitsform von der Liebe der Mutter zum gemeinsamen Sohn spricht: „Vergiss nicht, wie lieb sie dich hatte [...]." (Z. 53 f.); „All das Schöne und Liebe, das deine Mutter und ich dir zu geben versucht haben." (Z. 114 f.) Der Vater verdient Mitleid, weil seine Frau gestorben ist.
- Vermutlich bringt der Vater seinen Sohn ins Internat, weil er nach dem Tod seiner Frau keine andere Betreuungsmöglichkeit hat. Um seinem Sohn die bevorstehende Trennung zu erleichtern und sowohl ihn als auch sich selbst aufzumuntern, versucht er die Fahrt und die neue Umgebung so positiv wie möglich zu beschreiben. Die wiederholte Aufforderung am Ende der Geschichte „denk [...] an heut Nachmittag" (Z. 116 f., Z. 118 f.) klingt wie eine Beschwörung, verstärkt durch das zweimal nachgeschobene „hörst du?" in den Zeilen 119 und 121. Es scheint, als ob der Vater nicht nur seinem Sohn, sondern auch sich selbst die Situation „schönreden" möchte. Weil damit deutlich wird, dass er unter der Trennung von seinem Sohn leidet, verdient er Mitgefühl.

Teil II: Schreiben

II.A Textproduktion (Wahlaufgabe)

a) ***Hinweis:*** *Bei dieser Aufgabe wird von dir erwartet, dass du dich in die Situation des Jungen auf der Fahrt und im Schulheim hineinversetzt. Da er sich selbst in der Kurzgeschichte nicht zu seinen Wahrnehmungen und Beobachtungen äußert, musst du diese indirekt aus dem Text erschließen. Du kannst dafür auf die Ergebnisse der vorangegangenen Aufgaben zurückgreifen. In deiner Geschichte soll außerdem deutlich werden, wie der Junge seinen Vater beurteilt und wie er zu ihm steht. Auch hier musst du deine Erkenntnisse aus dem Verhalten des Jungen während der Fahrt und seinen Reaktionen auf die Äußerungen des Vaters ableiten. In der* ***Einleitung*** *deiner Erzählung sollte die Ausgangssituation, in der sich der Junge befindet, kurz beschrieben werden. Im* ***Hauptteil*** *schilderst du die Wahrnehmungen und Beobachtungen auf der Fahrt aus der Sicht des Jungen und machst deutlich, wie er das Verhalten seines Vaters bewertet. Im* ***Schlussteil*** *sollte die veränderte Einstellung des Jungen, wie sie im letzten Satz angedeutet wird, erkennbar sein und du kannst einen Ausblick auf die Zukunft geben.*

Wichtig ist, dass du in deinem Text den Wechsel der Perspektive beachtest, also durchgängig aus der Sicht des Jungen erzählst. Ob du in der Ich-Form schreibst oder eine personale Er-Perspektive wählst, bleibt dir überlassen. In jedem Fall sollte der Handlungsablauf aus dem Originaltext als „roter Faden“ in deiner Erzählung erkennbar sein. Besonders, wenn du aus der personalen Er-Perspektive schreibst, ist es sinnvoll, den Figuren Namen zu geben. Denke dir auch eine passende Überschrift für deine Geschichte aus.

Achte bei Satzbau und Wortwahl darauf, Wiederholungen zu vermeiden, damit dein Text nicht zu eintönig wird. Mit der Verwendung anschaulicher Verben, Adjektive und passender Vergleiche wird die Haltung des Jungen deutlich. Die Beschreibung der vorangegangenen Handlung, d. h. die Fahrt und die Ankunft im Schulheim, erfolgt in den Zeitformen der Vergangenheit, für gegenwärtige Gedanken des Jungen verwendest du das Präsens, z. B.: Ich fühle mich hier fremd und einsam.

Fahrt in ein anderes Leben

Überschrift

Einleitung

Ausgangssituation

Empfindungen angesichts des Schulheimeintritts

Nur eine halbe Stunde Fahrt und alles ist anders. Nie hätte ich gedacht, dass es so weit kommt und ich wirklich hier landen würde. Bis zuletzt habe ich geglaubt und gehofft, dass er es sich noch anders überlegt, dass wir umkehren und wieder nach Hause fahren und alles so wird wie früher, nur eben ohne Mama. Ich wollte nicht hierher, ich finde es schrecklich und ich weiß, dass ich es immer schrecklich finden werde: Die vielen anderen Jungen, die langen düsteren Gänge, die Schlafsäle, der Krach, nichts ist wie zu Hause. Ich fühle mich hier fremd und einsam.

Hauptteil

Erinnerung an den vergeblichen Versuch des Vaters, ihn aufzumuntern

Wahrnehmung des Wegs ins Internat

Die ganze Fahrt lang hat Papa so getan, als wäre es was Tolles, ins Internat zu gehen, schon dahin fahren zu dürfen – dabei war es nur eiskalt auf der Plattform der Straßenbahn und mir ist schlecht geworden von dem Geschaukel. In den Schaufenstern in diesem miesen kleinen Kuhkaff Gratte waren Klamotten zu sehen, die aussahen, als kämen sie aus der Altkleidertonne, und der Wald, durch den wir anschließend fuhren, hatte mehr tote Bäume als lebendige. Schnitzeljagd, Waldlauf und anderes kindisches Zeug, das mir Papa voller Begeisterung in Aussicht gestellt hat, kann man dort sowieso nicht machen. Die Krönung war dann dieses bekloppte dicke Monster, das mit sabbernder Zunge versucht hat, mit seinem Fahrrad die Bahn einzuholen, und dem vor Anstrengung fast der Kopf explodiert wäre. Das könnte ein zukünftiger Kumpel werden, hat Papa doch tatsächlich gemeint und ernsthaft gedacht, ich freue mich darüber. Ich glaube, er kennt mich gar nicht richtig.

Wahrnehmung des Internats und dadurch ausgelöste Gefühle

Das Internat selbst war auch eine Enttäuschung. Im Prospekt sah es gar nicht so übel aus, aber bei der Ankunft dachte ich nur: Knast! Alles sah aus wie eingesperrt. Auf dem Sportplatz tobte schreiend und völlig planlos eine Horde Kinder, die mit dem Ball umgingen, als wollten sie ihn zu Kleinholz machen. Ich wünschte mir, dieser Ball zu sein, ich könnte mich hinaufschießen lassen, immer weiter fliegen und niemals zurückkommen in diese Schule, in der ich mich fühle wie lebendig begraben.

Gedanken an die Mutter

Dass Papa mir ständig die Ohren vollgequatscht hat, ich dürfe niemals vergessen, wie es war mit Mama, wie sehr sie mich geliebt hat, was für eine tolle Familie wir waren und so weiter, hat es auch nicht gerade leichter gemacht.

Beschäftigung mit den Gefühlen des Vaters

Wie es wohl für ihn ist, dass er jetzt ohne sie klarkommen muss? Sicher vermisst er Mama genauso wie ich. Wahrscheinlich hat er deshalb die ganze Zeit so getan, als ob alles superschön wäre und er mich geradezu darum beneidet, dass ich in dieses Internat gehen „darf".

Schlussteil

Erkenntnis, dass auch für den Vater die Situation belastend ist

Ausblick auf die Zukunft

Ich weiß ja, dass es ihm leidtut, dass er mich hierher bringen musste; und ich glaube, er ist auch zu bedauern und fühlt sich genauso elend wie ich. So traurig und allein wie vorhin, als er mich zum Abschied ganz fest in die Arme genommen hat, habe ich ihn noch nie erlebt. Aber trotzdem: Es muss doch einen anderen Weg für uns geben als dieses schreckliche Internat. Ich werde mich nicht damit abfinden, dass ich nach Mamas Tod auch noch von Papa getrennt werde. Ich werde alles versuchen, um hier wieder wegzukommen.

b) ***Hinweis:*** *Bei dieser Aufgabe sollen die Vor- und Nachteile des Internatsbesuches im Vergleich zu einer staatlichen Schule aufgeführt werden. Es empfiehlt sich, zunächst eine Pro- und Kontra-Tabelle mit den Argumenten anzulegen und diese zu gewichten.*

In der ***Einleitung*** *könntest du z. B. auf die Zahlen in der Aufgabenstellung zurückgreifen und mit der Erörterungsfrage zum Hauptteil überleiten. Wenn du eigene Erfahrungen zum Thema hast, z. B. aus deinem Freundeskreis, kannst du diese natürlich auch für deinen Text verwenden.*

Im ***Hauptteil*** *werden die Argumente für und gegen einen Internatsbesuch aufgeführt und mit anschaulichen Beispielen gestützt. Es sollten jeweils zwei bis drei Argumente für die Pro- und Kontra-Seite dargestellt werden. Entscheidest du dich dabei für das Sanduhrprinzip, werden zunächst die Argumente der Gegenseite von stark nach schwach dargestellt. Anschließend formulierst du die Argumentation, die deine eigene Haltung widerspiegelt, in aufsteigender Form von schwach nach stark. Eine andere Möglichkeit des Argumentationsaufbaus ist das Ping-Pong-Prinzip: Dabei wird jeweils einem Pro-Argument ein passendes Kontra-Argument gegenübergestellt. In diesem Fall beginnst du mit dem schwächsten Argument der Gegenseite und endest mit dem, welches für dich am überzeugendsten ist.*

Im ***Schlussteil*** *legst du deine persönliche Meinung zu der Erörterungsfrage offen und bekräftigst sie z. B. mit dem für dich überzeugendsten Argument aus dem Hauptteil.*

Vorteile (absteigende Argumentation)	**Nachteile** (aufsteigende Argumentation)
kleine Lerngruppen/hohe Unterrichtsqualität	hohe Kosten
intensiver Kontakt mit Gleichaltrigen/Familienersatz	wenig Privatsphäre
keine lange Anfahrt zur Schule	kein Familienleben/kein Freundeskreis am Heimatort

Nicht daheim und trotzdem zuhause? Die Vor- und Nachteile der schulischen Ausbildung im Internat

Überschrift

Es gibt mehr als 200 Internate in Deutschland, die von ca. 14 000 Schülerinnen und Schülern besucht werden. Diese Zahlen zeigen, dass Internate eine beliebte Alternative zur staatlichen Schule sind.

Einleitung
Zahl der Internate/Internatsschüler*innen in Deutschland

Doch welche Vor- und Nachteile hat es, statt einer öffentlichen Schule ein Internat zu besuchen?

Überleitung: Fragestellung

Ein Vorteil ist, dass Internate es sich leisten können, kleine Lerngruppen zu bilden. An unserer Schule sind, wie bei den meisten öffentlichen Schulen, Klassen mit dreißig Schülerinnen und Schülern keine Seltenheit. Das führt in der Regel zu einer unruhigen Lernumgebung und begrenzt die Zeit, die die Lehrkräfte für die Probleme und Anliegen einzelner Schüler*innen aufwenden können. Sind die Lerngruppen hingegen klein, ist eine individuelle Förderung innerhalb einer Klasse möglich, die Lernatmosphäre ist ruhiger und damit steigen Unterrichtsqualität und Lernerfolg.

Vorteile des Internatsbesuchs
1. Argument: kleine Lerngruppen/hohe Unterrichtsqualität

Ein weiterer Pluspunkt für das Internat ist der intensive Kontakt mit Gleichaltrigen. Im Internat ist man ja nicht nur während des Unterrichts zusammen, sondern nimmt auch gemeinsam die Mahlzeiten ein, verbringt die Freizeit miteinander und wohnt auch mit den Klassenkameraden und

2. Argument: intensiver Kontakt mit Gleichaltrigen auch außerhalb des Unterrichts (Freizeitgestaltung, „Familienersatz“)

Klassenkameradinnen in der gleichen Unterkunft, mit Einzelnen von ihnen möglicherweise sogar in demselben Zimmer. Dadurch können intensive Freundschaften entstehen und das Fehlen der Familie kann aufgefangen werden. Viele Jugendliche an staatlichen Schulen, besonders wenn sie wie ich auf dem Land leben, sind auf öffentliche Verkehrsmittel oder das Elterntaxi angewiesen, wenn sie sich mit Freunden aus anderen Orten treffen wollen.

Für den Internatsbesuch spricht außerdem, dass der lange Anfahrtsweg zur Schule entfällt. Internatsschüler*innen sind in der Regel in unmittelbarer Nähe ihrer Schule oder sogar auf demselben Gelände oder in demselben Gebäude untergebracht. Viele meiner Klassenkameradinnen und -kameraden und ich verschwenden hingegen eine Menge Zeit mit Warten auf den Bus oder die Bahn, die zudem häufig verspätet sind oder sogar ausfallen. Wir müssen sehr früh aufstehen, um rechtzeitig an der Haltestelle zu sein, und kommen an vielen Tagen erst am späten Nachmittag nach Hause, weil die Abfahrtszeiten nicht zum Stundenplan passen.

3. Argument: keine lange Anfahrt zur Schule

Trotz dieser Vorteile gibt es jedoch auch Argumente gegen einen Internatsbesuch.

Überleitung zu den **Nachteilen**

Gegen das Internat sprechen die hohen Kosten, die damit verbunden sind. Da Internate im Gegensatz zu öffentlichen Schulen privat geführt werden, finanzieren sie sich über Schulgebühren. Außer den Kosten für den Unterricht müssen die Lernmittel wie Schulbücher und Laptop, Unterkunft und Verpflegung sowie die Freizeitaktivitäten wie z. B. zusätzliche Sportangebote und Ausflüge bezahlt werden. Die meisten Familien können sich die monatlichen Internatsgebühren nicht leisten. Ein früherer Klassenkamerad von mir, mit dem ich jetzt noch auf Instagram Kontakt halte, ist auf einem evangelischen Internat in der Nähe von Potsdam, für das seine Eltern monatlich 1400 Euro aufbringen müssen. Die Fahrtkosten für seine Besuche zu Hause alle vier Wochen sind darin noch nicht enthalten.

1. Argument: hohe Kosten

Ein weiterer Nachteil ist das Fehlen von Privatsphäre. Man hat immer die Mitglieder der Lerngruppe oder die Mitbewohner*innen des Flurs bzw. des Zimmers um sich und we-

2. Argument: wenig Privatsphäre / fehlende Rückzugsmöglichkeiten

nig Gelegenheit, sich zurückzuziehen. Mein Freund in Potsdam hat mir seinen Stundenplan gezeigt, der mit Unterricht, Arbeitsgruppen und Sportstunden ausgefüllt ist und fast kein Zeitfenster für persönliche Interessen hat. Mit seinem Zimmergenossen versteht er sich zwar gut, dennoch hätte er lieber wie zu Hause ein eigenes Zimmer, in das er sich zurückziehen kann und das er mit niemandem teilen muss.

Das wichtigste Argument gegen den Internatsbesuch ist für mich jedoch die Entfernung von der Familie und dem Freundeskreis am Heimatort. Nur für die Jugendlichen, die keine intakte Familie haben, kann das Umfeld aus Lehrkräften und Vertrauenspersonen im Internat ein Ersatz für das Leben mit Eltern und Geschwistern sein. Zusätzlich leiden die sozialen Kontakte zu Hause. Wer nur am Wochenende und in den Ferien nach Hause fährt, hat weniger Möglichkeiten, Freundschaften im Heimatort zu schließen und zu pflegen, sei es in der Schule, in Vereinen oder in Jugendgruppen. Nach Beendigung der Schulzeit muss dann oft erst wieder ein neuer Freundeskreis aufgebaut werden. Die im Internat geknüpften Freundschaften sind mit dem sozialen Umfeld am Heimatort nicht zu vergleichen, denn in den Ferien und nach der Schulzeit kehren die Internatsschüler*innen an ihre verschiedenen Heimatorte zurück.

3. Argument: Familienleben leidet / kein Freundeskreis am Heimatort

Ob ein Internatsbesuch sinnvoll ist, hängt natürlich stark von der individuellen Situation und auch von den finanziellen Möglichkeiten jeder Familie ab und ist immer eine sehr persönliche Entscheidung. Für mich käme ein Internatsbesuch nicht infrage, weil mir sowohl der tägliche Kontakt mit meiner Familie als auch der Austausch mit meinen unterschiedlichen Freundeskreisen aus der Schule, der Feuerwehr und dem Sportverein sehr viel bedeuten.

Fazit
eigene Meinung, Verstärkung des wichtigsten Arguments

II.B Sprachliche Richtigkeit

1. Weiße Haie gelten als die Könige der Weltmeere. Doch Forscher haben nun ~~erstaund~~ **erstaunt**[1] festgestellt, dass sich der ~~grosse~~ **große**[2] Meeresräuber wohl vor einem anderen Tier gehörig fürchtet: ~~den~~ **dem**[3] Orca. Indem sie die Haie mit GPS-Sendern ausstatteten**, (fehlendes Komma)**[4] überwachten die amerikanischen Wissenschaftler die Tiere ganz genau. Vor der Küste von San Francisco, wo die gefräßigen ~~Raupfische~~ **Raubfische**[5] häufig See-Elefanten jagen, konnten sie wichtige ~~Erkentnisse~~ **Erkenntnisse**[6] gewinnen. Orcas kommen hier nur ab und zu auf ihren weiten Wanderungen vorbei. Tauchten die Schwertwale jedoch auf, ~~verlißen~~ **verließen**[7] die Haie schlagartig die Gewässer und flüchteten eilig hinaus aufs offene Meer. Die weißen Haie haben solche Angst vor den Orcas, ~~das~~ **dass**[8] sie auch nicht so schnell wieder ~~zurückehrten~~ **zurückkehrten**[9]. Oft trauten sie sich ein Jahr lang nicht mehr zurück in ihr altes Jagdrevier – und das, obwohl die Orcas meist schon nach einer Stunde wieder weiterzogen. Für die ~~junge~~ **jungen**[10] See-Elefanten ist das ~~zusammentreffen~~ **Zusammentreffen**[11] der beiden Jäger in ihrem Lebensraum ein Segen. Statt 40 Jungtieren erbeuteten die Haie in Jahren, in denen sich Orcas zeigten**, (fehlendes Komma)**[12] nur noch magere 25 Prozent davon.

Hinweis: ***1)*** *Du kannst die richtige Schreibung erschließen, indem du das Wort verlängerst bzw. als Attribut verwendest, z. B.: die erstaunten Zuschauer.* ***2)*** *Nach einem lang gesprochenen Vokal wird der stimmlose s-Laut als „ß" geschrieben.* ***3)*** *Das Prädikat des Satzes, „sich fürchten vor", erfordert ein Dativobjekt: Der große Meeresräuber fürchtet sich vor wem? – Vor dem Orca.* ***4)*** *Das Komma trennt den mit der Konjunktion „indem" eingeleiteten Nebensatz vom nachfolgenden Hauptsatz ab.* ***5)*** *Suche nach verwandten Wörtern, um den Wortstamm zu erschließen, z. B. „rauben".* ***6)*** *Dem Nomen liegt das Verb „(er)kennen" zugrunde. Das Doppel-n gehört zum Wortstamm („-kenn-") und bleibt daher in allen verwandten Wörtern erhalten.* ***7)*** *Der lang gesprochene i-Laut wird in der Regel als „ie" geschrieben.* ***8)*** *„Dass" ist hier Konjunktion; du erkennst den Nebensatz am finiten Verb am Satzende. Du kannst „das" hier nicht durch „welches" ersetzen, daran siehst du, dass es sich nicht um ein Relativpronomen handelt.* ***9)*** *Zusammensetzung aus „zurück" (Präfix) + „kehren" (Verb); bei Zusammensetzungen darf kein Buchstabe weggelassen werden.* ***10)*** *Der Kasus eines Adjektivs muss mit dem des Nomens, das es näher bestimmt, übereinstimmen (hier: Akkusativ).* ***11)*** *Nominalisierung des Verbs „zusammentreffen"; du erkennst sie an dem vorangestellten Artikel. Nominalisierungen werden großgeschrieben.* ***12)*** *Es handelt sich um einen eingeschobenen*

Relativsatz, der vorne und hinten mit Komma vom Hauptsatz abgetrennt werden muss. Du erkennst das Ende eines Nebensatzes immer daran, dass das finite Verb am Satzende steht.

2.

Aktiv	**Passiv**
Die 10 B schreibt die Deutschprüfung.	Die Deutschprüfung wird von der 10 B geschrieben.
Nina meisterte das Vorstellungsgespräch mit Bravour.	Das Vorstellungsgespräch wurde von Nina mit Bravour gemeistert.
Jamie hat einen Spickzettel auf der Jungentoilette versteckt.	Ein Spickzettel ist von Jamie auf der Jungentoilette versteckt worden.
Am Ende des Schuljahres werden die Abgängerinnen und Abgänger ein rauschendes Fest feiern.	Am Ende des Schuljahres wird von den Abgängerinnen und Abgängern ein rauschendes Fest gefeiert werden.

Hinweis: *Bei der Umformung vom Aktiv zum Passiv wird das Objekt (**Satz 2:** das Vorstellungsgespräch, **Satz 4:** ein rauschendes Fest) zum Subjekt. Bei der Umwandlung vom Passiv ins Aktiv wird das Subjekt zum Objekt (**Satz 1:** die Deutschprüfung, **Satz 3:** ein Spickzettel). Achte immer darauf, die Zeitform beizubehalten: **Satz 1:** Präsens, **Satz 2:** Präteritum, **Satz 3:** Perfekt, **Satz 4:** Futur I.*

3.

Satz	**Begründung**
Der Schüler**,** dessen Handy während des Unterrichts geklingelt hat**,** muss zur Strafe einen Kuchen mitbringen.	A
Der Kuchen**,** eine besonders gut gelungene Apfeltorte**,** löst in der Klasse Begeisterung aus.	C
Alle wollen das Rezept haben**,** sogar die Lehrerin.	C
Weil der Kuchen nicht von ihm selbst gebacken wurde**,** kann der Schüler zu dem Rezept nichts sagen.	B
Jetzt fragen sich alle in der Klasse**,** ob diese Art der Strafe überhaupt sinnvoll ist.	B/D

Hinweis: Satz 1: *Du erkennst den eingeschobenen Relativsatz an dem Relativpronomen „dessen", das sich auf das Subjekt „der Schüler" bezieht.* ***Satz 2:*** *„eine besonders gut gelungene Apfeltorte" ist eine nachgestellte Erläuterung, die das Subjekt „der Kuchen" näher beschreibt. Dass es sich um einen Einschub handelt und nicht um einen Nebensatz, erkennst du am fehlenden Verb.* ***Satz 3:*** *„Sogar die Lehrerin" ist eine nachgestellte Erläuterung zu „alle".* ***Satz 4:*** *„Weil" ist eine kausale (begründende) Konjunktion, die immer einen Nebensatz einleitet.* ***Satz 5:*** *Ein indirekter Fragesatz ist eine Form von Nebensatz, der mit der Konjunktion „ob" eingeleitet wird. Daher sind Antwort B und D richtig.*

4. Tommy ärgerte sich, weil er sein neues T-Shirt, **das (R)**[1] ihm Tina geschenkt hatte, gleich mit Eis bekleckert hatte. Er war aber auch ein Schussel! **Das (A)**[2] Eis, das an der Sonne schnell trocknete, hinterließ einen hässlichen roten Fleck auf dem hellen T-Shirt. Wie sollte er Tina **das (D)**[3] erklären? Es war ihm peinlich, dass er ihr bei ihrem Treffen das fleckige Hemd zeigen musste. **Dass (K)**[4] Tina sich aufregen oder ihn zumindest auslachen würde, war ihm klar. Aber das war jetzt sowieso schon egal, als er merkte, **dass (K)**[5] er zu allem Unglück noch den Bus verpasst hatte. Was für ein blöder Tag!

Hinweis: 1) *Relativpronomen: Austauschprobe mit „welches" möglich;* ***2)*** *bestimmter Artikel: Begleiter des Nomens „Eis", Austauschprobe mit „dieses/jenes" möglich;* ***3)*** *Demonstrativpronomen: Austauschprobe mit „dies(es)" möglich, bezieht sich zurück auf zuvor Genanntes (Fleck auf dem Shirt);* ***4 + 5)*** *Konjunktion: leitet Nebensatz ein, im Hauptsatz stehen Verben des Denkens/Meinens („klar sein", „merken"), keine Austauschprobe möglich.*
Denke am Satzanfang an die Großschreibung.

Abschlussprüfung Deutsch an Realschulen in Hessen 2017
Text 1

Teil I: Lesen

Hinweis: Bei den Multiple-Choice- und den Zuordnungsaufgaben (1 bis 3) ist immer nur eine Lösung richtig. Wenn du mehr als eine Möglichkeit ankreuzt, gibt es für die Aufgabe keinen Punkt.

1. a) ☒ er an der Kasse immer wieder danach gefragt wird.
   ***Hinweis:** vgl. Z. 1–5*

   b) ☒ nur wirklich benötigte Dinge zu kaufen.
   ***Hinweis:** vgl. Z. 32–34*

   c) ☒ seinen Unmut über das Gutscheinwesen zu äußern.
   ***Hinweis:** vgl. Z. 80ff., Z. 100ff.*

   d) ☒ oder andere all diese Produkte in den Regalen brauchen.
   ***Hinweis:** vgl. Z. 45f.*

   e) ☒ die Rabattgrenze zu erreichen.
   ***Hinweis:** vgl. Z. 112–119*

   f) ☒ sind weitere Supercard-Punkte.
   ***Hinweis:** vgl. Z. 163–168*

2. a) ☒ eine Haltung gezwungenermaßen aufgeben.
   ***Hinweis:** Wenn jemand kapituliert, gibt er auf, weil er keine Chance mehr sieht, sein Ziel zu erreichen oder seine Wünsche durchzusetzen. In diesem Fall gibt der Erzähler seine ablehnende Haltung gegenüber der „Supercard" auf.*

   b) ☒ eine zu groß angelegte Einkaufsmöglichkeit.
   ***Hinweis:** Wenn etwas überdimensioniert ist, ist es unverhältnismäßig groß.*

   c) ☒ ein Betrag, der für eine Ermäßigung erreicht werden muss.
   ***Hinweis:** Im übertragenen Sinn bedeutet der Ausdruck „die Schallmauer/ Schallgrenze durchbrechen", dass man eine Grenzmarke überschreitet. Hier ist das die Einkaufssumme, die gefordert wird, um den Rabatt zu erhalten.*

d) ☒ Überflüssiges kauft, um einen Nachlass zu erhalten.

Hinweis: *Die Falle besteht darin, dass der Kunde sich von einem Rabatt einen Spareffekt verspricht. Um die Vergünstigung zu erhalten, kauft er letztlich aber mehr ein, als er benötigt – und spart somit nicht.*

e) ☒ die Kontrolle des Kassenzettels.

Hinweis: *„Etwas studieren" bedeutet u. a., sich eingehend mit etwas befassen. Der Kassenbeleg ist eine Quittung über den Einkauf.*

3. a) ☒ Nur A und D stehen im Text.

Hinweis: *Der Kunde hat sich eigentlich vorgenommen, nichts Überflüssiges zu kaufen (vgl. Z. 32 ff.), am Ende hat er jedoch grüne Slips mitgenommen, obwohl er sie „abstoßend" findet (vgl. Z. 147 f.), nur um die Rabattgrenze zu erreichen (**Antwort A**).*
*Auch **Antwort D** ist richtig, wie in Z. 15 bis 23 beschrieben wird.*
*Im selben Abschnitt wird deutlich, dass die **Antworten B** und **C** falsch sein müssen, denn Supercard-Inhaber bekommen günstige Angebote per Post.*

b) ☒ Nur B und C stehen im Text.

Hinweis: *Der Kunde setzt alles daran, die Rabattgrenze zu erreichen, kauft sogar Dinge, die er nicht braucht und die ihm nicht gefallen (vgl. Z. 154–156, **Antwort B**).*
*In Z. 119 wird die in der Schlange stehende Japanerin erwähnt (**Antwort C**).*
*Zwar ärgert sich der Kunde über die Antworten der Verkäuferinnen und ist enttäuscht, aber außer „Pfui!" zu rufen (Z. 102), beschwert er sich nicht. Deshalb trifft **Antwort A** nicht zu.*
*In Z. 44 f. werden die vielen Waren in den vollen Regalen des „Super Centers" beschrieben. Das bedeutet, dass auch **Antwort D** nicht stimmt.*

c) ☒ Nur B und D stehen im Text.

Hinweis: *Die junge Kassiererin benötigt an mehreren Stellen Hilfe bei den Gutscheinen (vgl. Z. 71–73, Z. 96 f.) sowie bei der Rückabwicklung des Kaufs (vgl. Z. 102–107, Z. 157 f.), deshalb treffen die **Antworten B** und **D** zu.*
*Beim Eintippen der Preise sowie beim Ausrechnen des Rabatts macht die junge Kassiererin jedoch keine Fehler (vgl. Z. 149–153), deshalb sind die **Antworten A** und **C** nicht richtig.*

4. *Hinweis: Für eine richtig zitierte Textstelle gibt es einen Punkt. Fehlt die Zeilenangabe, wird ein halber Punkt abgezogen, ebenso bei fehlenden Anführungszeichen.* ***Vergleiche*** *als sprachliche Mittel erkennt man in den meisten Fällen daran, dass sie mit „wie" oder „als (ob)" eingeleitet werden. Fast immer werden sie in einem Text verwendet, um etwas zu veranschaulichen.*

   Mögliche Lösungen (eine erforderlich):
   - „[…], wäre ich nicht durch diesen Schlag zunächst wie betäubt gewesen." (Z. 87–89)
   - „[…] und legte ihn wie eine Opfergabe vor die Kassiererin." (Z. 148 f.)

5. *Hinweis: Drei Punkte bekommst du, wenn du eine passende Textstelle nennst (Zitat oder Zeilenangabe oder Umschreibung)* ***und*** *deren ironische Wirkung erklärst. Verweist du nur auf eine Textstelle und lieferst keine oder eine falsche Erklärung, gibt es einen Punkt. Für eine Erklärung ohne Textbezug werden keine Punkte vergeben.*
   Beim ***Erklären*** *musst du einen genauen Textbezug herstellen, z. B. durch Zitieren oder die sinngemäße Wiedergabe einer Textstelle, und anschließend die ironische Wirkung mit eigenen Worten und in vollständigen Sätzen beschreiben.*
   Von ***Ironie*** *spricht man, wenn das Gemeinte und das Gesagte einen Gegensatz bilden. Ziel dieses sprachlichen Mittels ist Spott, oft aber auch Kritik.*

   Mögliche Lösungen (eine erforderlich):
   - „[…] Rabatte noch und noch […], 5 Franken beim frühzeitigen Erwerb von großen Osterhasenmengen, […]." (Z. 17–21)
     Die Textstelle ist ironisch, da ein normaler Verbraucher weder Verwendung für große Mengen von Osterhasen hat noch sie auf Vorrat kauft, da die Osterhasensaison sehr kurz ist.
   - „[…] dass eine optimale Verwertung dieser Rabattpalette eine minutiöse Planung verlangt […]" (Z. 24 f.)
     Um alle Rabatte auszunutzen, benötigt man für einen normalen Einkauf eine zeitaufwendige Planung. Die Ironie besteht darin, dass die Ersparnis in keinem angemessenen Verhältnis zu der Zeit steht, die man vor dem Einkauf investieren muss.
   - „[…] der ich mich auf der Kampfbahn des Gutscheinwesens noch nicht auskenne […]" (Z. 77 f.)
     Die Textstelle ist ironisch, weil etwas Alltägliches wie ein Einkauf im Supermarkt durch die Rabattaktionen zu einem Kampf um die besten Angebote gerät.

- „[…] wäre ich nicht durch diesen Schlag zunächst wie betäubt gewesen.“ (Z. 87–89)
  Der Kunde hat die erhofften zehn Prozent Rabatt nicht bekommen. Diesen vergleichsweise geringen materiellen Verlust beschreibt er, als hätte er eine körperliche Verletzung erlitten.
- „[…] biologisch abbaubare Unterhosen […]“ (Z. 112 f.)
  Hier wird ironisch darauf angespielt, dass inzwischen nahezu alle Gebrauchsgüter mit einem Verweis auf ökologische Unbedenklichkeit aufgewertet werden.
- „Leider gab es die Unterhosen […] nur in giftgrün, aber auf solche Details konnte ich keine Rücksicht nehmen.“ (Z. 116–119)
  Die giftgrüne Farbe ist das auffälligste Merkmal der Unterhosen, wird jedoch als nebensächliches Detail abgetan. Damit wird auf ironische Weise verdeutlicht, dass es hier nicht um den Artikel selbst, sondern nur darum geht, irgendetwas zu kaufen, um die Rabattgrenze zu erreichen.
- „[…] sich nun schon der Grenze nähert, wo ich mir einen Kristallelefant kommen lassen kann.“ (Z. 168–170)
  Die Ironie liegt darin, dass das aufwendige Sammeln von Punkten durch einen vollkommen nutzlosen Gegenstand belohnt wird.

6. ***Hinweis:** Für eine zutreffende Erklärung gibt es zwei Punkte, Textverweise werden hier nicht verlangt.*

   Mögliche Lösungen (eine erforderlich):
   - Weil die Frage nach der Supercard bei jedem Einkauf erneut gestellt wird, fühlt sich der Erzähler schließlich genötigt, die Karte zu beantragen.
   - Der Erzähler empfindet es als lästig, bei jedem Einkauf an der Kasse des Supermarkts nach der Supercard gefragt zu werden. Zermürbt von den hartnäckigen Fragen gibt er nach.
   - Dem Erzähler ist es unangenehm, sich immer andere Verneinungen auf die Frage nach der Supercard auszudenken, und er füllt deshalb die Anmeldung aus.

7. ***Hinweis:** Die Aufforderung „**Nenne**“ bedeutet, dass Stichworte als Antwort genügen. Du kannst auch Zitate aus dem Text verwenden. Zeilenangaben werden dabei nicht verlangt.*

   Mögliche Lösungen (zwei erforderlich):
   - gesammelte Punkte für Waren aus einem Katalog einlösen (vgl. Z. 9 f., Z. 166–170)
   - Gutscheinaktionen (vgl. Z. 13)

- Glücksangebote (vgl. Z. 17)
- Rabatte beim Kauf bestimmter Waren (vgl. Z. 17–23, Z. 49)
- Rabatte zu bestimmten Zeiten (vgl. Z. 20)
- Rabatte in bestimmten Filialen (vgl. Z. 73)

8. ✎ ***Hinweis:*** *Beim* ***Erläutern*** *sollst du zeigen, dass du den Text verstanden hast. Dabei müssen manchmal Sprachbilder gedeutet oder Fremdwörter erklärt werden. Bei der vorliegenden Geschichte sind z. B. viele Aussagen ironisch verpackt, sodass du bei deiner Erläuterung darauf eingehen musst, was wirklich gemeint ist. Für eine genannte (Zeilenangaben genügen), sinngemäß wiedergegebene oder zitierte Textstelle* ***und*** *die dazu passende Erläuterung gibt es jeweils zwei Punkte. Für eine Erläuterung ohne Textverweis wird ein Punkt gegeben, das bloße Nennen bzw. Zitieren einer Textstelle hingegen reicht nicht für einen Punkt.*

   Mögliche Lösungen (zwei erforderlich):
   - Inhaber der Supercard bekommen, ohne dass sie etwas angefordert haben, Rabattangebote für bestimmte Waren per Post zugeschickt. Dadurch werden sie angeregt, Dinge zu kaufen, die sie möglicherweise gar nicht brauchen (vgl. Z. 15–23).
   - Da manche Angebote und Gutscheine zeitlich befristet sind (vgl. Z. 26 f.), werden die Kunden auch dann zum Besuch des Super Centers verlockt, wenn eigentlich noch kein Einkauf geplant war.
   - Kunden werden in bestimmte Filialen gelockt, die sie normalerweise nicht besuchen, weil manche Gutscheine nur dort gültig sind (vgl. Z. 72 f.).
   - Manche Rabattaktionen beschränken sich auf ausgesuchte Warengruppen. Das scheinbar attraktive Angebot veranlasst die Kunden, besonders viel und häufig auch Unnötiges zu kaufen (vgl. Z. 47–64).
   - Es gibt Gutscheine, die erst ab einem Mindestbetrag gültig sind. Das bringt die Kunden dazu, mehr Geld als eigentlich geplant auszugeben (vgl. Z. 93–95).
   - Bei jedem Einkauf werden Punkte auf einem Sammelkonto gutgeschrieben. Die in Aussicht gestellten Prämien verstärken die Bereitschaft, noch mehr einzukaufen und damit das Punktekonto zu erhöhen. Selbst wenn die Prämien nicht attraktiv sind, wird die Sammelleidenschaft des Käufers angefacht (vgl. Z. 9–12, Z. 165–170).

9. ✎ ***Hinweis:*** *Das „**Herausarbeiten**" verlangt von dir, anhand von drei passenden Textstellen die schwankende Gefühlslage des Ich-Erzählers in vollständigen Sätzen zu beschreiben und zu interpretieren. Wie immer in solchen Fällen verwen-*

dest du als Zeitform das Präsens. Pro schlüssiger Darstellung anhand einer Textstelle gibt es zwei Punkte, fehlt der Textbeleg, gibt es nur einen. Als Textbeleg gelten Zitate, Zeilenangaben oder auch Umschreibungen/Paraphrasierungen.

Mögliche Lösungen (drei erforderlich):

- Als dem Ich-Erzähler klar wird, dass er in dieser Filiale seinen Rabatt nicht einlösen kann, reagiert er zunächst mit einem **scherzhaft** gemeinten „Pfui" (Z. 80).
- Im gleichen Moment bemerkt er zu seinem eigenen Erstaunen aber auch, dass er wegen des entgangenen Preisnachlasses **enttäuscht**, sogar **gekränkt** ist. Sein Hochgefühl ist schlagartig weg und er packt „mechanisch" (Z. 83) und „wie betäubt" (Z. 88) die Einkäufe in den Rucksack.
- Beim zweiten Versuch des Ich-Erzählers, einen Rabattgutschein einzulösen, reagiert er **verärgert** auf die erste Absage der Verkäuferin: „Als ich nun nochmals ‚Pfui!' rief […]" (Z. 102).
- Obwohl hinter ihm schon die nächste Kundin wartet, besteht er **stur** auf seinen Rabatt und lässt dafür den gesamten Einkauf nochmals über den Scanner laufen. **Eifrig** kauft er sogar noch hässliche Unterhosen, nur um den notwendigen Mindestbetrag zu erreichen (vgl. Z. 110–119).
- Das Gefühl der **Zufriedenheit** angesichts des fast genau getroffenen Mindestbetrags für den Rabatt (vgl. Z. 125–128) hält beim Ich-Erzähler nur kurz an.
- Die Frage der Verkäuferin nach den Weinflaschen macht ihn sofort wieder „**argwöhnisch**" (Z. 137). Wegen des Flaschenpfands reicht der Einkauf wieder nicht für den angestrebten Rabatt.
- Der Kunde reagiert jetzt „**trotzig**" (Z. 145): Er beharrt auf seinem Rabatt, die hinter ihm wartenden Kunden sind ihm egal (vgl. Z. 144 ff.).
- Nach dem mühsam errungenen Rabatt ist der Mann **erschöpft** und muss sich erholen (vgl. Z. 161 f.).
- Seine **Stimmung hebt sich** allerdings wieder, als er bemerkt, dass er nicht nur den Rabatt erhalten hat, sondern dass irrtümlicherweise auch die Punkte für den ersten Einkauf seinem Konto gutgeschrieben wurden und er somit bald eine Prämie anfordern kann (vgl. Z. 169 f.).

10. ✎ ***Hinweis:** Bei dieser Aufgabenstellung ist es wichtig, dass du deine Meinung mit Argumenten stützt, die sich aus dem Text herleiten lassen – egal, ob du der Aussage zustimmst oder sie ablehnst. Für beide Möglichkeiten finden sich Anhaltspunkte im Text. Fünf Punkte erhältst du für eine schlüssige Begründung anhand von zwei Textstellen, vier Punkte, wenn bei der Begründung nur ein Textbeleg angeführt wird. Gibst du für deine Begründung keine oder keine passende*

Textstelle an, werden drei Punkte gegeben. Nur eine Textstelle zu nennen, reicht jedoch nicht, um Punkte zu erhalten.

Mögliche Lösungen (eine erforderlich):

- **Zustimmung:**
  Ich stimme dieser Aussage zu, denn die Verkäuferinnen im „Super Center" geben sich große Mühe, den Kunden zufriedenzustellen. Obwohl er seinen Einkauf bereits getätigt hat, finden sie doch noch eine Möglichkeit, ihm den erwünschten Rabatt einzuräumen. Die Stornierung des Einkaufs ist umständlich und zeitaufwendig, weil der Käufer alles noch einmal auspacken und aufs Rollband legen muss. Dennoch bleiben die Kassiererinnen gelassen und lenken die hinter dem Kunden wartende Japanerin in der Zwischenzeit ab (vgl. Z. 119 f.). Für das anschließende Ausrechnen der Differenz mit Zettel und Kugelschreiber nimmt sich die Kassiererin ebenfalls viel Zeit (vgl. Z. 129–131). Es sind ihr auch keine Anzeichen von Ungeduld oder Gereiztheit anzumerken, als der Kunde zum Schluss noch einmal an der Warteschlange vorbei zurück muss, um sich eine weitere Unterhose zu holen (vgl. Z. 144–151).

- **Ablehnung:**
  Ich kann dieser Aussage nicht zustimmen, denn es hat den Anschein, dass die Kunden bei den Rabattaktionen weitgehend alleingelassen werden. Wegen des unübersichtlichen Systems müssen sie ihren Einkauf sehr genau planen (vgl. Z. 24–32). Dass manche Rabatte nur in bestimmten Filialen gültig sind (vgl. Z. 71–73), ist meiner Ansicht nach auch nicht kundenfreundlich und sollte dann auf den Gutscheinen wenigstens auf Anhieb erkennbar sein. Im „Super Center" wird der Ich-Erzähler als Kunde außerdem nicht besonders entgegenkommend behandelt. Auf seine Frage zum zweiten Gutschein, den er einlösen möchte, erntet er zunächst nur eine kategorische Ablehnung (vgl. Z. 100 f.). Zwar lässt sich die Vorgesetzte dann doch auf seinen Wunsch ein, den Gutschein nachträglich einzusetzen, macht aber deutlich, dass das ein sehr umständlicher Vorgang ist (vgl. Z. 105–109). Weder machen die Angestellten ihm Vorschläge für eine einfachere Handhabung noch zeigen sie Kulanz. Der Käufer muss seinen Einkaufswagen an der Kasse vorbei zurückschieben, alle Waren wieder auspacken und sie erneut einscannen lassen (vgl. Z. 110 f., Z. 122–125). Die Vorgesetzte der Kassiererin, die als „unbestechlich" (Z. 132) bezeichnet wird, wacht unnachgiebig über den Stornierungsvorgang und verweigert letztlich wegen des Flaschenpfands noch einmal den Rabatt (vgl. Z. 138 f.).

Teil II: Schreiben

II.A: Textproduktion (Wahlaufgabe)

a) ***Hinweis:***

***Aufbau/Inhalt: Erzählungen** sind fiktionale, das heißt erfundene Geschichten, die lustig oder spannend, erstaunlich oder rätselhaft, in jedem Fall aber unterhaltend sein sollten. Bei dieser Aufgabe musst du dir das zu erzählende Geschehen nicht selber ausdenken, sondern nur die Perspektive wechseln: Wie erlebt die junge Kassiererin, die offensichtlich noch wenig Erfahrung hat, den Kunden? Was denkt und fühlt sie während des langwierigen Einkaufs? Was hält sie wohl von dem Mann und seiner Hartnäckigkeit?*

*In der **Einleitung** deiner Erzählung sollten der Anlass des Geschehens, der Handlungsort und die Personen kurz eingeführt werden. Im **Hauptteil** schilderst du, was an der Kasse passiert. Dazu gehört das Eingreifen der Kollegin und das Verhalten des Kunden. Im **Schlussteil** könnte die Kassiererin eine abschließende Bewertung des Ereignisses vornehmen.*

Wichtig ist, dass man in deinem Text den Wechsel der Perspektive erkennen kann, das heißt, du musst das Geschehen durchgängig aus der Sicht der Kassiererin darstellen. Am einfachsten ist es, in der Ich-Form zu schreiben, du kannst aber auch eine personale Perspektive wählen. Dabei sollst du die Handlung nicht verändern, auch wenn die junge Frau einzelne Elemente des Geschehens anders wahrnimmt als der Kunde. Die Handlung aus dem Originaltext muss als „roter Faden“ in deinem Text erkennbar sein.

*Denke dir auch eine passende **Überschrift** aus!*

***Sprachangemessenheit:** Achte bei Satzbau und Wortwahl darauf, Wiederholungen zu vermeiden, damit dein Text nicht zu eintönig wird. Mit der Verwendung anschaulicher Adjektive, treffender Verben und ungewöhnlicher Vergleiche kannst du das erzählte Geschehen lebendig gestalten. Die Darstellung der Handlung erfolgt in den Zeitformen der Vergangenheit (Präteritum, Plusquamperfekt), für wörtliche oder erlebte Rede verwendest du das Präsens („Das darf doch nicht wahr sein“, dachte ich/sie.).*

***Sprachrichtigkeit:** Fehler in der Rechtschreibung und Grammatik werden als ganze Fehler, die in der Zeichensetzung als halbe Fehler gewertet. Die Gesamtzahl der Fehler wird auf die Wörterzahl deines Aufsatzes bezogen und ein Fehlerindex errechnet.*

***Punkte:** Für Aufbau und Inhalt gibt es bis zu **24 Punkte**, für die Sprachangemessenheit bis zu **12 Punkte**. Rechtschreibung, Grammatik und Zeichensetzung, also die Sprachrichtigkeit, sind maximal **vier Punkte** wert.*

Matt vom Rabatt

Überschrift

Mein erster Tag an der Supermarktkasse, und ich bin schon völlig fertig. Und das alles nur wegen so einem Rabattjäger mit Sonderwünschen! Ohne die Hilfe meiner Kolleginnen hätte ich diesen ganz speziellen Supercard-Kunden niemals zufriedenstellen können.

Einleitung
Erzählanlass, Ort, Personen

Eigentlich hatte ich mich gefreut, in dieser Filiale eingesetzt zu werden. Weil das Super Center im Neubaugebiet steht, kommen noch nicht so viele Kunden, was für mich als Berufseinsteigerin sehr angenehm ist. Anfangs lief der Tag auch problemlos – bis dieser Kunde kam mit seinem ganzen Drogeriekram. Jede Menge Putzzeug legte er auf das Band und dazu Haushaltsartikel, eigentlich lauter Sachen, die Männer eher selten kaufen, bis auf die Rasierklingen natürlich. Noch bevor ich die Waren über den Scanner zog, hielt er mir schon einen dieser Rabattgutscheine unter die Nase, die den Supercard-Inhabern regelmäßig zugeschickt werden. Es gibt aber so viele verschiedene und auch immer neue Rabattmarken, dass man eigentlich eine Zusatzausbildung bräuchte, um sie alle auseinanderzuhalten. Und ich als Anfängerin habe sowieso noch Schwierigkeiten, das System zu durchschauen.

Hauptteil
Situation der Kassiererin

Beginn der Handlung: Kunde erscheint an der Kasse

Informationen und Einstellung der Kassiererin zum Gutscheinwesen

Während ich also die Einkäufe des Kunden einscannte, rief ich nach meiner Kollegin, damit sie sich um den Mann und seinen Rabattgutschein kümmern konnte. Denn den Gutschein, den er dabeihatte, kannte ich nicht. Die Kollegin warf nur einen Blick auf das Papier und erkannte sofort, dass der Gutschein nur in der Cityfiliale, aber nicht bei uns einzulösen war. Der arme Kunde! Ich musste von ihm zwangsläufig die volle Summe kassieren. Er versuchte zwar noch, einen Witz zu machen und ließ ein scherzhaft gemeintes „Pfui!“ hören. Das klang aber ziemlich kläglich und man merkte ihm an, dass er enttäuscht war. Er tat mir echt leid. Jetzt hatte er so viele Non-Food-Artikel gekauft, wahrscheinlich mehr, als er eigentlich brauchte, konnte aber mit seinem Zehn-Prozent-Gutschein nichts anfangen.

Handlungsschritt: Bitte um Hilfe durch eine Kollegin und Ablehnung des ersten Gutscheins

Gefühle und Gedanken der Kassiererin: Mitleid

Das ließ ihm offenbar keine Ruhe, denn bevor ich mich dem nächsten Kunden zuwenden konnte, präsentierte mir der vorige einen anderen Gutschein. Meine Güte, er hatte ein ganzes Bündel dieser bunten Zettelchen dabei! Und offenbar war er

Handlungsschritt: Kunde präsentiert zweiten Gutschein

fest entschlossen, einen Rabatt zu ergattern. Seine Idee war, noch etwas zusätzlich zu kaufen, um die „magische“ 100-Franken-Grenze zu erreichen. Dann gäbe es nämlich 15 Franken Nachlass. Ich ahnte schon, dass es jetzt kompliziert werden könnte, als meine Kollegin ihm jedoch mitteilte, dass es bereits zu spät sei, diesen Gutschein einzulösen, da der Kauf bereits beendet war. Ich atmete erleichtert auf.

Handlungsschritt: Ablehnung des zweiten Gutscheins

Aber zu früh gefreut! Weil der Kunde erbost und viel lauter als vorher ein „Pfui!“ hören ließ, wurde die Chefin auf uns aufmerksam. Sie wies mich an, den gesamten Einkauf meines Kunden zu stornieren und erneut einzuscannen. Dazu musste er mit seinem Wagen und seinem ganzen Kram zurück in den Laden, alles noch mal auspacken und wieder auf das Band legen – und natürlich noch einen zusätzlichen Artikel holen. Als ich sah, was er sich ausgesucht hatte, um über die Rabattgrenze zu kommen, bekam ich fast einen Lachanfall: eine Unterhose in Scheußlich-Grün! Wer kauft denn so was? Mühsam beherrschte ich mich, scannte die Sachen, einschließlich der kopfsalatfarbenen Unterhose, erneut ein und sah erleichtert, dass der Einkauf jetzt knapp die 100 Franken übersprungen hatte.

Gefühle und Gedanken der Kassiererin: Erleichterung, dann Ärger

Handlungsschritt: Kunde darf Gutschein einlösen

Gefühle und Gedanken der Kassiererin: Belustigung

Jetzt hätte eigentlich alles gut geendet – wäre da nicht meine Chefin gewesen! Während ich noch mit Rechnen beschäftigt war, hatte sie nämlich mit ihrem Raubvogelblick in dem Sammelsurium des Kunden zwei Pfandflaschen erspäht. Ohne den Pfandbetrag war der Mann doch wieder knapp unter die 100 Franken gesackt. Und was machte er? Ich wollte es nicht glauben: Obwohl die Leute hinter ihm an der Kasse schon ärgerlich wurden, drängelte er an der Warteschlange vorbei zurück in den Laden und holte sich eine weitere dieser Unterhosen, deren Farbe an eine Leuchtreklame erinnerte und die er wahrscheinlich nie tragen würde. Wie kann man wegen dem bisschen Rabatt nur so stur sein? Um nicht unfreundlich zu werden, konzentrierte ich mich auf das erneute Ausrechnen der Differenz und des Rabattbetrags, druckte den Kassenzettel mit den Supercard-Punkten aus und wünschte meinem neuen Lieblingskunden noch einen schönen Tag.

Handlungsschritt: nochmaliges Hindernis zur Einlösung des Gutscheins

Gefühle und Gedanken der Kassiererin: Ärger, Genervtsein

Handlungsschritt: Ende des Einkaufs

Ich denke, für den ersten Arbeitstag habe ich die Situation trotz allem ganz gut bewältigt. Dennoch werde ich das hartnäckige Gefühl nicht los, dass mir irgendwo doch ein Fehler unterlaufen ist – bloß welcher?

Schluss
Abschließende Bewertung/Fazit der Kassiererin

b) *✎ **Hinweis:** Die Aufgabenstellung entspricht einer **Pro-Kontra-Erörterung**, das heißt, dass du zunächst die Vor- und Nachteile der angekündigten Gebühr darstellen und anschließend deine eigene Meinung begründet formulieren sollst.*
*In der **Einleitung** kannst du z. B. auf die Beliebtheit des Musikportals hinweisen und mit einer aus dem Thema abgeleiteten Fragestellung zum Hauptteil überleiten.*
*Im **Hauptteil** stellst du die Argumente für und gegen die Gebühr einander gegenüber. Für jede Seite sollten es drei Argumente sein. Entweder handelst du die Vor- und Nachteile blockweise ab oder stellst jeweils ein Pro-Argument dem passenden Kontra-Argument gegenüber. In beiden Fällen musst du jede These und jede Antithese mit passenden Begründungen und Beispielen stützen. Eine vorab erstellte Ideenliste hilft dir dabei, deine Argumente nach Wichtigkeit zu sortieren. Ordne sie steigernd an: Das überzeugendste Argument führst du als Letztes aus.*
*Erst im **Schlussteil** beziehst du persönlich Stellung zu der Erörterungsfrage und formulierst das Fazit deiner Argumentation mit deiner eigenen Meinung.*
*Für **Aufbau und Inhalt** gibt es bis zu **24 Punkte**, für die richtige Verwendung der Zeitform, treffende Formulierungen, passende Wortwahl, abwechslungsreichen Satzbau und die Vermeidung von Wiederholungen, die sogenannte **Sprachangemessenheit**, bis zu **12 Punkte**. Da dein Text in der **Schülerzeitung** veröffentlicht werden soll, müssen deine Ausführungen für das Zielpublikum, d. h. Jugendliche, entsprechend jugendnah formuliert werden, dennoch aber sachlich sein.*
***Rechtschreibung, Grammatik und Zeichensetzung** sind maximal **vier Punkte** wert. Diese errechnen sich mithilfe des Fehlerindex. Das bedeutet, dass die Fehlerzahl (Rechtschreibung und Grammatik: ganze Fehler; Zeichensetzung: halbe Fehler) auf die Länge des Textes, d. h. die Anzahl der geschriebenen Wörter, bezogen wird.*

Ideenliste / Stoffsammlung:

Kostenpflicht für Internet-Musikportale?	
Vorteile	**Nachteile**
keine Werbung	Werbeindustrie verliert Einnahmen
größere Auswahl, besonders an neuen Musiktiteln und Videos	wenig prominente Künstler und Nachwuchskünstler haben es schwerer, bekannt zu werden
Künstler bekommen einen fairen Anteil	schränkt den Zugang zu Musik und Videos für viele ein, betroffen sind besonders junge Leute

Kostenpflicht für Internet-Musikportale?

Überschrift

Wir haben uns längst daran gewöhnt: Mit wenigen Klicks holen wir uns die Welt der Töne und bewegten Bilder aufs Handy, aufs Tablet oder den heimischen PC. Jederzeit und von überall haben wir kostenlos Zugriff auf Lieblingssongs und Filme. Und jetzt das: Unser aller Lieblingsportal „MockingBird" hat angekündigt, dass die Zeiten des kostenlosen Streamens bald vorbei sein werden.

Einleitung
Hinführung zum Thema: Allgegenwärtigkeit und ständige Verfügbarkeit von Musik und Videos

Künftig sollen wir also bezahlen für jedes angeklickte Video, jeden Upload, jeden Download. Welche Vorteile versprechen uns und sich die „Spottdrosseln" durch diesen Deal?

Überleitung zum Thema: Aufgreifen der Fragestellung

Einige Vorteile gäbe es durch die Maßnahme durchaus: Zum einen würde dann die Werbung wegfallen. Das wäre ja nicht schlecht, denn es ist wirklich lästig, sich erst eine Minute lang einen Werbespot anschauen zu müssen, ehe man das gewünschte Video zu sehen kriegt. Und wen nervt es nicht, dass man beständig bombardiert wird mit Angeboten für Kleidung, Pickelstifte, Fernbusreisen oder Flatrateverträge, wenn man eigentlich nur auf der Suche nach einem bestimmten Song ist? Auf die permanenten bunten Pop-ups auf unseren Bildschirmen kann wohl jeder gut verzichten.

Vorteile der Kostenpflicht
- Erstes Argument: weniger /keine Werbung

  Beispiele

Ein weiterer positiver Effekt wäre eine größere Auswahl an verfügbaren Titeln, besonders bei den aktuellen Songs und Alben. Die bekämen wir, wenn wir zukünftig einen guten Teil unseres Taschengeldes oder Jobverdienstes an MockingBird abtreten würden. Tatsächlich kann man bei den kostenpflichtigen Anbietern meist schon längst hören und sehen, was unsereins bei der kostenlosen Konkurrenz erst Tage oder Wochen später auf dem Bildschirm hat. Das kann manchmal richtig ärgerlich sein – besonders dann, wenn man schon ganz hibbelig vor Aufregung ist, weil die Lieblingsband einen neuen Megahit aufgelegt hat.

- Zweites Argument: größere Auswahl an Musiktiteln und Filmen, besonders bei Neuveröffentlichungen

  Beispiele

Das Hauptargument dafür, die Klicks zum Streamen von Videos und Musik mit Kosten zu verbinden, ist jedoch das Künstlerhonorar. Wir alle wollen, dass unsere Musikidole bekommen, was ihnen zusteht. Künstler müssen davon leben können, wenn sie texten, komponieren, rappen, tanzen oder singen. Sie verkaufen uns ihre Ideen, ihr Können, die Inszenie-

- Drittes Argument: Künstler bekommen fairen Anteil

  Beispiele

rung ihres Gesichts und ihres Körpers. Wer raubkopiert oder illegal bzw. kostenfrei herunterlädt oder streamt, bringt damit die Urheber um ihren fairen Lohn. Von den Einnahmen durch das neue Bezahlmodell könnte MockingBird den Künstlern nach Anzahl der Klicks und Downloads ganz gerecht ihren jeweiligen Anteil ausbezahlen.

Überleitung zu den Gegenargumenten

Allerdings hätte die geplante Gebühr auch große Nachteile: Schafft man den kostenfreien Zugang zu dem Musikportal ab, würde für die Werbewirtschaft ein riesiges Kundenpotential wegbrechen. Auch in dieser Branche arbeiten aber Menschen, die ihre Familien ernähren müssen. Wenn nach und nach alle Musikportale gebührenpflichtig werden, verschwindet zwar die lästige Werbung vom Bildschirm, aber gleichzeitig verlieren Texter, Fotografen und Webdesigner ihre Jobs.

Nachteile der Kostenpflicht

- Erstes Argument: Werbeindustrie verliert Einnahmen

Beispiele

Außerdem muss man auch an den Künstlernachwuchs denken: Wer noch am Anfang seiner Karriere steht, bekommt im kostenlosen Internet-Portal die Chance, sich einem großen Publikum zu zeigen. Ohne Freeload-Portale wären weder Eminem noch Kanye West, weder Kendrick Lamar noch Big Sean so berühmt geworden, wie sie heute sind.

- Zweites Argument: Nachwuchsmusiker haben es schwerer, bekannt zu werden

Beispiele

Das wichtigste Argument gegen die Download-Gebühr ist aber, dass das die überwiegend jugendliche Kundschaft im Grunde von dem Angebot ausschließt. Denn selbst wenn sie wollten, könnten sich das die Jugendlichen im Normalfall nicht leisten. Wer noch in die Schule geht, hat einfach zu wenig Geld, um für jeden Down- oder Upload bezahlen zu können. Ohne den Zugriff auf die Lieblingssongs wären aber weder der öde Alltag zu ertragen noch der Job im Getränkelager oder Baumarkt. Da also keiner von uns auf Musik und Videos verzichten will, würden viele zu einem anderen, kostenfreien Anbieter wechseln oder zumindest MockingBird seltener aufrufen.

- Drittes Argument: Kostenfaktor besonders für junge Leute problematisch

Beispiele

Ich appelliere also im Namen der User-Community an die Betreiber von MockingBird: Überdenkt eure Pläne noch einmal! Denn eure besten und treuesten Fans, nämlich die jugendlichen Musikliebhaber in der weltweiten Internetgemeinde, könnten sich euch dann einfach nicht mehr leisten. Und ob sie sich Jahre später, wenn sie genug Geld verdienen, um eure Gebühren zu bezahlen, noch an MockingBird erinnern können oder wollen, würde ich bezweifeln.

Schluss

Appell und Bekräftigung durch wichtigstes Arguments

Abschlussprüfung Deutsch an Realschulen in Hessen 2017
Text 2

Teil I: Lesen

Hinweis: *Bei den Multiple-Choice- und den Zuordnungsaufgaben (Aufgabe 1 bis 3) ist immer nur eine Lösung richtig. Sind mehrere Möglichkeiten angekreuzt, wird kein Punkt vergeben.*

1. a) ☒ 8 Jahren.
   Hinweis: *vgl. Z. 17 ff.*

   b) ☒ eines halben Jahres.
   Hinweis: *vgl. Z. 24 f.*

   c) ☒ zur Kontrolle ihres Laufstils.
   Hinweis: *vgl. Z. 54–56*

   d) ☒ ihrer Gesundheit und Fitness.
   Hinweis: *vgl. Z. 67–74*

   e) ☒ bewusster und gesünder leben.
   Hinweis: *vgl. Z. 6 f.*

   f) ☒ Versicherungen und Krankenkassen.
   Hinweis: *vgl. Z. 148–153*

2. a) ☒ mithilfe der Tabellen seinen derzeitigen Leistungsstand verbessern kann.
   Hinweis: *Stellschrauben sind mechanische Hilfsmittel, um z. B. Maße, Größen oder Gewichte an technischen Geräten einzustellen und zu regulieren. Arne Tensfeldt verwendet hier diese Metapher, um zu verdeutlichen, dass er seine körperlichen Leistungen an den Tabellen orientiert.*

b) [X] Wirtschaftszweig.

Hinweis: *Ein Segment ist ein Teilbereich oder auch ein Ausschnitt. Hier ist gemeint, dass die Lebensweise von Arne Tensfeldt von Wissenschaftlern nicht als vorübergehende Modeerscheinung gedeutet wird, sondern als Bewusstseinswandel in großen Teilen der Bevölkerung mit einem großen und nachhaltigen Einfluss auf die gesamte Gesellschaft.*

c) [X] eine wichtige Mitteilung der vermeintlichen Experten.

Hinweis: *Propheten verkünden Ideologien, das heißt Überzeugungen, die nicht wissenschaftlich abgesichert sind. Mit dieser Formulierung drückt die Autorin des Artikels ihre Skepsis gegenüber der beschriebenen Lebensweise aus. In der Auswahlantwort kommen diese Zweifel im Wort „vermeintlich" zum Ausdruck.*

d) [X] der Mensch nur noch über Zahlen definiert wird.

Hinweis: *Ein Objekt ist ein Gegenstand, d. h., es ist nicht lebendig. Der Wissenschaftler macht mit diesem Zitat deutlich, dass seiner Ansicht nach wichtige Aspekte der Persönlichkeit verloren gehen, wenn man sich zu sehr auf das Sammeln von Messdaten der eigenen Körperfunktionen konzentriert.*

3. ***Hinweis:*** *Für jede richtige Antwort gibt es zwei Punkte. Es darf jeweils nur eine Antwort angekreuzt werden.*

a) [X] Nur B und D stehen im Text.

Hinweis: Antwort B: *vgl. Z. 23 f.;* ***Antwort D:*** *vgl. Z. 11 f.*
Antwort A *ist falsch, weil Tensfeldt seine Daten nur privat, nicht öffentlich dokumentiert (vgl. Z. 162–165).*
Es ist im Text nur von einem einzigen Marathonlauf die Rede (vgl. Z. 27–29). Deshalb ist ***Antwort C*** *auch nicht richtig.*

b) [X] Nur A und B stehen im Text.

Hinweis: Antwort A: *vgl. Z. 44;* ***Antwort B:*** *vgl. Z. 38*
Es heißt in Z. 41 ff. zwar, dass es viele Selbstvermesser in Großstädten gibt, aber nicht, dass sie nur dort vorkommen. Daher ist ***Antwort C*** *falsch.*
*Auf den Bildungshintergrund der Selbstvermesser (****Antwort D****) gibt es im Text keine Hinweise.*

4. *__Hinweis:__ Für jede richtige Zuordnung gibt es einen Punkt.*

Textstelle	**Merkmal**
Zeile 11–16	**F**
Zeile 32–36	**A**
Zeile 71–74	**C**
Zeile 104–112	**D**
Zeile 160–162	**A**

__Hinweis: Textstelle 1/F:__ Ein __erlebnisorientierter Einstieg__ führt die Leser einer Reportage ohne einleitende Worte direkt in das Thema hinein, meist mithilfe eines konkreten Beispiels.
__Textstelle 2/A:__ Durch den Einschub „… glauben sie, …“ (Z. 34) distanziert sich die Autorin von der Überzeugung der beschriebenen „Selbstvermesser“ und drückt damit ihre persönliche Meinung aus (__Autorenkommentar__).
__Textstelle 3/C:__ In dieser Textstelle wird eine Prognose für die Zukunft in konkrete Zahlen gefasst (__Zahlen etc. als Hintergrundwissen__).
__Textstelle 4/D:__ Der Soziologe Stefan Selke teilt seine Ansicht zum Thema mit. Er wird sowohl direkt als auch indirekt zitiert. Es handelt sich um die __Expertenmeinung__ eines Wissenschaftlers.
__Textstelle 5/A:__ Im letzten Abschnitt macht die Autorin ihre kritische Haltung zum Thema deutlich, erkennbar an den Formulierungen „Schattenseiten“ und „erschrecken“ im Zusammenhang mit der Selbstoptimierung und der Datensammelleidenschaft von Arne Tensfeldt (__Autorenkommentar__).

5. a) *__Hinweis:__ Es gibt jeweils einen Punkt für jede richtige Lösung. Auch Zitate werden als Lösung gewertet. Zeilenangaben sind nicht zwingend notwendig.*

Mögliche Lösungen (drei erforderlich):
- Man kann gesünder leben (vgl. Z. 6, Z. 35).
- Man kann effektiver arbeiten (vgl. Z. 6 f., Z. 35).
- Man kann glücklicher werden (vgl. Z. 35 f.).
- Man kann das Gewicht durch Überwachung des Energieverbrauchs leicht kontrollieren (vgl. Z. 24–26, Z. 70 f.).
- Man kann sich immer weiter selbst verbessern (vgl. Z. 64 f.).

- Man kann seine Schritte zählen lassen und sich so über die eigene Fitness klar werden (vgl. Z. 70 f.).
- Man kann Körperfunktionen wie den Blutdruck messen und so den Gesundheitszustand kontrollieren (vgl. Z. 71).

b. ✎ ***Hinweis:*** *Bei dieser Aufgabe musst du zwei Textstellen aussuchen, in denen die negativen Seiten der Selbstvermessung deutlich werden. Es reicht jedoch nicht, zwei passende Textstellen zu nennen oder zu zitieren, sondern du sollst mit eigenen Worten ihre Bedeutung* ***erklären****. Für eine schlüssige Erklärung und zwei passende Textbezüge gibt es vier Punkte. Fehlt der Textbeleg (Zitat, Zeilenangabe oder Umschreibung), ist jedoch die Erklärung schlüssig, werden zwei Punkte vergeben. Für das Nennen oder Zitieren einer Textstelle ohne Erklärung gibt es keinen Punkt.*

Mögliche Lösungen (zwei erforderlich):
- Alles im Leben von Arne Tensfeldt dreht sich um das Messen, Aufzeichnen und Vergleichen von immer mehr Lebensbereichen. Er möchte sich ständig verbessern und richtet sein ganzes Leben nach den gesammelten Daten aus (vgl. Z. 22 ff.). Da er sich schlecht fühlt, wenn keine messbaren Veränderungen zu verzeichnen sind (vgl. Z. 169 f.), kann er mit der Selbstvermessung nicht mehr aufhören. Es besteht also die Gefahr, dass das Datensammeln zur Sucht wird oder schon geworden ist.
- Die ständige Aufzeichnung und Kontrolle verschiedener Lebensbereiche durch technische Hilfsmittel wird zu einem Zwang, der auch das Privatleben negativ beeinflussen kann. Wer genau dokumentiert, wie viel Zeit er mit der Partnerin verbringt (vgl. Z. 40), bei einem gemeinsamen Abendessen die Kalorienzufuhr kontrolliert (vgl. Z. 13–15) oder den Wechsel seiner Schlafpositionen elektronisch überwacht (vgl. Z. 52 f.), ist im Alltag so stark auf die eigene Person konzentriert, dass eine Beziehung darunter leiden muss.
- Da Körperfunktionen wie der Blutdruck nicht immer einem Idealwert entsprechen, kann bei der permanenten Kontrolle jede natürliche Schwankung Ängste auslösen, die völlig unbegründet sind (vgl. Z. 116–118).
- Es besteht die Gefahr, dass die von den Apps und Armbändern gesammelten Messwerte in Datenbanken landen, die Behörden und Unternehmen zugänglich sind (vgl. Z. 123–133). Bewerber um einen Kredit oder eine Arbeitsstelle müssten dann damit rechnen, dass ihr Gesundheitszustand, ihr Fitnesslevel oder auch ihre private Lebensführung bei der Bewerbung eine Rolle spielen.

- Einige Krankenkassen versprechen ihren Kunden Bonusprogramme und Rabatte, wenn sie „Fitness, Ernährung und Lebensstil elektronisch erfassen und […] kontrollieren lassen“ (Z. 150–152). Die Grundidee von Versicherungen ist jedoch das Solidaritätsprinzip, das mit diesem Vorgehen infrage gestellt wird. Nicht jeder ist so sportlich, jung und gesund, um sich durch regelmäßiges Training fit zu halten. Chronisch Kranke, Alte und Gebrechliche würden somit benachteiligt (vgl. Z. 153–159).

6. ✎ ***Hinweis:*** *Für jede richtig zitierte Textstelle wird ein Punkt vergeben. Fehlen die Zeilenangabe oder auch nur die Anführungszeichen, wird jeweils ein halber Punkt abgezogen.*

Mögliche Lösungen (zwei erforderlich):
- „Längst gibt es eine Industrie mit Millionenumsätzen, die ihren Kunden zu helfen verspricht, sich beständig selbst zu verbessern […]“ (Z. 63–65)
- „Dass die Dokumentation des Lebens tatsächlich bei der Selbstoptimierung hilft, haben internationale Studien erwiesen […]“ (Z. 99–101)
- „Mithilfe von Computerprogrammen können Behörden und Unternehmen schon heute riesige Datenmengen nach Mustern in unserem Dasein durchforschen und aus ihren Erkenntnissen Entscheidungen ableiten.“ (Z. 143–147)
- „Seit wenigen Monaten versprechen zwei deutsche Versicherungen Rabatte, wenn ihre Kunden Fitness, Ernährung und Lebensstil elektronisch erfassen und von der Assekuranz kontrollieren lassen.“ (Z. 148–152)

7. ✎ ***Hinweis:*** *Sprachliche Mittel dienen der Veranschaulichung in Texten. Manchmal ist es schwierig, sie eindeutig zuzuordnen, weil unterschiedliche Auslegungen möglich sind oder es bei der Definition Überschneidungen gibt. Auch in diesem Fall sind zwei Lösungen zulässig:*
- *Unter einer „Jagd“ versteht man das Verfolgen eines Tieres oder eines Gegners mit dem Ziel, es oder ihn zu besiegen, zu vertreiben oder sogar zu töten. Die Autorin bedient sich also aus einem anderen Themengebiet. Diese Art von* ***sprachlicher Übertragung*** *wird als* ***Metapher*** *bezeichnet.*
- *Gleichzeitig ist die Formulierung „Jagd nach dem Optimum“ aber auch eine* ***Übertreibung****, weil es bei der Datenkontrolle nichts gibt, was ver- oder gejagt wird. Der Fachausdruck für eine solche übertriebene Darstellung ist* ***Hyperbel****.*

Ein Punkt wird für die Nennung eines der beiden sprachlichen Mittel gegeben, drei weitere für eine schlüssige Erklärung der Wirkung. Du musst also überlegen, mit welcher Absicht die Autorin diese Formulierung gewählt hat.

Mögliche Lösungen (eine erforderlich):

- Bei der Formulierung „Auf der Jagd nach dem Optimum" handelt es sich um eine Metapher. Mit der Verwendung dieses sprachlichen Mittels kritisiert die Autorin die Art und Weise, wie sich immer mehr Menschen einem fast zwanghaften Wettbewerb um die Verbesserung ihres Lebensgefühls mithilfe von Messdaten unterwerfen. Das „Wild", das sie dabei jagen und erlegen, ist im schlimmsten Fall ihre eigene Persönlichkeit (vgl. Z. 111 f.).
- Mit der Verwendung der Hyperbel „Auf der Jagd nach dem Optimum" im Titel ihrer Reportage möchte die Autorin auf eine bedenkliche Entwicklung in der Gesellschaft aufmerksam machen. Mit der Übertreibung, die im Begriff „Jagd" enthalten ist, weist sie darauf hin, wie die zunehmende Datensammelwut immer mehr Lebensbereiche durchdringt. Dies geht so weit, dass sogar zwischenmenschliche Begegnungen vermessen werden, „weil die Kalorienzufuhr, Gefühle oder die Qualität eines Gespräches dokumentiert werden müssen" (Z. 94–96).

8. ✎ ***Hinweis:** Beim **Erläutern** geht es darum, Zusammenhänge verständlich darzustellen. Da das verwendete Verb „vermisst" sich von zwei Infinitiven („vermessen" und „vermissen") ableiten lässt, ist die Aussage doppeldeutig. Die Aufgabe verlangt von dir, die beiden möglichen Bedeutungen in Bezug zum Text zu erklären. Die volle Punktzahl gibt es für eine Erläuterung, in der beide Bedeutungen im Zusammenhang mit Arne Tensfeldts Lebensweise dargestellt werden. Ist nur eine der beiden Wortbedeutungen erläutert, werden zwei Punkte vergeben.*

Mögliche Lösung:

Seit acht Jahren erfasst Arne Tensfeldt seine Lebensgewohnheiten. Er speichert die Messdaten und protokolliert alle Veränderungen. Das bedeutet, dass er sein Leben nach vorgegebenen Werttabellen ausrichtet, berechnet und es somit „vermisst". Ohne das ständige Messen, Sammeln und Vergleichen seiner Lebensdaten fühlt er sich nicht mehr wohl. Wenn man etwas „vermisst", kann das aber auch bedeuten, dass einem etwas verloren gegangen ist und dass man das bedauert. Mit dieser Formulierung spielt die Autorin darauf an, dass Arne Tensfeldt sich möglicherweise nach seinem früheren Leben ohne ständige Datenkontrolle sehnt, sich aber dem Zwang zur Selbstvermessung nicht mehr entziehen kann (vgl. Z. 167–170).

9. *Hinweis: Die in der Aufgabenstellung formulierte Behauptung soll* ***begründet*** *werden. Dafür musst du dir überlegen, welche Folgen es für die Gesellschaft hat, wenn immer mehr Menschen die Ergebnisse ihrer Selbstoptimierung im Internet verbreiten und sich gegenseitig zu Höchstleistungen anspornen. Wichtig ist dabei, dass du in deiner Begründung auf die gesellschaftliche Ebene Bezug nimmst. Dafür werden vier Punkte vergeben. Ohne diesen Bezug gibt es höchstens zwei Punkte.*

Mögliche Lösung:
Wer sich mithilfe von Fitness- und Gesundheits-Apps seinem Idealbild nähert oder es sogar schon erreicht hat, kann stolz darauf sein und postet das Ergebnis auch gerne im Internet. Die Community reagiert dann häufig mit Lob und spornt dadurch zu weiteren Höchstleistungen an. Wenn immer mehr Menschen diesem Trend folgen, entsteht ein Wettbewerb, stets noch schöner, schlanker und fitter zu werden. Das kann zu einem Verlust an Solidarität innerhalb der Gesellschaft führen, bei dem sich die Schönen, Gesunden und Fitten anderen überlegen fühlen und aus dieser Überlegenheit heraus besondere Ansprüche für sich ableiten.
Der Beginn einer solchen Entwicklung zeichnet sich bereits darin ab, dass Krankenkassen Rabatte für die Bereitschaft zur Selbstvermessung anbieten (vgl. Z. 148–152). Wer sich darauf nicht einlassen will oder aus gesundheitlichen Gründen nur negative Daten liefern könnte, fühlt sich unter Druck gesetzt oder sogar ausgeschlossen, weil er der Gemeinschaft zur Last fällt. Zusätzlich wird er mit höheren Beiträgen zur Krankenversicherung bestraft, obwohl er unverschuldet krank oder gebrechlich ist und hierunter ohnehin bereits zu leiden hat. Im schlimmsten Fall kann das dazu führen, dass sich die Gesellschaft in einen „guten" Teil aus Selbstoptimierern und einen „schlechten" aus Kostenverursachern spaltet. Es zählt nicht mehr der Zusammenhalt zum Wohl der Gemeinschaft, sondern nur der Vorteil des Einzelnen, was bedeutet, der Stärkere und Gesündere setzt sich durch.

Teil II: Schreiben

II.A: Textproduktion (Wahlaufgabe)

a) ***Hinweis:*** *Eine **Beschreibung**, in diesem Fall die Beschreibung eines Sportkurses in einer Informationsbroschüre, stellt auf sachliche, informierende Weise ein Geschehen dar, das sich in gleicher oder ähnlicher Form wiederholen lässt. Damit der Leser den Vorgang nachvollziehen kann, muss also der Ablauf des Sportkurses, den du vorstellst, so genau wie möglich beschrieben werden. Die Zeitform einer Beschreibung ist das Präsens.*
*Die Themenstellung ist etwas irreführend, da du **keinen Bericht** über den absolvierten Kurs verfassen sollst. Der Text dient dazu, in einer z. B. von einem Fitnessstudio verteilten Broschüre auf verständliche Art Trainingswilligen Auskunft über einen geplanten Sportkurs zu geben. Inhaltlich vorgegeben sind dir nur der Anfang und das Ende (Überprüfung des Fitnesszustandes) sowie die Dauer des Kurses (ein halbes Jahr).*
*In der **Einleitung** kannst du z. B. auf Ziel, Ort und die Dauer des geplanten Kurses eingehen. Im **Hauptteil** beschreibst du die Abläufe der einzelnen Trainingseinheiten, ihren zeitlichen Umfang, was sie jeweils bewirken und wie sie dokumentiert werden. Im **Schlussteil** kannst du noch einmal zusammenfassend formulieren, was mit diesem Kurs erreicht werden soll, oder einen Hinweis auf Anschlusskurse geben. Denke dir auch eine passende **Überschrift** aus.*
*Bis zu **24 Punkte** gibt es für Aufbau und Inhalt des Textes.*
*Die Sprachangemessenheit wird mit bis zu **12 Punkten** bewertet. Achte auf die Verwendung der richtigen Zeitform und formuliere die Beschreibung der Trainingseinheiten so, dass man sie gut verstehen kann. Bewertet werden auch ein abwechslungsreicher Satzbau und die Vermeidung von Wiederholungen.*
*Weitere **vier Punkte** werden für die richtige Anwendung von Rechtschreibung, Grammatik und Zeichensetzung gegeben: Rechtschreibung und Grammatikfehler zählen als ganze Fehler, Fehler bei der Zeichensetzung als halbe Fehler. Die Fehlermenge wird immer auf die Textlänge, d. h. die Gesamtwörterzahl, bezogen. Mithilfe des Fehlerindex werden die erreichten Punkte berechnet.*

Überschrift

Fit und in Form – Einsteigerkurs im Sportstudio „BodyPower“

Einleitung

Ziel, Ort, Zeit und Dauer des Kurses

Wer mit seiner Figur unzufrieden ist, zu viel auf die Waage bringt, beim Treppensteigen schnell außer Atem kommt oder etwas für seinen Muskelaufbau tun möchte, ist mit dem Einsteigerkurs „Fit und in Form“ gut beraten. Der Kurs dauert ein halbes Jahr und findet jeden Montag von 18.30–21.00 Uhr im Fitnessstudio „BodyPower“ in der Frankfurter Straße statt.

Hauptteil

Beginn des Kurses: Fitnesstest für alle Teilnehmer

Begründung und Ablauf des Tests

Bevor es auf die Matte oder an die Gewichte geht, werden alle Teilnehmer einem Fitnesstest unterzogen. Das ist zum einen eine Vorsorgemaßnahme, um gesundheitliche Risiken auszuschließen. Zum anderen sollen aber auch die Werte von Gewicht, Kraft und Ausdauer am Anfang und Ende des Kurses verglichen werden. Dazu absolviert jeder Kursteilnehmer, angepasst an sein Alter, sein Körpergewicht und seine Größe, ein kurzes Zirkeltraining, bei dem Puls und Atemfrequenz gemessen werden. Die Ergebnisse dienen als Grundlage für den Trainingsplan und das Trainingsziel, die für jeden Kursteilnehmer individuell erstellt und festgelegt werden.

Ziele des Trainings

Mit den sich anschließenden Übungen und Trainingseinheiten soll erreicht werden, das Körpergewicht zu reduzieren, die Kondition zu steigern, Muskeln aufzubauen und das allgemeine Lebens- und Körpergefühl zu verbessern. Hierbei ist es auch möglich, Schwerpunkte zu setzen, etwa im Hinblick auf die Ausdauer oder den Muskelaufbau. Ist dies gewünscht, sprechen sich die betroffenen Teilnehmer einzeln mit dem Trainingsleiter ab.

Genauer Ablauf der Trainingseinheiten:

- Aufwärmphase

Zum Auftakt jeder Kursstunde absolvieren die Teilnehmer ein kurzes Warm-up, um den Kreislauf in Schwung zu bringen und die Muskeln auf die folgenden Anstrengungen vorzubereiten. Bei dem Aufwärmtraining von 15 bis 20 Minuten auf dem Crosstrainer werden die Widerstände schrittweise erhöht.

- Kursprogramm mit Variationen

Im anschließenden Gruppentraining sollen gezielt einzelne Muskelpartien gestärkt und aufgebaut werden. Das erfolgt anhand von Bewegungsabläufen, die sich besonders für Trainingsanfänger eignen. Aus bekannten und effektiven Grundübungen wie Kniebeugen, Liegestützen, Bizeps-Curls mit der

Kurzhantel, Kreuzheben, Rudern, Bankdrücken und Schulterpressen stellt der Kursleiter ein wöchentlich wechselndes Programm zusammen, das Spaß macht und schnelle Erfolge garantiert. Die jeweiligen Trainingseinheiten sind kurz, intensiv und abwechslungsreich. Die Wiederholungszahlen werden ebenso wie die Übungsabläufe regelmäßig variiert, um der Muskulatur unterschiedliche Trainingsreize anzubieten.

Am Ende jeder Kursstunde steht das Cool-down, also eine Abkühlungs- und Entspannungsphase. Auch dies ist ein wichtiger Bestandteil jeder Trainingseinheit. Mit Dehnungsübungen und koordinativer Gymnastik wird der Kreislauf nach dem Sport langsam heruntergefahren, was die Regeneration fördert. Die Muskeln werden gelockert, Stoffwechselprozesse kommen in Gang und das Gefühl zunehmender Entspannung setzt ein.

- Cool-down

Zusätzlich zur wöchentlichen Trainingsstunde wird den Kursteilnehmern empfohlen, ihr persönliches Übungsprogramm mindestens einmal pro Woche um eine einstündige Ausdauereinheit in unserem Studio zu erweitern. Dazu eignen sich zum Beispiel das Laufband oder die Spinning-Bikes.

Empfehlung: zusätzliches Ausdauertraining

Die Ergebnisse des halbjährigen Kurses werden am Ende erfasst. Ein erneuter Fitnesstest zeigt jedem Teilnehmer schwarz auf weiß, in welchem Umfang sich seine persönlichen Messdaten verbessert haben. In einer grafischen Darstellung werden Gewicht und Körperfettanteil, Puls und Atemfrequenz im Vergleich zum Eingangstest ausgewiesen. Dieses Erfolgserlebnis belohnt die Teilnehmer für ihre Anstrengungen.

Abschluss des Kurses: zweiter Fitnesstest und Vergleich der Werte

Wer sich hierdurch angespornt fühlt und sich auch nach diesem Kurs weiter sportlich betätigen und an seiner Fitness und Ausdauer feilen will, ist herzlich eingeladen, sich aus unserem umfangreichen Angebot das passende Anschlusstraining auszusuchen. Auch für Fortgeschrittene bieten wir eine Vielzahl abwechslungsreicher und wirkungsvoller Kurse an. Da ist für jeden das Richtige dabei. Wir freuen uns auf Sie!

Schluss

Hinweis auf weitere Angebote des Studios

b) *Hinweis: Beim Berichten gibst du ein einmaliges Geschehen, das in der Vergangenheit liegt, wieder. Ein* ***Bericht*** *ist dabei immer neutral und sachlich gehalten, die Meinung des Verfassers oder gar seine Gefühle sollen nicht erkennbar sein.*
Mit einer zum Thema passenden ***Überschrift*** *weckt man das Interesse der Leser. Der Bericht beginnt mit einer* ***Einleitung****, auch „****Lead****" genannt; hier werden vorab die wichtigsten Informationen zum Inhalt in Kurzform zusammengefasst.*
Der ***Hauptteil*** *enthält die Antworten auf die* ***W-Fragen:*** *Was ist wann und wo passiert? Wer ist beteiligt? Wie/womit und warum ist es passiert? Der Bericht stellt das Ereignis in zeitlich richtiger Abfolge (= chronologisch) dar, die korrekte Zeitform ist das Präteritum bzw. bei Vorzeitigkeit das Plusquamperfekt. Eine Spannungskurve oder einen Höhe- oder Wendepunkt gibt es bei dieser Textsorte nicht, auch keine sprachlichen Mittel zur Veranschaulichung oder zur Spannungssteigerung. Um Informationen innerhalb des Berichts zu vertiefen, dürfen Zitate, z. B. von Beteiligten, eingearbeitet werden.*
Der Bericht wird mit dem ***Schlussteil*** *abgerundet. Darin kann z. B. ein Fazit gezogen oder Folgen dargestellt werden – oder man formuliert einen kurzen Ausblick, in diesem Fall etwa auf ähnliche kommende Veranstaltungen.*
Aufbau und Inhalt deines Berichts werden mit bis zu ***24 Punkten*** *bewertet.*
Die sogenannte Sprachangemessenheit, das heißt die richtige Verwendung der Zeitform, treffende Formulierungen, passende Wortwahl, abwechslungsreicher Satzbau und Vermeidung von Wiederholungen, ist bis zu ***12 Punkte*** *wert.*
Rechtschreibung, Grammatik und Zeichensetzung machen weitere ***vier Punkte*** *aus, die mithilfe des Fehlerindex errechnet werden (Rechtschreibung und Grammatik: ganze Fehler; Zeichensetzung: halbe Fehler). Das bedeutet, dass die Fehlermenge immer auf die Textlänge, d. h. die Gesamtwörterzahl, bezogen wird.*

Karotte trifft Koriander: Gesund macht Schule

Überschrift

Einleitung/Lead:
Das Wichtigste in Kürze

Gemüse und Kräuter standen ganz oben auf dem Speiseplan, der eine Schulwoche lang der Klasse 10 B der Bertha-von-Suttner-Schule Nidderau den Mund wässrig machte und den Schülerinnen und Schülern einen ganz neuen Zugang zu Sellerie, Salat und Salbei eröffnete. „Selber kochen, gesund essen und Gutes tun" war das Motto, unter dem sich die Klasse während der Projektwoche an Kochtopf und Kräuterbeet wiederfand. Der Erlös des appetitlichen Projektergebnisses wurde der örtlichen Flüchtlingshilfe gespendet.

Beantwortung der W-Fragen:

Die Themenvorgabe der diesjährigen Projektwoche „Schule und Gesundheit" im September brachte unsere Klasse nach kurzer Diskussion, bei der auch die Qualität des Mensaessens eine Rolle spielte, auf die Idee: Wir wollten eine kleine Sammlung gesunder Gerichte zusammenstellen und sie zuvor in der Schulküche ausprobieren. Weil wir mit Laura, Isabell und Aylin drei Vegetarierinnen in der Klasse haben, war der Schwerpunkt unseres Kochlehrgangs schnell gefunden: Auf die Teller kommen weder Fleisch noch Fisch. Unterstützung bekamen wir von Frau Santiago vom Schülercafé, die sich nicht nur bei Torten und Gebäck exzellent auskennt, sondern uns auch tolle Ideen für Gemüsegerichte lieferte und uns bei schwierigeren Kochvorhaben zur Seite stand.

Was für eine Aktion fand statt und **warum**?
Wann und **wo** fand sie statt?
Wer war beteiligt?

Los ging es am Montag im Klassenraum mit einem Brainstorming. In Gruppen schrieben wir auf, welche Gemüse- und Salatsorten wir mögen und welche eher nicht. An der Tafel sammelten wir dann die Ergebnisse und stellten eine Hitliste auf. Erbsen und Karotten standen ganz oben auf der Skala, Blumenkohl und Rote Bete flogen raus. Weil alles frisch und regional sein sollte, wurde auch der Spargel gestrichen, denn der hat nur im Frühjahr Saison.

Wie genau verlief die Projektwoche?
- Montag

Am nächsten Tag suchten wir mit den verbliebenen Stichworten im Internet nach passenden Rezepten. Nicht zu kompliziert sollten sie sein und schnell zuzubereiten. Schließlich stellte jede Gruppe eine kleine Auswahl von drei bis vier Rezepten zusammen, die der Beschreibung nach lecker und leicht nachzukochen schienen. Dann luden wir Frau Santiago ein, sich unsere bunte Sammlung anzusehen. Mit ihrer Beratung und wichtigen Hinweisen auf mögliche Schwierigkeiten einigte sich jede Gruppe auf ein Rezept, das am nächsten Tag ausprobiert werden sollte. Frau Santiago hatte auch die Idee, ein Buffet zusammenzustellen, sodass jeder von allen Gerichten probieren konnte.

- Dienstag

Am Mittwoch gingen wir mit unseren Zutatenlisten einkaufen und anschließend wurde es ernst. Lauras Gruppe hatte sich für geröstete Karotten mit Avocado, Koriander und Limettensaft entschieden. Etwas mehr Arbeit machte die Kürbissuppe, die die Gruppe von Calvin und Vincent sich ausgesucht hatte, weil die Kürbisse so hart waren. Miran hatte seine Mitstreiter von Börek mit einer Mangold-Walnuss-Füllung überzeugt, was am Ende doch komplizierter war, als das Rezept zunächst

- Mittwoch

vermuten ließ. Andere Gruppen machten Salate und süße Nachspeisen mit Obst und Quark, sodass wir am Ende eine große Auswahl leckerer Speisen auf unserem Bufett hatten. Mit dem Ergebnis unseres Testlaufs waren wir zufrieden: „Ich hätte nie gedacht, dass vegetarisch so lecker sein kann", erklärte beispielsweise Julian nach dem Essen und hielt sich den vollen Bauch. Nachdem wir die Reste versorgt und die Küche wieder aufgeräumt hatten, machten wir noch die Grobplanung für den nächsten Tag. Da sollte alles für den Höhepunkt der Projektwoche vorbereitet werden, nämlich das erneute Kochen und Verkaufen unserer Gerichte.

Zitat eines Beteiligten

Bei der Besprechung am Donnerstag legten wir fest, welche der erprobten Gerichte am Freitag zubereitet und zum Verkauf angeboten werden sollten. Wir errechneten die benötigten Mengen an Zutaten, stellten Einkaufslisten zusammen, schrieben Speisekarten, malten Plakate und bastelten die Tischdekoration. Auf der Freilichtbühne stellten wir Tische und Stühle auf, denn dort sollte unser Terrassenrestaurant sein.

- Donnerstag

Am Freitag trafen wir uns schon sehr früh vor dem Supermarkt, der glücklicherweise direkt gegenüber der Schule liegt. Da wir den Ablauf schon einmal erprobt hatten, ging es mit dem Einkaufen der Zutaten und dem anschließenden Zubereiten der Gerichte jetzt sehr viel schneller. Wie auf den Plakaten angekündigt, war unser Buffet um Punkt 11.30 Uhr fertig. Schon vorher hatten sich zahlreiche Schüler auf der Bühne versammelt und standen Schlange, weil sie auf jeden Fall bei uns essen wollten. Auch viele Lehrer kamen und waren begeistert. „Eure Rezepte solltet ihr in der Mensa abgeben, damit es dort auch besseres und gesünderes Essen gibt", schlug die Schulleiterin vor, die ebenfalls zu uns kam und sich durch die Gerichte des Buffets probierte.

- Freitag, Höhepunkt der Projektwoche

Zitat der Schulleiterin

Ob unsere Projektwoche tatsächlich etwas an der Qualität des Mensaessens ändern wird, ist noch fraglich. Die Klasse 10 B jedoch hat durch dieses Projekt gelernt, welch große Vielfalt es in der Welt der fleischlosen und frischen Küche gibt und wie viel Spaß es macht, die Speisen gemeinsam zuzubereiten. Und auch die Flüchtlingshilfe Nidderau profitierte von unserem Projekt. Ihr Vertreter freute sich über eine Spende von 110 Euro, die der Verkauf der Speisen eingebracht hatte.

Schluss

Welche Folgen hat die Aktion?

Abschlussprüfung Deutsch an Realschulen in Hessen 2017
Sprachliche Richtigkeit

II.B: Sprachliche Richtigkeit

1. *Hinweis: Jeder erkannte* ***und*** *richtig korrigierte Fehler wird mit einem halben Punkt bewertet. Sind mehr als zwölf Fehler markiert, werden nur die ersten zwölf gezählt.*

Als Tourismus ist Reisen eine industrialisierte Form der ~~Weltanschauung~~ **Weltanschauung**[1] geworden. Wie vielen anderen vermarkteten Kulturtechniken im ~~Kapitalismuss~~ **Kapitalismus**[2] sind dem Reisen die Spannungen und unaufgelösten ~~Wiedersprüche~~ **Widersprüche**[3] dieser Gesellschaftsform eingeschrieben. Das ~~leben~~ **Leben**[4] von Millionen Menschen wird damit ~~reichaltiger~~ **reichhaltiger**[5]. Die Welten**,** (**fehlendes Komma**)[6] aus denen wir Anregungen, ~~Seensüchte~~ **Sehnsüchte**[7], Erfahrungen gewinnen können, sind scheinbar grenzenlos geworden. Auf der anderen ~~Saite~~ **Seite**[8] ist der Tourismus auch Teil des ökologischen Problems der Menschheit**,** (**fehlendes Komma**)[9] die in exzessiver Weise endliche Naturgüter nutzt. Ein Land kann sich aber auch wirtschaftlich vom Tourismus ~~abhengig~~ **abhängig**[10] machen. Ein Gebiet, das einmal vom Tourismus erfasst wurde**,** (**fehlendes Komma**)[11] verändert sich bis in die Landschaften und die traditionellen Lebensweisen hinein**,** (**fehlendes Komma**)[12] die zum Teil radikalen Wandel erfahren.

Nach: Thorsten Schilling, Wo geht's hin? 20.06.2014; www.fluter.de/wo-gehts-hin; bpb

Hinweis: ***1)*** *Welt-an-scha**u**-**u**ng – Nomen mit typischer Nomen-Endsilbe „-ung"* ***2)*** *Kapitalism**us** – Fremdwörter mit der Endsilbe „-us" werden mit einem s geschrieben (z. B. auch „Virus", „Status", „Zirkus")* ***3)*** *W**i**dersprüche – der Wortbestandteil „wider" bedeutet „gegen, dagegen, entgegen" (z. B. „Widerstand"); „wieder" hingegen hat meist die Bedeutung von „erneut, noch einmal" (z. B. „Wiederholung")* ***4)*** *(das)* ***L****eben – Großschreibung von Nomen, durch den bestimmten Artikel („das") als Nomen erkennbar* ***5)*** *reic**h**-**h**altiger – Zusammensetzung aus „reich" und „-haltig"* ***6)*** *Komma zwischen Haupt- und eingeschobenem Relativsatz (Nebensatz), der Nebensatz ist am Relativpronomen „denen" (bezogen auf „Welten") erkennbar* ***7)*** *Se**h**nsucht – Dehnungs-h ist die häufigste Schreibweise langer Vokale, ableitbar aus der Wortfamilie (z. B. „sehnen")* ***8)*** *S**e**ite – mit der Bedeutung „Teil", „Aspekt", „Richtung"; „Saite" ist* *die Schreibweise für die klangerzeugende gespannte Schnur an Musikinstrumenten wie z. B. an einer Gitarre oder Geige* ***9)*** *Komma zwischen Haupt- und Relativsatz (Nebensatz), der Nebensatz ist am Relativpronomen „die" (bezogen auf „Menschheit") erkennbar* ***10)*** *abh**ä**ngig – ableitbar aus verwandten Wortformen, z. B. „**hä**ngen, H**a**ng, Abh**a**ng"* ***11)*** *Komma am Ende des eingeschobenen Relativsatzes (Nebensatzes), der Nebensatz ist am Relativpronomen „das" (bezogen auf „Gebiet") erkennbar, ein Hinweis sind auch die zwei aufeinanderstoßenden finiten Verbformen („erfasst wurde", „verändert")* ***12)*** *Komma zwischen Haupt- und Relativsatz (Nebensatz); der Nebensatz ist am Relativpronomen „die" (bezogen auf „Lebensweisen") erkennbar*

2. ***Hinweis:*** *Wenn du bei dieser Aufgabe mehr als vier Wörter markierst, gibt es keinen Punkt. Für jede richtige Lösung wird ein Punkt vergeben, falsche Lösungen werden nicht gewertet.*

   a) Es war etwas [besonderes], wie er sich an diesem Abend angezogen hatte.

   Hinweis: *Stehen Mengenangaben wie „etwas, viel, wenig, alles, nichts" vor Adjektiven, deuten sie auf eine Nominalisierung hin. Richtig wäre also: „… etwas* ***Besonderes*** *…".*

   c) Das [Angenehme] Leben war nach der Pleite vorbei.

   Hinweis: *„Angenehm" wird hier als Adjektiv zur näheren Beschreibung von „Leben" verwendet und damit kleingeschrieben: „Das* ***angenehme*** *Leben …".*

   e) Am [Ärgerlichsten] bei dem ganzen Geschäft war der Zeitverlust.

   Hinweis: *Der Superlativ (= zweite Steigerungsform) eines Adjektivs wird mit „am" immer kleingeschrieben: „Am* ***ärgerlichsten*** *…".*

   h) Wenn es zu schnell wurde, bekam er Probleme beim [atmen].

   Hinweis: *Der bestimmte Artikel, der in „beim" steckt (= bei dem), weist auf die Nominalisierung des Verbs „atmen" hin. Daher muss hier großgeschrieben werden: „… beim* ***Atmen****".*

3. ***Hinweis:** Nur wenn die Schreibweise korrekt ist* **und** *die jeweils dazugehörige Wortart richtig bestimmt ist, gibt es einen Punkt. Halbe Punkte werden nicht vergeben.*

Ein Bauer hatte einen Esel und eine Ziege. Weil nun der Esel sehr viel arbeiten und **das** (**A**)[1] große Lastentragen meistern musste, erhielt er ein reichlicheres und besseres Futter als die Ziege. […]
„Höre, lieber Freund! Oft schon habe ich dich von Herzen bedauert, **dass** (**K**)[2] du Tag für Tag die schwersten Lasten tragen und vom Morgen bis Abend arbeiten musst; ich möchte dir wohl einen guten Rat geben." […]
Aber **das** (**D**)[3] hatte er sich nicht gedacht! Halb tot lag er da.
Dass (**K**)[4] er sich nicht ein Bein gebrochen, war ein Glück. Ganz geschunden wurde er herausgeholt und konnte sich kaum nach Hause schleppen, **das** (**R**)[5] jetzt weit entfernt schien. […]

Nach: Aesop: Der Esel und die Ziege.

***Hinweis: 1)** „das" durch „dieses/jenes" ersetzbar, bestimmt die nachfolgende Nominalisierung „Lastentragen" näher → bestimmter Artikel **2)** „dass" leitet einen Nebensatz ein, der vom davorstehenden Hauptsatz abhängig ist (Nebensatz auch erkennbar an der Endstellung des Verbs „musst"), kein Ersatz durch „welches" möglich → Konjunktion **3)** „das" durch „dies(es)" ersetzbar und es folgt kein Nomen, bezieht sich zurück auf den vorhergehenden Satz → Demonstrativpronomen **4)** „dass" leitet einen Nebensatz ein, der vom nachfolgenden Hauptsatz abhängig ist (Nebensatz auch erkennbar an der Endstellung des Verbs „gebrochen [hat]"), kein Ersatz durch „welches" möglich → Konjunktion **5)** „das" durch „welches" ersetzbar, bezieht sich zurück auf das vorangegangene Nomen „Hause" → Relativpronomen*

4. ***Hinweis:** Bei der Umformung der folgenden Sätze müssen sowohl die Zeitform als auch die inhaltliche Aussage des jeweiligen Satzes beibehalten werden. Beachte, dass du alle möglichen Verben umwandeln sollst, im letzten Satz also zwei Verbformen. Übernimm alle Satzteile und füge keine neuen hinzu. Achte auch auf die Rechtschreibung, denn für Rechtschreibfehler wird ein halber Punkt pro umgeformtem Satz abgezogen.*

Aktiv	Passiv
Zum Reinigen von Fahrradfelgen muss man beide Reifen abziehen.	**Zum Reinigen von Fahrradfelgen müssen beide Reifen abgezogen werden.**
Für den nächsten Schritt sollte man einen speziellen Reiniger aus dem Fachhandel verwenden.	**Für den nächsten Schritt sollte ein spezieller Reiniger aus dem Fachhandel verwendet werden.**
Zum Schutz des Bodens legt man ein großes Tuch unter das Fahrrad.	Zum Schutz des Bodens wird ein großes Tuch unter das Fahrrad gelegt.
Nachdem man die Felgen gereinigt und poliert hat, zieht man die Reifen wieder auf.	Nachdem die Felgen gereinigt und poliert worden sind, werden die Reifen wieder aufgezogen.

Hinweis: *Wenn wie im vorliegenden Fall einer Arbeitsanleitung kein „Täter" in Aussagen genannt bzw. benötigt wird, verwendet man im Aktiv das Indefinitpronomen „**man**".*
*Bei der Umwandlung **vom Aktiv ins Passiv** verschwindet das „man". Das Akkusativobjekt des Aktivsatzes („beide Reifen", „einen speziellen Reiniger") wird im Passiv zum Subjekt. Das Modalverb des Aktivsatzes bleibt im Passiv erhalten, seine Form muss jedoch an das neue Subjekt angepasst werden („müssen", „sollte"). Am Ende des Passivsatzes steht das Verb im Partizip II („abgezogen", „verwendet") und das Hilfsverb „werden".*
*Umgekehrt wird bei der Umwandlung **von der Passiv- in die Aktivform** das Subjekt zum Akkusativobjekt („ein großes Tuch", „die Felgen", „die Reifen"). Das Hilfsverb „werden" entfällt, dessen Zeitform muss auf das Vollverb angewandt werden (hier Präsens, Perfekt, Präsens: „legt", „gereinigt und poliert hat", „zieht … auf").*

Abschlussprüfung Deutsch an Realschulen in Hessen 2018
Text 1

Teil I: Lesen

Hinweis: *Bei den Multiple-Choice- und Zuordnungsaufgaben (1–3) ist immer nur eine Lösung richtig. Wenn du mehr als eine Antwort ankreuzt, gibt es keinen Punkt!*

1. a) ☒ am Abend.

   Hinweis: *vgl. Z. 4*

   b) ☒ einem Hörspiel zuhören.

   Hinweis: *vgl. Z. 3 f.*

   c) ☒ einer familiären Auseinandersetzung.

   Hinweis: *vgl. Z. 85 f.*

   d) ☒ Karl treffen.

   Hinweis: *vgl. Z. 12 f.*

   e) ☒ beschämt.

   Hinweis: *vgl. Z. 62*

2. a) ☒ nachgeht.

   Hinweis: *„Hinken" bedeutet, dass jemand z. B. infolge einer Beinverletzung ein Knie nicht mehr beugen kann und deshalb langsamer geht. Die Personifikation beschreibt also, dass die Uhr eine frühere Zeit als die richtige anzeigt, weil sie zu langsam ist.*

   b) ☒ nur private Themen behandelt werden.

   Hinweis: *Die junge Frau will offenbar einen Geschäftstermin, den ihr Freund Karl in der Nähe hat, nutzen, um ihn nach langer Zeit einmal wieder zu treffen. Da Karl ein Angestellter ihres Vaters ist, bittet sie diesen, Karl für das Treffen Urlaub zu geben. Der Vater lehnt das ab, und auch ihre Mutter ist nicht bereit, ein gutes Wort für sie einzulegen, da sie sich grundsätzlich nicht in Firmenangelegenheiten ihres Mannes einmische. Während die Eltern die Angelegenheit also nur aus geschäftlicher Sicht betrachten, handelt es sich für die Tochter um ein privates Anliegen, um „nichts Geschäftliches".*

c) ☒ fortgeführt wird.

Hinweis: Die Wendung „im Gange“ steht für „(weiter-)gehen“ oder „fortbewegen“.

d) ☒ als real empfunden wird.

Hinweis: „Realität“ heißt „Wirklichkeit“; der Mann berichtet von einem Telefongespräch, das tatsächlich stattgefunden hat.

3. a) ☒ Nur A und C treffen zu.

*Hinweis: **Aussage A:** Bei dem Ehepaar vor dem Radio handelt es sich um die Hauptpersonen der Geschichte, ihre Namen werden nicht genannt. **Aussage C:** Sowohl die beiden Hauptpersonen als auch die belauschte Familie im Radio führen Gespräche. Jedoch gibt es keine Einleitung und auch das Ende bleibt offen, deshalb treffen die **Aussagen B** und **D** nicht zu.*

b) ☒ Nur B und D treffen zu.

*Hinweis: Sowohl die Szene vor dem Radio als auch das belauschte Gespräch (**Aussage D**) sind real; entgegen der Erwartung des Ehepaars handelt es sich nicht um ein Hörspiel. **Aussage A** ist falsch, da zwar Meinungsverschiedenheiten zu hören sind, aber nur zwischen der Tochter und ihren Eltern im Radio. Zwischen den beiden Hauptpersonen, dem Ehepaar vor dem Radio, gibt es keinen Streit. Auch **Aussage C** trifft nicht zu; zwar ist von einem „unfähigen Regisseur“ die Rede (Z. 67), jedoch wird er nur am Rande erwähnt.*

4. ***Hinweis:** Die beiden Punkte gibt es nur für eine komplette Lösung, d. h., Zitat und richtig zugeordnetes sprachliches Mittel müssen genannt werden. Fehlt die Zeilenangabe, wird ein halber Punkt abgezogen, ebenso bei fehlenden Anführungszeichen. Das sprachliche Mittel erklären musst du aber nicht.*

Mögliche Lösungen (eine erforderlich):

- „‚Immer Karl‘, […], ‚immer Karl.‘“ (Z. 18 f.): **Anapher**
- „‚[…] krank, […] krank, […]‘“ (Z. 19 f.): **Epipher**
- „‚Immer Karl‘, […]“ (Z. 18): **Ellipse**
- „‚Jetzt ist Kuhn krank, vor vier Wochen war Grubbe krank, in vier Wochen wird ein anderer krank sein.‘“ (Z. 19–21): **Parallelismus**

***Hinweis:** Wenn zwei oder mehr aufeinanderfolgende Sätze mit dem gleichen Wort beginnen, handelt es sich um eine **Anapher**. Die Wiederholung gleicher Wörter am Ende mehrerer aneinandergereihter Sätze heißt **Epipher**.*

*Von einer **Ellipse** (Auslassungssatz) spricht man, wenn Satzteile/Satzglieder fehlen, in diesem Fall Subjekt und Prädikat.*
*Ist der Satzbau, d. h. die Reihenfolge der Satzglieder, in mehreren aufeinanderfolgenden Sätzen oder Teilsätzen gleich, wird das als **Parallelismus** bezeichnet.*

5. ***Hinweis:** Für die Erklärung des Stilmittels bekommst du einen Punkt, zwei weitere Punkte gibt es, wenn du seine Wirkung im Textzusammenhang erklärst. Der Textbezug kann als Zitat, als reine Zeilenangabe oder als Umschreibung/Paraphrasierung erfolgen. Erwartet wird, dass du bei deiner Erklärung vollständige Sätze formulierst, Stichworte reichen nicht.*

   - **Erklärung des Stilmittels:** Wird ein Satz durch einen Einschub unterbrochen, spricht man von einer Parenthese.
   - **Wirkung:** Nach Ansicht des Mannes stellt Kunst etwas Höheres dar als das wahre Leben und sollte sich erkennbar davon unterscheiden (Z. 72–83). Erleichtert stellt er fest, dass das Gespräch im Radio Realität ist und keine Kunst. Der Einschub „‚[…] – Gott sei Dank – […]'" (Z. 82), mit dem er sich selbst unterbricht, bringt diese Erleichterung zum Ausdruck.

6. ***Hinweis:** Der Operator „erläutern" zielt in besonderem Maße auf das Textverständnis. Bei dieser Aufgabe musst du dir die unterschiedlichen Redeabsichten und Wirkungen beim Gebrauch von Konjunktiv und Indikativ im Handlungszusammenhang klarmachen. Jeweils drei Punkte werden für eine Erläuterung anhand einer passenden Textstelle vergeben. Fehlt der Textbezug, gibt es zwei Punkte; wird nur eine Textstelle genannt und nicht erläutert, gibt es keinen Punkt.*

   a) „‚[…] du müßtest eigentlich einsehen, […] es ließe sich gut einrichten, […]'" (Z. 10–13);
   „‚[…] und es wäre so leicht für ihn […]'" (Z. 34)

   Sowohl im Gespräch mit ihrem Vater (Z. 10–21) als auch mit der Mutter (Z. 32–40) verwendet die Tochter den Konjunktiv, um Möglichkeiten und Wünsche auszudrücken. Es wird klar, dass sie sich nach ihrem Freund sehnt, jedoch wirken ihre Bitten sehr weinerlich, zaghaft und ihre Vorschläge wenig konkret. Offenbar ist sie es gewohnt, sich unterzuordnen und Entscheidungen ihres Vaters nicht infrage zu stellen. Deutlich wird das durch die Konjunktivformen „müßtest" (Z. 10), „ließe" (Z. 12) und „wäre" (Z. 34).

   b) Der Vater geht nicht auf den Wunsch seiner Tochter ein, das Geschäftliche hat Vorrang. Er lässt auch keine Diskussion zu und fasst unmissverständlich zusammen: „‚Es lässt sich nicht machen‘, […]“ (Z. 14). Als seine Tochter vor lauter Enttäuschung anfängt zu weinen, beendet er das Gespräch auf äußerst unfreundliche Weise: „‚[…] und du mußt dich damit abfinden‘ “ (Z. 55 f.). Die Verwendung des Indikativs in diesen beiden Textstellen unterstreicht die autoritäre Haltung des Vaters. Er stellt Tatsachen fest, bestimmt die Regeln und lässt keinen Widerspruch zu.

7. ***Hinweis:** Mit „darstellen“ ist gemeint, dass die im Handlungsverlauf erkennbare Verhaltensänderung der Frau an zwei Textstellen deutlich gemacht werden soll. Wichtig ist dabei, dass du anhand der Textbezüge mit eigenen Worten erklärst, worin die Änderung besteht. Gelingt dir das, bekommst du vier Punkte. Für eine Darstellung ohne Textbezug erhältst du zwei Punkte, für das bloße Nennen von Textstellen gibt es keinen Punkt. Der Textbezug kann in Form von Zeilenangaben, Zitaten oder Umschreibungen erfolgen.*

Mögliche Lösungen:
Anfängliche Reaktion *(eine Textstelle erforderlich):*
- Zu Beginn ist die Frau etwas irritiert, weil sie die Ansage des Hörspiels offenbar verpasst hat. Sie vermutet, dass die Uhr nachgeht (vgl. Z. 22 f.).
- Auf den Anfang des Dialogs reagiert sie verärgert, äußert sich negativ über die Qualität des Hörspiels und fordert ihren Mann auf, das Radio abzustellen (vgl. Z. 26–29).
- Der Unmut der Frau über das schlechte Hörspiel steigert sich. Sie bezeichnet es als „Mist“ (Z. 42) und vermutet einen Irrtum, da sie den Autor der eigentlich erwarteten Sendung kennt und schätzt.

Veränderte Reaktion *(eine Textstelle erforderlich):*
- Als sich herausstellt, dass das Radio tatsächlich falsch eingestellt war und eine reale Gesprächssituation gesendet wurde, reagiert die Frau entsetzt und bittet ihren Mann, das Radio schnell abzustellen (vgl. Z. 58 f.).
- Danach wird sie nachdenklich und äußert sich beschämt darüber, ungewollt einem privaten Dialog gelauscht zu haben (vgl. Z. 62–64).
- Sie rechtfertigt sich jedoch vor sich selbst, da sie ja nicht wissen konnte, dass ein richtiges Gespräch gesendet wurde und sie unbeabsichtigt zugehört hat (vgl. Z. 84–86).
- Anschließend bedauert sie, dass sie das Hörspiel verpasst haben (vgl. Z. 89 f.).
- Am Ende ist sie jedoch versöhnlich gestimmt und stellt Vermutungen über die Lösung des unfreiwillig gehörten Familienstreits an (vgl. Z. 96–98).

8. *__Hinweis:__ Bei dieser Aufgabenstellung sollst du Textstellen auffinden und mit ihrer Hilfe die Aussage belegen. Es reicht nicht, Textstellen zu nennen oder zu zitieren, sondern du musst auch mit eigenen Worten erklären, inwiefern sie die Aussage stützen. Vier Punkte erhältst du für eine schlüssige Begründung anhand von zwei Textstellen, drei Punkte, wenn nur ein Textbeleg angeführt wird. Gibst du für deine Begründung keine oder keine passende Textstelle an, werden zwei Punkte gegeben. Für das bloße Nennen oder Zitieren von Textstellen bekommst du keinen Punkt.*

   Mögliche Lösungen (zwei erforderlich):
   - Obwohl die Frau schon kurz nach Beginn des vermeintlichen Hörspiels ihren Mann auffordert, das Radio abzustellen (vgl. Z. 29), geht der Mann nicht darauf ein. Später behauptet er, sofort bemerkt zu haben, dass es sich um ein echtes Gespräch gehandelt hat (vgl. Z. 65 f.). Das bedeutet, dass er neugierig ist, wie sich das Gespräch weiterentwickelt.
   - Der Mann möchte sich die Szene im Radio anhören, weil ihn das reale Gespräch mehr interessiert als das Hörspiel. Er vergleicht die unerwartet belauschte Auseinandersetzung mit einem ähnlichen Erlebnis aus früherer Zeit: Er wurde einmal unfreiwillig Zeuge eines fremden Telefongesprächs, was ihn sehr berührte (vgl. Z. 72–81).
   - Im Gegensatz zu seiner Frau äußert der Mann kein Bedauern darüber, das Hörspiel verpasst zu haben. Vielmehr würde er gerne wissen, ob der Familienkonflikt zwischen der jungen Frau und ihren Eltern gelöst wird und ob das Treffen zwischen Karl und der jungen Frau in London stattfindet (vgl. Z. 94 f.).

9. *__Hinweis:__ Bei dieser Aufgabe geht es um die Erzählperspektive. Der neutrale Erzähler kommentiert und wertet nicht, sondern schildert nur, was äußerlich wahrnehmbar ist. Rückschlüsse auf die Gedanken und Gefühle der Figuren lassen sich nur aus dem ziehen, was sie sagen. In deiner Erläuterung muss deutlich werden, dass der Leser genauso wie das Ehepaar zunächst nicht weiß, dass es sich bei dem vermeintlichen Hörspiel um ein reales Gespräch handelt. Für eine schlüssige Erläuterung, die dieses Überraschungsmoment berücksichtigt, gibt es vier Punkte. Textverweise, Zitate oder Zeilenangaben sind nicht notwendig.*

   Mögliche Lösung:
   Die neutrale Perspektive am Anfang der Geschichte ist daran erkennbar, dass der Erzähler die Hintergründe nicht erklärt und die Gedanken und Gefühle der beiden Hauptpersonen nur in der direkten Rede deutlich werden. Dadurch ist dem Leser ebenso wie dem Ehepaar zunächst nicht klar, dass es sich bei der Radiosendung

um ein echtes Gespräch handelt. Als sich herausstellt, dass das Ehepaar unabsichtlich Zeuge einer realen Situation ist, wird der Leser davon genauso überrascht wie die beiden vor dem Radio. Zwar schaltet der Mann auf Drängen seiner Frau das Radio ab, doch seine Neugierde ist geweckt. Und genauso wie der Mann, den die Gesprächsfetzen über den Fortgang der Handlung spekulieren lassen, macht sich auch der Leser Gedanken, ob und wie der zufällig mitgehörte Familienkonflikt möglicherweise gelöst werden wird.

10. ***Hinweis:*** *Weil bei einer Erläuterung immer das Textverständnis gefragt ist, musst du dich genau auf das Zitat beziehen. Es geht bei dieser Äußerung darum, dass für die beiden Hauptpersonen zwischen Kunst und „echtem Leben" ein Gegensatz besteht, wie es auch im Titel der Kurzgeschichte anklingt. Gelingt es dir, diese Haltung anhand von zwei Textstellen zu erläutern, wird die Lösung mit vier Punkten bewertet. Ist deine Erläuterung nachvollziehbar, jedoch nur auf eine passende Textstelle bezogen, gibt es noch drei Punkte. Beschränkst du dich auf eine Erläuterung ohne Textbezug, ist das zwei Punkte wert. Das bloße Nennen oder Zitieren von Textstellen reicht nicht für eine Bewertung.*

Mögliche Lösung:
Gemütlich am Kamin sitzend, schalten die Eheleute pünktlich das Radio ein, um ein Hörspiel zu genießen. Sie haben bestimmte Erwartungen und Ansprüche an die Qualität der Sendung und kennen sich gut aus, denn die Namen des Autors und des Regisseurs sind ihnen offenbar geläufig (vgl. Z. 41–43). Schon kurz nach Beginn des Dialogs äußert sich die Frau abfällig über das Gehörte, weil Text und Sprechweise ihr zu wirklichkeitsnah erscheinen und damit ihrem Verständnis von Kunst widersprechen (vgl. Z. 26–29). Sie hält sich für eine Kunstkennerin und ist deshalb, nachdem sich der Irrtum aufgeklärt hat, beschämt darüber, nicht sofort erkannt zu haben, dass es sich um ein reales Gespräch und kein Hörspiel gehandelt hat (vgl. Z. 62). Zwar nehmen beide Eheleute Anteil an dem Gehörten und würden gerne wissen, wie die zufällig belauschte Geschichte weitergeht, doch die in der Aufgabenstellung zitierte Äußerung des Mannes macht deutlich, dass sich seiner Meinung nach die Kunst vom wirklichen Leben abheben sollte. Um das zu bekräftigen, schildert er sein Erlebnis von dem zufällig mitgehörten Gespräch in einer Telefonzelle. Zwar sei er davon mehr beeindruckt gewesen als von „gut geschriebene[n] Romane[n]" (Z. 78 f.), jedoch sei es „‚[…] – Gott sei Dank – keine Kunst'" (Z. 82 f.) gewesen.

Teil II: Schreiben

II.A: Textproduktion (Wahlaufgabe)

a) ***Hinweis:***
Aufbau/Inhalt: *Die sparsamen Hinweise und Informationen, die Heinrich Bölls Kurzgeschichte bietet, lassen dir viel Handlungsspielraum für deine eigene Erzählung: Es gibt Eltern und eine erwachsene Tochter, die ihren Freund oder Ehemann seit zwei Jahren nicht gesehen hat, weil er auf einem Überseedampfer arbeitet und meistens unterwegs ist. Jetzt ließe sich ein Treffen arrangieren, doch der Vater, offenbar der Vorgesetzte des Freundes, stellt die Belange der Firma über die Bedürfnisse der Tochter und lässt sich von ihrem Flehen nicht erweichen. Ob das junge Paar sich in London treffen wird, bleibt offen. Als Regisseur/in der Erzählung ist es dir überlassen, ob du für ein Happy End sorgen möchtest oder nicht.*
Personen, Ort und Anlass der Handlung werden in der ***Einleitung*** *deiner Erzählung genannt. Anschließend folgt der* ***Hauptteil****, in dem die Hintergründe des im Radio gesendeten Gesprächs deutlich werden sollten: In welcher Beziehung stehen Karl und die junge Frau zueinander? Warum haben sie sich so lange nicht sehen können? Wie reagiert die Tochter auf das wenig verständnisvolle Verhalten der Eltern? Den* ***Schlussteil*** *kannst du offen gestalten oder zu einem Ende führen, das zu deiner Erzählung passt. Denke dir auch eine passende Überschrift aus!*
Sprachangemessenheit: *Gestalte deinen Text abwechslungsreich, vermeide Wiederholungen bei Satzbau und Wortwahl. Mit Sprachbildern, anschaulichen Adjektiven, treffenden Verben und wörtlicher Rede wird deine Erzählung lebendig und interessant. Die passende Zeitform für erzählende Texte ist eine der Zeitformen der Vergangenheit, vorzugsweise das Präteritum. Du kannst in der Ich-Form oder in der personalen Perspektive aus Sicht der jungen Frau schreiben.*
Sprachrichtigkeit: *Fehler in der Rechtschreibung und Grammatik werden als ganze Fehler, die in der Zeichensetzung als halbe Fehler gewertet. Die Gesamtzahl der Fehler wird auf die Wörterzahl deines Aufsatzes bezogen und als Fehlerindex mit maximal vier Punkten in Abzug gebracht.*

Goodbye London

Überschrift

Marie weinte. Dicke Tränen tropften auf den Telefonhörer, den sie in der Hand hielt, und zeichneten eine zarte Spur aus salzigen Kristallen auf den schwarzen Kunststoff. Das gleichmäßige und unpersönliche Tuten aus der Sprechmuschel zeigte an, dass ihr Gesprächspartner schon längst aufgelegt hatte. Minutenlang starrte sie auf das Telefon, ohne irgendetwas wahrzunehmen, dann legte sie mit einer resignierten Geste den Hörer auf die Gabel. Wozu hatte sie eigentlich geheiratet, wenn sie Karl doch kaum zu Gesicht bekam? Sie seufzte. Es war ja nicht seine Schuld. Ihre Eltern – oder nein – eigentlich war es ja nur ihr Vater, der immer wieder verhinderte, dass Karl endlich einmal Urlaub nehmen konnte. Als Karl und sie sich kennenlernten, heirateten und in London eine Wohnung bezogen, schien es ein Glücksfall für alle Beteiligten: Sie, die Tochter eines Schiffseigners und Karl, ein junger Seemann mit ehrgeizigen Plänen – einer glänzenden Zukunft schien nichts im Wege zu stehen.

Einleitung

Erzählanlass, Ort, Personen und ihr Verhältnis zueinander

Doch kurz nach Karls Beförderung zum Kapitän geriet die Firma von Maries Vater in eine finanzielle Krise, Leute wurden entlassen und Schiffe verkauft. Das verbliebene Personal musste immer mehr arbeiten, um den Bankrott zu verhindern. Eine der Überseerouten übernahm Karl, monatelang dauerte eine Tour, und kaum war er zurück in Hamburg, bekam er einen neuen Auftrag. Zwei Jahre ging das nun schon so. Aber jetzt war die „Seacloud" im Hafen von Liverpool eingelaufen, und als Marie das hörte, hatte sie neue Hoffnung geschöpft. Von Liverpool nach London – ein Klacks mit der Bahn! Sie könnten ein paar Tage zusammen verbringen, vielleicht ans Meer fahren, abends ins Theater … Marie war sich sicher gewesen, ihre Eltern überreden zu können, Karl den verdienten Urlaub zu gewähren. „Es geht nicht, es geht nun einmal nicht, und du musst dich damit abfinden." Die harschen Worte ihres Vaters klangen noch immer in Maries Ohren nach, und erneut wurde sie von Weinkrämpfen geschüttelt. Wie sehnte sie sich nach Karl! Es war so ungerecht! Langsam machte sich Zorn in ihrem Inneren breit, stieg wie eine heiße Welle in ihr auf und ließ sie die Fäuste ballen. Noch nicht einmal ihre eigene

Hauptteil

Hintergründe der Geschichte:

Situation der Hauptpersonen

Maries Wünsche

Maries Gefühle:

- Sehnsucht nach Karl
- Wut auf die Eltern

Mutter war bereit, sie zu unterstützen. Aus allem hielt sie sich heraus! Immer kuschte sie, wenn Vater seinen Willen durchsetzte. Nie stellte sie sich auf ihre Seite. Vernünftig sollte sie sein? Stand nicht ihre Ehe auf dem Spiel? Ging es nicht um ihre Liebe? Und da fasste Marie einen Entschluss. Sie kramte das Heft mit den Bahnfahrplänen aus der Schreibtischschublade und suchte eine Verbindung von London nach Liverpool. Anschließend holte sie eine kleine Reisetasche vom Schrank und fing an zu packen: warme, bequeme Kleidung, Regenjacke, Waschzeug, praktische Sachen, nichts Schickes, nur das Notwendigste; sie würde in den nächsten Wochen sehr wenig Platz zur Verfügung haben; Reisepass und Bargeld. Dann schloss sie die Fensterläden, verließ die Wohnung und drehte den Schlüssel der Wohnungstür zweimal herum. Sie hatte nicht vor, in nächster Zeit wiederzukommen. Ein Taxi brachte sie zum Bahnhof. Es war dunkel und regnete, als Marie in Liverpool ankam. Den Weg zum Hafen ging sie zu Fuß. Ihr Herz pochte, als sie sich dem Überseequai näherte. Jetzt kamen ihr doch Zweifel. Ob Karl sich überhaupt freute? Wie ein gefesseltes Urtier lag die „Seacloud“ im Hafenbecken, niemand war an Deck zu sehen, kein Bullauge schickte ein tröstliches Licht auf den dunklen Quai. Erneut zögerte die junge Frau. „Wenn du jetzt einen Rückzieher machst, wird dein Vater weiterhin über dein Leben bestimmen“, redete sie sich selbst Mut zu.
Entschlossen schritt sie über die Gangway und verschwand im dunklen Bauch des Schiffes.

Wende in Maries Verhalten:

- Sie fasst einen Entschluss.
- Sie setzt ihn in die Tat um.
- Sie zweifelt und zögert.
- Sie redet sich Mut zu.

Offenes Ende

b) *Hinweis: Das Für und Wider zu **argumentieren** bedeutet, die Vor- und Nachteile von etwas einander gegenüberzustellen. Am besten sammelst du zunächst in einer Tabelle stichwortartig die Vor- und Nachteile von Reality-TV-Sendungen und nummerierst sie anschließend nach ihrer Wichtigkeit.*
*In der **Einleitung** kannst du z. B. auf die zunehmende Verbreitung und Vielfalt solcher Sendungen hinweisen und mit der aus dem Thema abgeleiteten Fragestellung zum Hauptteil überführen. Im **Hauptteil** führst du die Argumente, die für und gegen das Reality-TV sprechen, aus und stützt sie mit überzeugenden Beispielen. Du solltest drei Pro-Argumenten ebenso viele Kontra-Argumente gegenüberstellen. Entweder kannst du die beiden Argumentationsblöcke nacheinander abhandeln oder jeweils einem Pro-Argument ein passendes Kontra-Argument entgegenhalten. Schließlich beziehst du persönlich Stellung zum Thema (**Schlussteil**) und bekräftigst deine Meinung mit dem für dich stärksten Argument.*
***Aufbau und Inhalt** werden mit bis zu 24 Punkten bewertet, die **Sprachangemessenheit** mit bis zu 12 Punkten (richtige Verwendung der Zeitform, treffende Formulierungen, passende Wortwahl, abwechslungsreicher Satzbau, Vermeidung von Wiederholungen). Weitere 4 Punkte gibt es für **Rechtschreibung, Grammatik und Zeichensetzung**, die sich mithilfe des Fehlerindex errechnen (Rechtschreibung und Grammatik: ganze Fehler; Zeichensetzung: halbe Fehler).*

Ideenliste / Stoffsammlung:

Gespieltes Leben – Was spricht für, was gegen Reality-TV?	
Vorteile	**Nachteile**
kann Problembewusstsein schaffen	Neugier und Schadenfreude werden bedient
hoher Unterhaltungswert	Laiendarsteller werden manipuliert
Startmöglichkeit für Schauspielanwärter	Menschen werden bloßgestellt

Gespieltes Leben – Was spricht für, was gegen Reality-TV? Überschrift

Einleitung

Menschen baden in Ameisenhaufen, lassen sich bei einem intimen Date filmen, präsentieren dem Fernsehzuschauer ihr zugemülltes Wohnzimmer oder tauschen vor laufender Kamera die eigene Ehefrau gegen eine wildfremde Partnerin: *(Beispiele für Reality-TV-Formate)* Die Zahl sogenannter Reality-TV-Sendungen wächst und erfreut sich zunehmender Beliebtheit. *(Zunahme der Sendungen, Beliebtheit)*

Gleichzeitig stehen viele dieser Formate in der Kritik, unter anderem deshalb, weil die Produzenten und TV-Sender mit geringen Kosten und Risiken hohe Gewinne erzielen. Daher stellt sich die Frage: Was spricht für, was gegen Reality-TV?

Überleitung zum Thema: Aufgreifen der Fragestellung

Ein wichtiges Argument für solche Sendungen ist die Tatsache, dass Probleme und Nöte bestimmter Bevölkerungsgruppen von einem größeren Publikum wahrgenommen werden und damit die Möglichkeit besteht, Vorurteile zu entkräften und Anteilnahme zu wecken. Wenn z. B. Übergewichtige im „Abspeckcamp" weinend zusammenbrechen, weil sie das gesteckte Ziel verfehlt haben, kann beim Publikum aus Verachtung Mitleid und Anteilnahme werden. Möglicherweise begegnen solche Zuschauer in Zukunft Menschen in ihrer Umgebung, die unter Übergewicht leiden, mit mehr Verständnis.

Hauptteil
Vorteile der Reality-TV-Formate:

- Erstes Argument: Problembewusstsein schaffen

Für die Ausstrahlung solcher Sendungen spricht außerdem ihr hoher Unterhaltungswert. Da jeder weiß, dass alle Beteiligten freiwillig und gegen Bezahlung teilweise bizarre Dinge tun, kann der Fernsehzuschauer ungeniert und voller Vergnügen dabei zusehen, wie jemand Dschungelprüfungen meistert, peinliche Situationen übersteht oder wie die eingetauschte Ehefrau auf Zeit die fremde Familie durcheinanderbringt.

- Zweites Argument: hoher Unterhaltungswert

Ein weiterer Vorteil wäre, dass sich bei manchen dieser Formate für die Laiendarsteller die Möglichkeit ergibt, ihr schauspielerisches oder komödiantisches Talent zu entdecken und professionell weiterzuentwickeln. So könnte z. B. in einer Jugendgerichtsshow einer der „Angeklagten" durch eine überzeugend dargestellte Spielhandlung auf sich aufmerksam machen und sich für eine Schauspielerausbildung qualifizieren.

- Drittes Argument: Startmöglichkeit für Schauspielanwärter

Das Reality-TV hat aber auch Nachteile. Zum einen kann man bereits die Absicht dieser Sendungen infrage stellen. Denn nicht das Interesse an reiner Unterhaltung wird bedient, sondern die meisten Reality-TV-Formate zielen auf die Neugier und Schadenfreude ihrer Zuschauer. Gelacht wird in der Regel nicht über besonders witzige Handlungsmomente wie in einer Komödie, sondern darüber, wie Menschen an den ihnen zugemuteten Situationen scheitern. So freut sich der Fernsehzuschauer z. B. darüber, wenn sich die Kandidaten im „Dschungelcamp" nicht dazu überwinden können, lebende

Überleitung zu den Gegenargumenten; **Nachteile** von Reality-TV

- Erstes Argument: Neugier und Schadenfreude beim Zuschauer

Maden zu verspeisen oder in den braunen Tümpel voller Blutegel zu steigen, und dafür mit Punktabzug bestraft werden.

- Zweites Argument: Manipulation der Darsteller

Ein weiteres Gegenargument ist der Umgang der TV-Produzenten mit den Darstellern und Kandidaten. So werden unter anderem für die eher unwahrscheinliche Aussicht, vielleicht endlich eine neue Lebenspartnerin zu finden, Menschen dazu genötigt, ihr Innerstes bloßzulegen und sich selbst zur Witzfigur zu machen. Ein Beispiel dafür ist die Serie „Bauer sucht Frau“; hier können Zuschauer in teilweise sehr privat gestalteten Szenen mitverfolgen, ob und wie es den Kandidaten gelingt, eine potenzielle Bäuerin für sich zu gewinnen. Das kann sehr amüsant sein, jedoch auf Kosten der Darsteller, die sich oft zu Handlungen und Verhaltensweisen überreden lassen, die ganz offensichtlich nicht ihrem Naturell entsprechen.

- Drittes Argument: Menschen werden bloßgestellt

Das Hauptargument gegen Reality-TV-Sendungen ist die menschenverachtende Art, wie die Schwächen der Mitwirkenden zur Belustigung der Fernsehzuschauer eingesetzt werden. Wem es an Bildung und Geld oder an beidem fehlt, wer psychische oder körperliche Defizite hat, die nicht ins allgemeine Raster passen, oder wer einfach nur besonders viel Pech im Leben hatte, wird gnadenlos vorgeführt. Offensichtliche Unfähigkeiten in der Haushaltsführung oder Kindererziehung werden von der Kamera genüsslich und detailliert erfasst. Wem es nicht gelingt, sein Leben in den Griff zu bekommen, seine Kinder zu erziehen, beruflich und gesellschaftlich Fuß zu fassen oder einen Partner fürs Leben zu finden, braucht sicher Hilfe. Die kann aber nicht darin bestehen, solche Menschen mit der Aussicht auf kurzfristigen Ruhm und vielleicht ein bisschen Geld „durchs Schlüsselloch“ in ihren Wohn- und Familienverhältnissen zu filmen und der Öffentlichkeit zu präsentieren.

Schluss

Fazit/eigene Meinung, Verstärkung des wichtigsten Arguments

Meiner Meinung nach sind die meisten Reality-TV-Sendungen trotz ihrer Beliebtheit abzulehnen, weil sie menschliche Schwächen zur Unterhaltung der Fernsehzuschauer einsetzen. Aufgrund ihres Erfolgs werden sich diese Formate jedoch sicherlich weiterhin verbreiten. Dem kritischen Fernsehzuschauer bleibt glücklicherweise immer noch der Senderwechsel oder, besser noch, der Abschaltknopf.

Abschlussprüfung Deutsch an Realschulen in Hessen 2018
Text 2

Teil I: Lesen

Hinweis: *Bei den Multiple-Choice- und den Zuordnungsaufgaben (Aufgabe 1 bis 4) ist immer nur eine Lösung richtig. Wenn du mehr als eine Möglichkeit angekreuzt hast, gibt es für die Aufgabe keinen Punkt!*

1. a) ☒ 444

   Hinweis: *vgl. Z. 12 f.*

   b) ☒ erfinderischer Softwareingenieur.

   Hinweis: *vgl. Z. 22*

   c) ☒ riecht es süßlich.

   Hinweis: *vgl. Z. 33–35*

   d) ☒ sein Magen schrumpft.

   Hinweis: *vgl. Z. 83*

   e) ☒ nichts essen oder trinken darf.

   Hinweis: *vgl. Z. 103 f.*

   f) ☒ bestellt er Lachs in einem Café in St. Pauli.

   Hinweis: *vgl. Z. 184–186*

2. a) ☒ probieren.

   Hinweis: *Wortverwandtschaft mit „verkosten" oder „auskosten" im Sinne von „genießen".*

   b) ☒ grundlegend.

   Hinweis: *Als „Fundament" bezeichnet man die Grundmauern eines Gebäudes. Im übertragenen Sinne ist ein Fundament also die Grundlage von etwas, z. B.: Das Essen ist die Grundlage/das Fundament unseres Lebens.*

c) [X] verarbeiten.

Hinweis: *Abgeleitet von „Prozess", einer Bezeichnung für allgemeine Produktionsabläufe; vgl. auch „Prozessor" im Computer, ein Gerät, das Abläufe steuert und vorantreibt.*

d) [X] bedeutungslos.

Hinweis: *Das Präfix „ent-" bedeutet so viel wie „weg" (z. B. jmd. etwas entreißen = jmd. etwas wegnehmen). Wird etwas „ent-wertet", wird sein Wert „weggenommen"; es verliert seinen Wert und damit seine Bedeutung.*

e) [X] beenden.

Hinweis: *„Absägen" meint umgangssprachlich „etwas abrupt/rücksichtslos beenden".*

3. a) [X] Nur C steht im Text.

Hinweis: *Vgl. Z. 51 f.; Aus den Zeilen 46–48 geht hervor, dass dem Autor ein Teil der Bestandteile von Soylent unbekannt ist. Deshalb trifft* **Aussage A** *nicht zu.* **Aussage B** *stimmt nicht, da ein Beutel Soylent sogar weniger Kalorien enthält, als der Autor täglich verbraucht (vgl. Z. 53–57). Nach dem Essen verspürt er keine Müdigkeit (vgl. Z. 119), deshalb ist auch* **Aussage D** *falsch.*

b) [X] Nur B und D stehen im Text.

Hinweis: **Aussage B:** *Vgl. Z. 78–80;* **Aussage D:** *Vgl. Z. 180 f.; in Z. 73 heißt es: „Lebensmittelrevolutionen sind nichts Neues […]." Deshalb trifft* **Aussage A** *nicht zu. Auch* **Aussage C** *ist falsch, denn in den Zeilen 172–175 beschreibt der Autor, dass dies seiner Voraussage nach nicht eintreffen wird.*

4. *Hinweis:* *Für jede richtige Zuordnung gibt es einen Punkt.*

Textstelle	Merkmal
Zeile 60–64	C
Zeile 135	A
Zeile 172	A

Hinweis: *Die erste Textstelle erläutert archäologische, wissenschaftliche Erkenntnisse. Daher ist Antwort C richtig. In den beiden anderen Textstellen nimmt der Autor eine persönliche Wertung vor, d. h., er kommentiert seinen Text.*

5. ✎ ***Hinweis:*** *Für jede richtige Nennung gibt es einen Punkt. Auch passende Zitate werden gewertet. Zeilenangaben sind nicht notwendig.*

Mögliche Lösungen (zwei erforderlich):
- Die synthetische Nahrung Soylent ist so zusammengesetzt, dass der gesamte Bedarf an Kalorien, Nährstoffen und Vitaminen abgedeckt ist (vgl. Z. 26–28).
- Die Zubereitung ist einfach und geht schnell (vgl. Z. 35–40).
- Die Kalorienmenge ist geringer als der durchschnittliche Tagesbedarf, die Einnahme bedingt also gleichzeitig eine leichte Diät (vgl. Z. 56 f.).
- Diese Form der Ernährung spart Zeit (vgl. Z. 58 f.).
- Soylent stillt den Hunger schneller als andere Nahrungsmittel (vgl. Z. 112 f.).
- Die aufgenommene Kalorienmenge entspricht genau dem jeweiligen Bedarf (vgl. Z. 115–117).
- Die Tagesform bleibt gleich (vgl. Z. 117 f.).
- Nachlassende Energie kann durch die Einnahme von Soylent sofort wieder ausgeglichen werden (vgl. Z. 120–123).
- Soylent ist äußerst preiswert (vgl. Z. 167–169).
- Es ist auch geeignet, Mahlzeiten nur gelegentlich zu ersetzen (vgl. Z. 178 f.).

6. ✎ ***Hinweis:*** *Anders als bei Aufgabe 5 reicht es hier nicht, Nachteile der Ernährung mit Soylent zu nennen, sondern die Aussagen des Autors sollen mit eigenen Worten erklärt werden. Jeweils zwei Punkte gibt es für eine zutreffende Erklärung einer genannten, zitierten oder umschriebenen Textstelle. Eine Erklärung ohne Textbezug wird mit einem Punkt bewertet, für das bloße Nennen von Textstellen ohne Erklärung gibt es keinen Punkt.*

Mögliche Lösungen (zwei erforderlich):
- „Ich aber tanke. Ich lebe von Sprit." (Z. 7 f.): Der Autor fühlt sich nicht mehr wie ein Lebewesen, sondern wie eine Maschine.
- „Ich fühle mich fremd in ihm." (Z. 88): Durch die ausschließliche Ernährung mit der synthetischen Flüssignahrung fehlt die Vertrautheit mit den eigenen Körpervorgängen, weil das Kauen wegfällt und die Verdauung sich verändert.
- „Ich nehme an ihrem Leben nicht mehr teil […]." (Z. 90 f.): Weil er seine Kollegen zwar in die Kantine begleitet, an der gemeinsamen Mahlzeit aber nicht teilnimmt, fühlt er sich ausgeschlossen.
- „Ich werde zum Eremiten." (Z. 101): Der Autor fühlt sich wie ein Einsiedler, weil er sich aus dem Freundeskreis zurückzieht.
- „Panik" (Z. 126): Der Autor bekommt Schlafprobleme, weil sein Gehirn durch das radikal veränderte Essverhalten Warnsignale sendet.

- Der Autor bezeichnet es als traurig, dass Soylent aus dem Grund erfunden wurde, dass man mehr Zeit zum Arbeiten hat (vgl. Z. 134 f.).
- Durch Soylent wird die Ernährung des Menschen auf eine stets ausgeglichene Energiebilanz reduziert (vgl. Z. 140–145).
- Der Autor bezeichnet Soylent als „böse, unästhetisch, brutal“ (152 f.), weil es das natürliche, im Laufe der Evolution entwickelte Essverhalten und das damit einhergehende Sozialleben des Menschen beendet.
- Der Autor lehnt die Vorstellung ab, dass Menschen und Maschinen dasselbe sind. Er äußert die Befürchtung, dass durch die ausschließliche Ernährung mit Soylent die Menschen darauf reduziert werden, zu funktionieren, und sie damit selbst zu Maschinen werden (vgl. Z. 150–152, 158–161).

7. ***Hinweis:** Wenn ein Satz grammatikalisch unvollständig und damit verkürzt ist, ihm also mindestens ein Satzteil/Satzglied fehlt, spricht man von einer **Ellipse** (Auslassungssatz). Bei dem Zitat in der Aufgabenstellung ist die Wortgruppe hinter dem Komma eine Ellipse, der sowohl Subjekt als auch Prädikat fehlen. Als kompletter Satz müsste es z. B. heißen: „Manche sagen, **dies ist / synthetische Nahrung ist / eine Ernährung mit Soylent ist** die Zukunft.“ Weitere Ellipsen findest du in den Zeilen 26, 28–30, 36–40, 49, 119 f., 192–194.*
Die Aufgabenstellung enthält zwei Aspekte, auf die du dich für das Erreichen der vollen Punktzahl in deiner Erklärung beziehen musst: Zwei Punkte gibt es, wenn du allgemein die Wirkung erklärst, die die gehäufte Verwendung des sprachlichen Mittels erzeugt. Zwei weitere Punkte erhältst du, wenn du das Stilmittel auf den Inhalt des Textes beziehst (Zeilenangaben, Umschreibung, Zitate).

Mögliche Lösung:
- **Wirkung:** Durch die unvollständigen und verkürzten Sätze besonders im ersten Teil des Textes entsteht der Eindruck eines inneren Monologs, in dem der Autor seine spontanen und locker verknüpften Gedanken wiedergibt und sich auf das wirklich Wichtige beschränkt. Obwohl die Sätze unvollständig sind, ist der Inhalt der Aussage klar zu verstehen und wird damit besonders betont.
- **Textbezug:** Die Ernährung mit Soylent beschränkt sich auf die zum Leben notwendigen Kalorien, Nährstoffe und Vitamine (vgl. Z. 26–30). Alles andere, was das Essen zu einem abwechslungsreichen und lustvollen Vorgang macht, fehlt jedoch: Die Vielfalt von Geschmack, Farben und Konsistenz der einzelnen Lebensmittel sowie ihre Zubereitung und Zusammenstellung zu immer neuen Gerichten. Damit passt die Verwendung von Ellipsen mit ihrer Reduktion auf die inhaltlich wesentlichen Aussagen gut zum gesamten Textinhalt.

8. *Hinweis: Hier soll die Wörterbuch-Erklärung der zweideutig zu verstehenden Überschrift „Ausgekocht" in Beziehung zum Erfinder der synthetischen Nahrung gebracht und vertiefend erklärt, d. h. erläutert werden. Für jede schlüssige Erläuterung mit passendem Textbezug gibt es zwei Punkte. Fehlt die Angabe einer konkreten Textstelle, gibt es nur einen Punkt; wird nur eine Textstelle genannt und nicht erläutert, erhältst du keinen Punkt.*

   Mögliche Lösungen (zwei erforderlich):
   - Ohne ein hohes Maß an Wissen und viele Spezialkenntnisse der Lebensmittelchemie (vgl. Z. 42–48) und der Ernährungswissenschaft (vgl. Z. 27 f.) hätte der Softwareingenieur Rob Rhinehart ein Produkt wie Soylent nicht entwickeln können. Deshalb kann man ihn als „gescheit" im Sinne des Wörterbucheintrags bezeichnen.
   - Die Idee, die hinter der Erfindung von Soylent steckt, ist „raffiniert": Zubereitung und Nahrungsaufnahme dauern nur wenige Minuten (vgl. Z. 40, Z. 58 f., Z. 112 f.). Aufgrund der damit eingesparten Zeit könnte die Arbeitsleistung von Menschen, die sich mit Soylent ernähren, erheblich gesteigert werden.
   - Rob Rhinehart plant mit Soylent eine „Lebensmittelrevolution", die „die Verbindung von Nahrung und Landwirtschaft aufhebt" (Z. 73–80). Als Erfinder profitiert er von jedem verkauften Päckchen der synthetischen Nahrung. Schon jetzt ist das Produkt äußerst kostengünstig und kann sogar noch billiger werden (vgl. Z. 167–169). Damit erweist sich Rob Rhinehart als „gerissener" Geschäftsmann, denn durch den massenhaften Vertrieb des Nahrungsersatzes steigert sich sein Einkommen entsprechend.

9. *Hinweis: Etwas „herausarbeiten" bedeutet, dass aus dem Text etwas abgeleitet werden soll, das dort nicht eindeutig formuliert ist. Die in der Aufgabenstellung zitierte Aussage drückt aus, dass der Autor die alleinige Ernährung mit Soylent ablehnt. Die (ethischen) Gründe dafür sollen anhand von zwei Textstellen herausgearbeitet werden. Für jede zutreffende Herausarbeitung anhand einer Textstelle gibt es zwei Punkte, ohne Textverweis einen Punkt. Wird eine Textstelle nur genannt und nicht bezüglich der Aussage interpretiert, gibt es keinen Punkt.*

   Mögliche Lösung:
   Schon zwei Tage nach Beginn seines Selbstversuchs mit Soylent vergleicht sich der Autor mit einer Maschine, die tankt, statt zu essen (vgl. Z. 4–8). Diese Vorstellung bereitet ihm Unbehagen, weil Maschinen alles fehlt, was den Menschen zum Menschen macht: Gefühle, soziale Kontakte, Ziele. So beklagt er z. B. die veränderte Körperwahrnehmung, die mit dem fehlenden Essen einhergeht: Die

ein Leben lang gewohnten Verdauungsvorgänge sind anders, sodass er sich fremd im eigenen Körper fühlt (vgl. Z. 81–88). Des Weiteren bedauert er, nur noch als Beobachter am sozialen Miteinander seiner Kollegen und Freunde teilzunehmen (vgl. Z. 89–91, Z. 102–107). Die Erkenntnis, dass die Ernährungsweise mit Soylent seinen Körper von einem Lebewesen in eine Maschine verwandelt, deren wichtigste Funktion eine stets ausgeglichene Energiebilanz ist (vgl. Z. 140–145), führt schließlich zu einer ablehnenden Haltung des Autors gegenüber Soylent.

10. ***Hinweis:*** *Bei einer Erläuterung ist das Textverständnis gefragt, deshalb muss in deiner Lösung eine eindeutige Beziehung zwischen dem Sprichwort und zwei geeigneten Textstellen deutlich werden. Die volle Punktzahl gibt es, wenn du auf beide in der Aufgabenstellung genannten Aspekte, nämlich „Essen" und „Ernähren" eingehst. Eine Erläuterung ohne Textstelle wird mit zwei Punkten bewertet, das reine Nennen oder Zitieren von Textstellen reicht nicht für eine Bewertung.*

Mögliche Lösung: (Für die Erläuterung von „Ernähren" und „Essen" ist jeweils nur eine der hier genannten Textstellen erforderlich.)
Beim „Ernähren" geht es um die notwendige Zufuhr von Kalorien, Nährstoffen und Vitaminen, um alle Körperfunktionen aufrechtzuerhalten (vgl. Z. 27 f.). Im Falle der synthetischen Nahrung „Soylent" ist die Nahrungsaufnahme schnell erledigt (vgl. Z. 58 f.) und äußerst preiswert (vgl. Z. 167 f.). Geschmacklich ist Soylent so gestaltet, dass es keinen Widerwillen erzeugt (vgl. Z. 52, Z. 111 f.). Zum reinen Überleben genügt eine solche Ernährungsform, sie reduziert den Körper jedoch auf eine maschinenähnliche Funktion: Der „Sprit heißt Soylent" (Z. 9) und der „Mund ist ein Einfüllstutzen" (Z. 139 f.). Es gibt keine Leistungskurven mehr, denn sobald die Energie absinkt, wird nachgetankt (vgl. Z. 7 f., Z. 117–123).
Unter „Essen" versteht man zwar auch Nahrungsaufnahme und damit die Versorgung des Körpers mit Energie und Nährstoffen, darüber hinaus hat das Essen aber vielfältige zusätzliche Aspekte. Schon bei unseren Vorfahren in der Steinzeit nahm die Beschaffung und Zubereitung der Nahrung einen großen Teil des täglichen Lebens in Anspruch (vgl. Z. 60–64). Von Kindheit an prägen bestimmte Nahrungsmittel jede Entwicklungsphase (vgl. Z. 65–68). Essen und die Diskussion darüber sind wesentliche Elemente unseres Alltags (vgl. Z. 68–71). Hunger und Appetit auf verschiedene Speisen sind wichtige Signale unseres Körpers; sie sorgen für positive Gefühle und Abwechslung im Tagesrhythmus (vgl. Z. 92–99). Für das soziale Miteinander spielt das Zubereiten und Verzehren gemeinsamer Mahlzeiten eine wichtige Rolle (vgl. Z. 106 f.). Anblick, Geruch und Geschmack der Speisen bedeuten Genuss und Glücksgefühle (vgl. Z. 184–197).

Teil II: Schreiben

II.A: Textproduktion (Wahlaufgabe)

a) ✎ ***Hinweis:*** *Bei dieser Aufgabenstellung sollen die* ***Vor- und Nachteile*** *einer ausschließlichen Ernährung mit Soylent gegeneinander abgewogen werden. Dabei kannst du sowohl Argumente aus dem Text als auch eigene Thesen einarbeiten. Auch wenn das in der Aufgabenstellung nicht verlangt wird, solltest du zunächst in einer Tabelle stichwortartig die Vor- und Nachteile dieser Ernährungsform sortieren und gewichten.*
In der ***Einleitung*** *kannst du auf den Artikel Bezug nehmen und mit der aus der Aufgabenstellung erschlossenen Erörterungsfrage zum Hauptteil überleiten.*
Im ***Hauptteil*** *führst du die Argumente für und gegen eine ausschließliche Ernährung mit Soylent aus und stützt sie mit überzeugenden Beispielen, bei denen du dich auf den Text beziehen kannst. Es wird erwartet, dass du jeweils drei Argumente formulierst. Deine eigene Meinung zum Thema stellst du im* ***Schlussteil*** *dar und bekräftigst sie, indem du das überzeugendste Argument aus dem Hauptteil noch einmal aufgreifst.*
Es gibt bis zu 24 Punkte für ***Aufbau und Inhalt****, weitere 12 Punkte für die* ***Sprachangemessenheit*** *(richtige Verwendung der Zeitform, treffende Formulierungen, passende Wortwahl, abwechslungsreicher Satzbau, Vermeidung von Wiederholungen).* ***Rechtschreibung, Grammatik und Zeichensetzung*** *werden mit maximal 4 Punkten bewertet. Dabei zählen Fehler in der Rechtschreibung und Grammatik als ganze, in der Zeichensetzung als halbe Fehler.*

Ideenliste/Stoffsammlung:

Essen oder Ernährung – Was spricht für, was gegen eine ausschließliche Versorgung mit Soylent?	
Vorteile	**Nachteile**
versorgt den Körper mit allem Notwendigen	mit Essen verbundener Genuss fehlt
preiswert	veränderte Körperfunktionen mit negativen Folgen für die Gesundheit
schnell zubereitet und verzehrt	Verlust sozialer Kontakte

Essen oder Ernährung – Was spricht für, was gegen eine ausschließliche Versorgung mit Soylent?

Überschrift

In seinem Artikel „Ausgekocht“, erschienen in der Zeitschrift NEON im Oktober 2014, berichtet der Journalist Alard von Kittlitz von einem Selbstversuch mit dem synthetischen Nahrungsmittel Soylent. Entwickelt und auf den Markt gebracht wurde es von dem amerikanischen Softwareingenieur Rob Rhinehart. Eine Woche lang hat sich der Autor des Artikels ausschließlich mit Soylent ernährt. Seiner Beschreibung des Selbstversuchs lassen sich sowohl positive als auch negative Aspekte einer solchen Ernährungsweise entnehmen. Was spricht für, was gegen eine ausschließliche Versorgung mit Soylent?

Einleitung
Bezug auf den Zeitungsartikel/Selbstversuch des Autors

Überleitung zum Thema: Aufgreifen der Fragestellung

Ein wichtiges Argument für diese Ernährungsform ist die Tatsache, dass Soylent die richtige Kalorienmenge sowie alle zum Leben benötigten Nährstoffe enthält. Konsumenten von Soylent können also weder übergewichtig werden noch unter Mangelerscheinungen leiden oder gar ernährungsbedingte Krankheiten wie z. B. Diabetes bekommen. Das würde nicht nur den Menschen selbst zugutekommen, sondern auch das Gesundheitssystem entlasten, da in der heutigen Zeit Krankheiten infolge von Fehlernährung zunehmen.

Hauptteil
Vorteile der ausschließlichen Ernährung mit Soylent

- Erstes Argument: Versorgung mit allen notwendigen Nahrungsbestandteilen

Zusätzlich spricht für die Ernährung mit Soylent der niedrige Preis. Die derzeitigen Kosten von 2,50 Euro pro Mahlzeit können nach Aussagen des Erfinders sogar noch gesenkt werden. Würde man Soylent der hungernden Bevölkerung in Entwicklungsländern zugänglich machen, könnte das zur Lösung des Welternährungsproblems beitragen. Überdies wäre nach Naturkatastrophen oder in Kriegsgebieten eine schnelle Versorgung der Betroffenen möglich. Auch arme Menschen in Industrieländern, die sich nicht genügend Lebensmittel leisten können, hätten durch Soylent die Möglichkeit, alle notwendigen Nährstoffe auf einfachste Weise zu erhalten.

- Zweites Argument: niedriger Preis

Ein weiterer Vorteil der Ernährung mit Soylent ist die damit verbundene Zeitersparnis. Pulver und etwas Öl werden in Wasser angerührt, durch Schütteln miteinander vermengt und ausgetrunken. In insgesamt fünf Minuten sind Zubereitung und Verzehr einer „Mahlzeit“ erledigt. Das bedeutet, dass

- Drittes Argument: schnelle Zubereitung, schnelle Nahrungsaufnahme

man für Einkaufen, Kochen und Essen von Lebensmitteln keine Zeit mehr aufwenden muss. Da diese Tätigkeiten normalerweise einen großen Teil des Tages beanspruchen, kann man sich vermehrt seiner Arbeit oder seinen Hobbys widmen.

Jedoch gibt es auch Einwände gegen diese Ernährungsform. Ein wichtiger Aspekt, der gegen die ausschließliche Ernährung mit Soylent spricht, ist der damit einhergehende Verlust von positivem Lebensgefühl. Essen bedeutet Vorfreude auf und Genuss von Mahlzeiten. Das Auswählen und Einkaufen von Lebensmitteln, ihre Zubereitung und ihr Verzehr stimulieren verschiedene Bereiche unseres Fühlens, Denkens und Handelns. So erfreut eine appetitlich angerichtete Mahlzeit Auge, Nase und Geschmacksnerven.

Überleitung zu den Gegenargumenten; **Nachteile** einer ausschließlichen Ernährung mit Soylent

- Erstes Argument: mit dem Essen verbundener Genuss fehlt

Was ebenfalls gegen die Ernährung mit Soylent spricht, ist die Reaktion des Körpers auf die Veränderung seiner natürlichen Funktionen. Da Soylent in flüssiger Form aufgenommen wird, entfällt das Kauen und Verdauen fester Bestandteile. Entsprechend passen sich die Verdauungsabläufe an die neue Ernährung an. Wenn Zähne und Kaumuskeln nicht mehr gebraucht werden und auch die natürlichen Funktionen von Magen und Darm auf ein Minimum reduziert werden, kann das zu Zahnausfall und Verdauungsproblemen führen.

- Zweites Argument: veränderte Körperfunktionen mit negativen gesundheitlichen Folgen

Das Hauptargument gegen die synthetische Nahrung ist jedoch die Einschränkung des sozialen Lebens. Das gemeinsame Essen und Trinken mit Familie, Freunden und Kollegen sind wichtige Elemente im Beziehungsgefüge und tragen zur Festigung zwischenmenschlicher Bindungen bei. Dazu gehören die täglichen Familienmahlzeiten mit ihren festen Ritualen ebenso wie das Picknick mit Freunden oder der spontane Restaurantbesuch zu zweit. Taufen, Hochzeiten und Beerdigungen sind ohne das gemeinsame Essen ebenso wenig denkbar wie Wirtschaftskongresse oder politische Gipfeltreffen.

- Drittes Argument: Verlust sozialer Kontakte

Sich mit anderen Menschen an einen Tisch zu setzen und das Essen mit ihnen zu teilen, stellt meiner Meinung nach eine der wichtigsten Grundlagen für das soziale Miteinander dar. Deshalb käme für mich persönlich eine ausschließliche Ernährung mit Soylent nicht infrage.

Fazit / eigene Meinung
Verstärkung des wichtigsten Arguments

b) *Hinweis: Bei einem **Bericht** handelt es sich um eine Textsorte, in der in sachlicher Weise und ohne die eigene Meinung erkennen zu lassen oder Wertungen vorzunehmen über ein Ereignis aus der Vergangenheit geschrieben wird. Ziel des Berichts ist die Information über das Geschehen, deshalb konzentriert sich der Text auf die Darstellung des wirklich Wichtigen in der richtigen Reihenfolge. Orientieren kann man sich dabei an den sieben W-Fragen: **Was** ist passiert, **wann/wie lange** und **wo** ist es passiert, **wer** war beteiligt, **wie** und **warum** ist es passiert, **welche Folgen** hat das Ereignis? Dem Bericht vorangestellt wird ein sogenannter Lead, der die Funktion einer **Einleitung** hat und in dem die zentralen Informationen kurz zusammengefasst werden. Dieser Lead erleichtert z. B. in einer Tageszeitung dem Leser die Textauswahl. Der **Hauptteil** berichtet dann über das Ereignis, wobei auch Aussagen von Beteiligten zitiert und Hintergrundinformationen eingebunden werden können. Den **Schluss des Berichts** kann ein Ausblick auf ähnliche Ereignisse, ein Zitat oder eine abschließende Zusammenfassung darstellen.*
*Mit bis zu 24 Punkten werden **Aufbau und Inhalt** deines Berichts gewertet. Denke dir auch eine treffende Überschrift aus und achte darauf, beim Thema zu bleiben. Die **Sprachangemessenheit** (Wortschatz, Satzbau, Ausdruck) ist bis zu 12 Punkte wert. Bei Fehlern in der Rechtschreibung, Grammatik und Zeichensetzung (**Sprachrichtigkeit**, bezogen auf die Wörterzahl) werden bis zu 4 Punkte von der Gesamtpunktzahl dieser Aufgabe abgezogen.*

Du bist, was du isst

Überschrift

Gemeinsam mit dem bekannten Fernsehkoch Till Täubner hatte die Koch-AG der Paul-Bocuse-Schule Topfkirchen einen ganzen Schultag lang Gelegenheit, dem Geheimnis von guter und gesunder Ernährung auf die Spur zu kommen.

Einleitung / Lead
Zusammenfassung der wichtigsten Informationen

Der aus zahlreichen Koch- und Quizshows einem großen Publikum bekannte Küchenprofi war im Rahmen der Projektwoche „Gesund durch die Schulzeit" nach Topfkirchen gekommen, um mit den Jugendlichen gemeinsam ein Menü zuzubereiten. Die Vorgaben waren einfach: Gesund sollte es sein, nicht zu kompliziert und trotzdem etwas Besonderes. Die Zutaten sollten überwiegend aus der Region kommen und natürlich zur Jahreszeit passen. Die Schülerinnen und Schüler der Koch-AG, die den Fernsehkoch eingeladen hatten, erhofften sich zahlreiche Tipps und Hinweise für eine besonders ausgeklügelte Speisenfolge. Um dem geplanten Koch-Event

Hauptteil

Beantwortung der wichtigsten W-Fragen: was / wann / wo / wer / warum?

noch einen zusätzlichen Kick zu geben, hatten sie schon im Vorfeld alle Mitglieder der Schulleitung zum Mittagessen eingeladen und sich damit selbst unter Erfolgsdruck gesetzt.
Nach einer kleinen Vorstellungsrunde zum Auftakt des Projekttages erläuterte Till Täubner den Schülerinnen und Schülern den geplanten Tagesablauf: In der ersten Stunde sollten die Mitglieder der Koch-AG in Kleingruppen jeweils einen Teil der Menüfolge planen, Rezepte im Internet suchen und Einkaufslisten erstellen. Dabei übernahm eine Gruppe die Vorspeise, eine weitere war für die Suppe verantwortlich, es sollte ein Hauptgericht geben und schließlich ein Dessert. Anschließend sollten die Rezeptideen dahingehend verglichen werden, ob sie zueinander passten und sich zu einem Menü zusammenstellen ließen.

Wie? Verlauf des Projekttags

Die zweite und dritte Stunde war für den Einkauf der Zutaten eingeplant, anschließend sollte gekocht und pünktlich um 12.45 Uhr das Essen serviert werden. „Arbeitsvorbereitung ist die halbe Arbeit", so Till Täubner auf die Frage, warum das Zusammenstellen der Gerichte und das Einkaufen der Lebensmittel so viel Zeit in Anspruch nehmen sollte. Was er damit meinte, erlebten die Schülerinnen und Schüler der Koch-AG, als sie mit ihrem prominenten Kursleiter anschließend den Supermarkt besuchten. Im Schnelldurchgang erfuhren sie, welches Grünzeug der Suppe Geschmack und nicht nur Farbe verleiht, woran man wirklich frischen Fisch erkennt, welcher Käse einem Pesto den charakteristischen Geschmack verleiht und ob brauner Zucker wirklich gesünder ist als weißer. Zurück in der Schulküche, machte sich die Gruppe unter Anleitung des Fachmanns an die Arbeit. Als Arbeitstitel hatten sich die Jugendlichen das Thema „Sommermenü in Grün" ausgedacht und entsprechend geplant und eingekauft. Die Vorspeisengruppe hatte sich für einen grünen Salat mit Forellenfilet entschieden, anschließend sollte ein lauwarmes Kerbelsüppchen serviert werden, die Hauptspeise war ein Pastagericht aus grünen Bandnudeln mit Basilikumpesto, und zum Nachtisch gab es einen Rhabarber-Erdbeer-Salat mit gerösteten Pistazien. Das eigentliche Kochen, das heißt also das Waschen und Kleinschneiden von Kräutern,

Zitat des Kursleiters

Hintergrundinformationen

Obst und Gemüse, das Dünsten des Fischs, Kochen der Nudeln bis zum richtigen Al-dente-Zustand, Anrühren des Pestos oder Rösten der Pistazien, nahm dann tatsächlich die wenigste Zeit in Anspruch. Da aber viele Arbeitsgänge gleichzeitig passieren mussten und nichts anbrennen oder verkochen durfte, gerieten die Schülerinnen und Schüler doch in einigen Stress und waren dankbar, dass ihr prominenter Gast stets einen kühlen Kopf behielt und überall gleichzeitig zu sein schien, um kleine Schwierigkeiten zu meistern und drohende Pannen zu verhindern. Pünktlich versammelten sich die eingeladenen Schulleitungsmitglieder am gedeckten Tisch und bekamen stilecht ihr viergängiges Menü serviert. Die Begeisterung für diese exklusive Bewirtung fasste Schulleiter Klemens Kurz mit den Worten zusammen: „Gäbe es einen Stern für das Schulrestaurant der Paul-Bocuse-Schule, ihr hättet ihn euch heute auf jeden Fall verdient.“

Zitat des Schulleiters

Für die Mitglieder der Koch-AG, die an diesem Tag eine Menge über Lebensmittel und ihre Zubereitung gelernt haben, ist dieses Lob ein besonderer Anreiz, auch in Zukunft über die Ränder von Tellern und Töpfen hinauszuschauen und ihre Freude am Kochen weiter zu pflegen. Dass sie selbst am meisten von diesem Hobby profitieren, machte ihnen ihr prominenter Küchengast zum Abschied noch einmal klar: „Schau genau hin, was auf deinem Teller liegt, denn du bist, was du isst!“

Schluss

Welche Folgen / Ausblick / Zitat

Abschlussprüfung Deutsch an Realschulen in Hessen 2018
Sprachliche Richtigkeit

II.B: Sprachliche Richtigkeit

1. ***Hinweis:*** *Für jeden erkannten* ***und*** *richtig verbesserten Fehler gibt es einen halben Punkt. Wenn mehr als zwölf Fehler angestrichen und korrigiert sind, werden nur die ersten zwölf vorgeschlagenen Lösungen berücksichtigt. Ist der Fehler erkannt, die vorgeschlagene Verbesserung jedoch nicht richtig, gibt es keinen Punkt.*

Ein toter Tiger bringt Wilderern sehr viel Geld – mit einem ~~Lebenden~~ **lebenden**[1] lässt sich aber weitaus mehr verdienen. Die Tigerin Machali war jahrelang die ~~Attracktion~~ **Attraktion**[2] des nordindischen Ranthambhore-Nationalparks. Sie war schön, duldete Fahrzeuge in ihrer Nähe und ließ sich relativ leicht beobachten. ~~Höchstwarscheinlich~~ **Höchstwahrscheinlich**[3] war sie der ~~Berühmteste~~ **berühmteste**[4] und meistfotografierte wild lebende Tiger der Welt. Im August dieses Jahres ist Machali an ~~Alterschwäche~~ **Altersschwäche**[5] gestorben und wurde feierlich ~~beigesezt~~ **beigesetzt**[6]. Die Naturschutzinitiative Tiger Watch hat kalkuliert, dass die lokale Tourismusbranche im Laufe von Machalis knapp 20-jährigem Leben rund 77 Millionen Euro umgesetzt hat. Viele Arbeitsplätze ~~hengen~~ **hängen**[7] in der Region vom Tiger-Tourismus ab. Hoteliers, Guides, Fahrer, Gastronomen – sie alle machen ihre Umsätze mit Touristen**, (fehlendes Komma)**[8] die in Ranthambhore Tiger beobachten. Mit einem Teil des erwirtschafteten Geldes wurde zudem die lokale Infrastruktur verbessert, es entstanden Schulen und Hospitäler. Bei gutem Management können also viele Menschen über Jahre hinweg von einem lebenden Tiger profitieren**, (fehlendes Komma)**[9] während ein gewilderter nur wenigen einen kurzfristigen Gewinn bringt. Machalis ~~Tot~~ **Tod**[10] ist für den Tourismus in Ranthambhore ein Verlust. Doch während ihres langen Lebens hat die Tigerin zahlreiche Junge zur Welt gebracht und eine regelrechte Dynastie begründet. Viele Tiger**, (fehlendes Komma)**[11] die heute durch den Nationalpark streifen, sind ihre ~~nachkommen~~ **Nachkommen**[12]. Sie haben die Fähigkeit, ebenfalls Millionen zu generieren – sofern sie nicht der Wilderei zum Opfer fallen.

Nach: ARTENSCHUTZ IN INDIEN, Warum lebende Tiger mehr wert sind als gewilderte, http://www.geo.de/natur/tierwelt/15312-rtkl-artenschutz-indien-warum-lebende-tiger-mehr-wert-sind-als-gewilderte (abgerufen am 06. 09. 2017).

*Hinweis: **1)** **l**ebenden – auf „Tiger“ im vorangestellten Satz bezogenes Adjektiv **2)** Attra**k**tion – Bei Fremdwörtern ist die Buchstabenkombination „ck“ sehr selten (vgl. französisch „attra**c**tion“). **3)** Höchstwa**h**rscheinlich – Wortbestandteil „wa**h**r“, vgl. Wahrheit **4)** **b**erühmteste – Adjektiv, bezogen auf das folgende Nomen „Tiger“ **5)** Alter**s**schwäche – aus „Alter“ und „Schwäche“ zusammengesetztes Nomen mit Fugen-s **6)** beigese**tzt** – Partizipform von „beisetzen“ (vgl. „hinsetzen – hingesetzt“) **7)** h**ä**ngen … ab – vgl. z. B. die Nomen „H**a**ng“, Abh**a**ng **8)** Komma zwischen Haupt- und Relativsatz/Nebensatz – Der Nebensatz wird mit dem Relativpronomen „**die**“ (bezogen auf „Touristen“ im Hauptsatz) eingeleitet. **9)** Komma zwischen Haupt- und Nebensatz – Der Nebensatz ist an der einleitenden Konjunktion „**während**“ erkennbar; in diesem Fall handelt es sich um einen Adversativsatz, weil er einen Kontrast zum Hauptsatz beschreibt. **10)** To**d** – als abstraktes Nomen verwendet großgeschrieben und mit „d“ am Ende; abgeleitet davon auch „tö**d**lich“; jedoch „der/die To**t**e“ **11)** Komma nicht nur am Anfang, sondern auch am Endes des eingeschobenen Relativsatzes/Nebensatzes; der Nebensatz ist an dem Relativpronomen „**die**“ (bezogen auf „Tiger“ im Hauptsatz) erkennbar. **12)** (die) **N**achkommen – Nomen mit der Wortbedeutung „Abkömmlinge“, „Nachfahren“, „Kinder“, „Kindeskinder/Enkel“.*

2. ***Hinweis:** Für jede richtige Lösung wird ein Punkt vergeben, falsche Lösungen werden nicht gewertet. Allerdings darfst du nicht mehr als vier Wörter einkreisen/markieren, sonst gibt es für die Aufgabe keinen Punkt!*

   a) Beim Anblick der roten Rosen wurde auch sie [Rot].

   ***Hinweis:** Die Farbe wird hier als Adjektiv (steigerbar: rot – roter/röter – am rotesten/rötesten) verwendet und muss deshalb kleingeschrieben werden.*

   d) An diesem Morgen würde ich am [Liebsten] im Bett bleiben.

   ***Hinweis:** Hier handelt es sich um die dritte Steigerungsform (Superlativ) des Adjektivs „gern/gerne“: gern/gerne – lieber – am liebsten.*

   g) Da wir zu [Dritt] sind, ist es nur gerecht, wenn jeder ein Drittel erhält.

   ***Hinweis:** In Verbindung mit der Präposition „zu“ werden Zahlwörter kleingeschrieben.*

   h) Im Sommer genießen wir die [frische] des Morgens.

   ***Hinweis:** Das Adjektiv „frisch“ wird hier nominalisiert, erkennbar an dem Artikel „die“ und dem Fehlen eines unmittelbar folgenden Nomens. (Vgl.: Im Sommer genießen wir den frischen Morgen.)*

3. *__Hinweis:__ Bei dieser Aufgabe müssen Schreibweise und Wortart richtig sein, um jeweils einen Punkt zu bekommen. Halbe Punkte werden nicht vergeben.*

Der Fuchs und der Hahn

Ein hungriger Fuchs kam in ein Dorf und fand einen Hahn, zu dem sprach er also: „O mein Herr Hahn, welche schöne Stimme hat dein Vater gehabt! Ich bin darum zu dir gekommen, auf **dass (K)**[1] ich deine Stimme hören möchte. Darum bitt' ich dich, **dass (K)**[2] du mir etwas singest, damit ich hören möge, ob auch du eine so schöne Stimme habest wie dein Vater." Da schüttelte der Hahn sein Gefieder, und mit geschlossenen Augen fing er an, auf **das (A)**[3] Lauteste zu krähen. Sofort sprang der Fuchs auf und fing ihn und trug ihn in den Wald. Als **das (D)**[4] die Bauern gewahrten, liefen sie dem Fuchs nach und schrien: „Der Fuchs trägt unseren Hahn fort!" Als der Hahn **das (D)**[5] hörte, sprach er zu dem Fuchse: […].

Nach: Aesop: Der Fuchs und der Hahn: http://gutenberg.spiegel.de/buch/weitere-fabeln-9635/33 (abgerufen am 12. 09. 2017).

__Hinweis: 1)__ Die Konjunktion „__dass__" leitet hier einen Nebensatz ein, der inhaltlich von dem davorstehenden Hauptsatz abhängig ist. Erkennbar ist der Nebensatz darüber hinaus an der Endstellung des Modalverbs „__möchte__"; die altmodische Formulierung mit der Verwendung der Präposition „auf" vor dem „dass" ändert daran nichts. Um sicherzugehen, kann man die Ersatzprobe machen: Ist das „dass/das" mit „dies/dieses/welches/jenes" sinnvoll zu ersetzen? Wenn, wie in diesem Fall, keines der genannten Ersatzwörter passt, handelt es sich um die Konjunktion „__dass__". __2)__ Auch hier leitet die Konjunktion „__dass__" einen Nebensatz ein; dieser folgt auf den Hauptsatz (von diesem abgetrennt durch ein Komma) und ist wiederum erkennbar an der Endstellung des Verbs/Prädikats („singest"). __3)__ „__das__" steht als bestimmter Artikel vor dem nominalisierten Superlativ des Adjektivs „laut" („das Lauteste"). __4)__ und __5)__ In beiden Fällen lässt die Ersatzprobe auch „__dies__" zu → keine Konjunktion; zudem fehlt jeweils ein unmittelbar auf „das" folgendes Nomen, weshalb es sich beide Male nicht um einen bestimmten Artikel, sondern um ein Demonstrativpronomen handelt.

4. *Hinweis: Für jeden richtig umgeformten Haupt- oder Nebensatz wird ein Punkt vergeben. Fehlen Satzglieder oder ist die Zeitform falsch, gibt es für den jeweiligen Satz keinen Punkt. Im letzten Satz sind zwei Verbformen umzuwandeln. Achte auch auf die Rechtschreibung und Zeichensetzung, denn für solche Fehler wird jeweils ein halber Punkt pro umgeformtem Satz abgezogen.*

Aktiv	**Passiv**
Man kann Apfelsaft aus eigenen Äpfeln herstellen.	**Aus eigenen Äpfeln kann Apfelsaft hergestellt werden./Apfelsaft kann aus eigenen Äpfeln hergestellt werden.**
Zuerst schneidet man alle braunen Stellen aus den Äpfeln heraus.	Zuerst werden alle braunen Stellen aus den Äpfeln herausgeschnitten.
Man drückt die Äpfel durch eine Apfelpresse.	**Die Äpfel werden durch eine Apfelpresse gedrückt.**
Nachdem man die Glasflaschen sterilisiert hat, füllt man den Saft in die Flaschen./Man füllt den Saft in die Flaschen, nachdem man die Glasflaschen sterilisiert hat.	Nachdem die Glasflaschen sterilisiert worden sind, wird der Saft in die Flaschen gefüllt.

Hinweis: Wie in vielen Vorgangsbeschreibungen und Arbeitsanleitungen wird auch in diesen Beispielsätzen im Aktiv keine spezielle Person („Täter") benannt, die die einzelnen Arbeitsschritte durchführt, sondern es wird das allgemeine „man" als Subjekt verwendet. In den Passivsätzen verschwindet das „man", da das Akkusativobjekt des Aktivsatzes nun die Stelle des Subjekts einnimmt: „Apfelsaft", „Die Äpfel". Das Verb erscheint dann im Partizip II (hergestellt, gedrückt), zusätzlich wird das Hilfsverb „werden" je nach benötigter Zeitform in der konjugierten Form verwendet, in diesem Fall „werden" (bzw. im vorgegebenen Beispiel „worden sind").
Bei der Umwandlung von der Passiv- in die Aktivform hingegen muss man ein Subjekt („man") hinzufügen, da das Subjekt des Passivsatzes zum Akkusativobjekt im Aktivsatz wird (alle braunen Stellen, die Glasflaschen, der Saft).

Abschlussprüfung Deutsch an Realschulen in Hessen 2019
Text 1

Teil I: Lesen

Hinweis: In den Aufgaben 1 und 2 gibt es für jede richtige Lösung einen Punkt. Sind mehrere Möglichkeiten angekreuzt, wird kein Punkt vergeben.

1. a) ☒ umarmenden Reim.

   Hinweis: *In jeder Strophe reimen sich der zweite und der dritte Vers. „Umarmt" wird dieser Paarreim jeweils von den Versen 1 und 4, die sich ebenfalls reimen. Das Reimschema in diesen vier Versen entspricht also der Buchstabenfolge abba.*

   b) ☒ Präsens

   Hinweis: *An den Verben kannst du die grammatische Zeitform erkennen. In der ersten Strophe sind das die Verbformen: „Niemand **weiß**", „du **bist**" (V. 1), „**haben** […] zu klagen" (V. 2), „**haben** […] zu fragen" (V. 3), „dir zumute **ist**" (V. 4).*

   c) ☒ Binnenreim.

   Hinweis: *Von einem Binnenreim spricht man, wenn sich Wörter innerhalb einer Verszeile reimen. In der zweiten Strophe reimt sich in Vers 3 „bücken" auf „drücken".*

   d) ☒ Trochäus.

   Hinweis: *Als Metrum oder auch Versmaß bezeichnet man die regelmäßige Abfolge von betonten und unbetonten Silben. Der Trochäus ist ein zweisilbiges Metrum, bei dem jeweils die erste, dritte, fünfte etc. Silbe eines Verses betont wird. Die Silben dazwischen sind dagegen kurz und unbetont.*

2. a) ☒ die Nachbarn ihre eigenen Sorgen haben.

   Hinweis: *Das Wort „klagen" bedeutet in diesem Zusammenhang so viel wie „über etwas jammern".*

   b) ☒ belasten.

   Hinweis: *Die Sorgen, als „Leid" und „Last" bezeichnet (V. 6), werden als schweres Gewicht verbildlicht, das man sich „auf den Rücken" legt (V. 7). Ist* *das Gewicht auf dem Rücken zu groß, dann drückt es einen hinunter, stellt also eine Belastung dar.*

c) ☒ eine Unterstützung.

Hinweis: *Wem die Probleme über den Kopf wachsen, der benötigt Hilfe. Die „Krücken" sind hier also bildlich gemeint und stehen für jemanden oder etwas, der oder das einen in schwierigen Situationen „stützen" kann.*

3. ***Hinweis:*** *In den Aufgaben 3 a und 3 b gibt es für jede richtige Antwort zwei Punkte. Sind mehrere Möglichkeiten angekreuzt, wird kein Punkt vergeben.*

a) ☒ Nur A und B treffen zu.

Hinweis: A: *Alle Strophen folgen dem Reimschema abbab.* ***B:*** *Alle Strophen bestehen aus jeweils fünf Versen.* ***C:*** *Bei unreinen Reimen werden Silben gereimt, die ähnlich, jedoch nicht völlig gleich klingen, z. B. „stehen – Höhen". Im vorliegenden Gedicht kommt diese Reimart nicht vor.* ***D:*** *Wenn die letzte Silbe eines Verses unbetont ist, bezeichnet man das als „weibliche Kadenz". Schon in der ersten Strophe enden jedoch die Verse 1 und 4 mit einer betonten Silbe, also einer „männlichen Kadenz". Die Aussagen C und D treffen somit nicht zu.*

b) ☒ Nur B und C treffen zu.

Hinweis: B: *In den Versen 5 bis 7 wird deutlich, dass das in dem Gedicht angesprochene Du seine Sorgen nicht sehen möchte und sie deshalb „auf den Rücken" (V. 7) legt.* ***C:*** *Aus den Versen 11 f. in der dritten Strophe geht hervor, dass das lyrische Du sich Trost von seinen Mitmenschen wünscht.* ***A:*** *Die Aussage trifft nicht zu, denn in der ersten Strophe heißt es ausdrücklich, dass die „Nachbarn […] keine Zeit zu fragen" haben, „wie denn dir zumute ist" (V. 2–4).* ***D:*** *Für diese Aussage gibt es in dem Gedicht keine entsprechende Textstelle. Zwar ist dreimal von „lächeln" die Rede (V. 6, 9, 17), doch geht es dabei eher darum, die wahren Gefühle zu überspielen.*

4. ***Hinweis:*** *Drei Punkte gibt es, wenn beide Teile der Aufgabe erfüllt sind: Einen Punkt ist die reine Erklärung des Stilmittels wert; wird die Wirkung der rhetorischen Frage an einer konkreten Textstelle deutlich gemacht, werden zwei weitere Punkte vergeben. Der Textverweis kann als Zitat, Umschreibung oder auch nur als Zeilenangabe erfolgen.*

Mögliche Lösung:
Erklärung des Stilmittels: Auf eine rhetorische Frage erwartet man keine Antwort, weil man sie entweder schon kennt oder weil man eine Behauptung in die Frage „verpackt“ hat.

Wirkung:
- Durch die rhetorische Frage wird deutlich gemacht, dass das im Gedicht angesprochene Du seine Sorgen für sich behält, auch wenn man es danach fragen würde. Eigentlich geht es dem Du im Gedicht schlecht, aber es möchte niemanden belasten, weil die Mitmenschen selbst genug Probleme haben (vgl. V. 2). Deshalb tut es so, als ob es ihm gut ginge, und verzichtet auf die Unterstützung, die eigentlich nötig wäre (vgl. zweite Strophe).
- Die rhetorische Frage bezieht die Leser*innen mit ein. Man kann sich in die Situation, die in der ersten Strophe beschrieben wird, hineinversetzen und überlegen, wie man selbst auf die Frage reagieren würde.

5. a) ***Hinweis:** Alles oder nichts: Es gibt keine Teilpunkte. Die drei Punkte erhältst du für eine nachvollziehbare Erklärung, die sich jedoch nicht auf den Inhalt des Gedichtes beziehen muss. Textverweise in Form von Versangaben oder Zitaten sind bei dieser Aufgabe also nicht notwendig.*

   Mögliche Lösung:
   Der Titel bedeutet, dass man niemandem ansehen kann, was er gerade denkt und fühlt. Solange eine Person ihrer Umgebung nicht mitteilt, wie es in ihrem Inneren aussieht, weiß niemand, wie gut oder schlecht es ihr geht.

   b) ***Hinweis:** Auch bei dieser Aufgabe geht es nicht um den Inhalt des Gedichtes, sondern um deine eigene Einschätzung. Es gibt jeweils drei Punkte für ein schlüssig erklärtes Beispiel. Für das bloße Nennen eines Vor- oder Nachteils ohne Beispiel gibt es jeweils einen Punkt.*

   Mögliche Lösung:
   Vorteil: Da man über seine Mitmenschen nicht immer nur freundlich oder positiv denkt, ist es von Vorteil, dass einem niemand in die Seele blicken kann. Hat man sich z. B. privat oder beruflich über jemanden sehr geärgert und stößt in Gedanken heftige und vielleicht auch verletzende Beschimpfungen aus, würde das zu Streit und Konflikten führen, könnte der andere die Gedanken lesen.

Nachteil: Gerade für schüchterne und zurückhaltende Menschen kann es ein Nachteil sein, dass ihre wahren Gefühle verborgen sind. Wenn es ihnen z. B. schlecht geht und sie nicht darüber sprechen, besteht die Gefahr, dass sie keine Hilfe erhalten.

6. ***Hinweis:** Beim Erläutern geht es um das Textverständnis. Es reicht also nicht aus zu wissen, was ein Imperativ ist, sondern du musst aus dem Textzusammenhang heraus seine inhaltliche Funktion an dieser Stelle deutlich machen, um die beiden Punkte zu erhalten.*

   Mögliche Lösung:
   Nachdem in den ersten drei Strophen beschrieben wurde, dass das im Gedicht angesprochene Du mit seinen Ängsten und Sorgen alleine dasteht, wird es mit den Imperativen in den Versen 16 f. ermuntert, der Welt dennoch mit Zuversicht entgegenzutreten: „Sei trotzdem kein Pessimist / sondern lächle [...]“. Die beiden Imperative stellen also eine Aufforderung dar, sich nicht unterkriegen zu lassen und den Menschen, die einen ansprechen, mit einem Lächeln zu begegnen.

7. ***Hinweis:** Du kannst der Aussage zustimmen oder sie ablehnen, es kommt darauf an, dass du deine Haltung begründen und die Begründung mit einer passenden Textstelle belegen kannst. Für beide Möglichkeiten finden sich Textbelege. Drei Punkte erhältst du für eine schlüssige Begründung mit passendem Textverweis, ohne diesen gibt es noch zwei Punkte, wenn die Begründung nachvollziehbar ist. Keine Punkte gibt es für eine Zustimmung oder Ablehnung ohne Begründung oder für das bloße Nennen einer Textstelle.*

   Mögliche Lösungen:
   Zustimmung:
   - Ich stimme der Aussage zu, denn die rhetorische Frage in Vers 5 bewirkt, dass die Leser*innen unmittelbar in die Gedankenwelt der im Gedicht angesprochenen Person einbezogen werden und sich mit ihr identifizieren können.
   - Die meisten Leser*innen kennen vermutlich das Gefühl, mit den Alltagssorgen und -nöten alleine zu sein und vergeblich auf Trost zu hoffen. Die Verwendung des Du z. B. in den Versen 11 f. bewirkt, dass Erlebnisse dieser Art wieder ins Bewusstsein rücken und man über den Inhalt und die Aussage des Gedichts nachdenkt. Deshalb stimme ich der Aussage zu.

Ablehnung:

- Ich stimme der Aussage nicht zu, denn mit dem Du führt das lyrische Ich einen inneren Dialog. Damit wird die Aussage des Gedichts, dass man seine Probleme mit sich selbst ausmacht und niemanden damit belasten möchte, verstärkt: „Niemand“ bzw. „Keiner weiß, wie arm du bist …“ (V. 1, 19) Auch das lyrische Ich ist in dieser trostlosen Situation, spricht mit sich selbst und überspielt alles mit einem Lächeln, um nicht zugeben zu müssen, dass es Hilfe braucht („Und das Beste wären ein Paar Krücken.“ V. 10).
- Die Anredepronomen „du“, „deine“, „dir“ oder „dich“ beziehen sich, ebenso wie die unpersönlichen Ausdrücke „einer“ (V. 11) oder „man“ (V. 17), auf eine nicht näher charakterisierte, andere Person. Deshalb stimme ich der Aussage nicht zu.

8. ***Hinweis:*** *Beim Erläutern sollen Textzusammenhänge deutlich gemacht werden. Dazu gehört z. B. auch, Sprachbilder zu interpretieren und Fremdwörter zu erklären. Für jede schlüssige Erläuterung mit Bezug auf eine Textstelle (Versangabe, Umschreibung oder Zitat) gibt es jeweils zwei Punkte. Für eine Erläuterung ohne Textverweis wird ein Punkt gegeben, das bloße Nennen bzw. Zitieren einer Textstelle hingegen reicht nicht für einen Punkt.*

Mögliche Lösungen:

- Das im Gedicht angesprochene Du legt die Sorgen des Alltags „[l]ächelnd […] auf den Rücken“ (V. 6 f.), das heißt, sie werden weggeschoben oder verdrängt und sind damit zwar unsichtbar, aber trotzdem zunehmend spürbar. Dass das Du die immer größer werdende Last mit einem Lächeln erträgt, solange es möglich ist, ist ein Beispiel für Tapferkeit.
- Trotz aller Probleme soll das Du nicht negativ denken und seinen Mitmenschen freundlich gegenübertreten: „Sei trotzdem kein Pessimist, sondern lächle […]“ (V. 16 f.).
- Da niemand „weiß, wie arm du bist“ (V. 1, 19) und keiner dir „hinter das Gesicht“ (Überschrift, V. 18) blicken kann, kann man versuchen, offen und selbstbewusst zu sein und sich nicht anmerken zu lassen, wie es in einem wirklich aussieht.

9. a) *Hinweis: Alles oder nichts: Die Erklärung beider Bedeutungen von „Reichtum" mithilfe passender Beispiele ist notwendig, es gibt keine Teilpunkte! Zitate und Versangaben sind bei dieser Aufgabe nicht gefordert.*

Mögliche Lösung:
Der erste Teil der Strophe bezieht sich auf den Besitz, den man mit Geld kaufen und nach außen zeigen kann. Dazu gehören z. B. ein teures Handy, Markenkleidung, Luxusuhren oder ein großes Haus. Eine andere Form von Reichtum sind die sogenannten ideellen Werte, die unbezahlbar sind und die einem auch niemand stehlen kann. Das können z. B. Freundschaften sein, eine glückliche Beziehung und Familie oder auch positive Eigenschaften wie Geduld, Humor und Freundlichkeit.

b) ***Hinweis:** In deiner Erklärung muss deutlich werden, was der Inhalt dieser Strophe bei kleinmütigen Menschen bewirken soll. Auch hier gibt es keine Teilpunkte.*

Mögliche Lösung:
Mit der Strophe soll allen, die dem Leben ängstlich und verzagt begegnen, Mut zugesprochen werden. Sie sollen nicht voller Neid auf den materiellen Besitz anderer Menschen blicken. Denn teure Gegenstände und Luxusreisen garantieren kein glückliches Leben, wenn entscheidende Dinge wie Zufriedenheit und Gesundheit fehlen. Deshalb sollen sich die „Kleinmütigen" bewusst machen, über welchen großen Reichtum sie verfügen, wenn sie z. B. verlässliche Freunde haben, gesund sind und in einem friedlichen Land leben.

Teil II: Schreiben

II.A: Textproduktion

a) *Hinweis:*
Aufbau/Inhalt: *Beim* ***Erzählen*** *kannst du deiner Fantasie freien Lauf lassen. Vorgegeben sind nur der grobe Ablauf der Geschichte sowie ein glückliches Ende. Die Details wie z. B. Namen und Lebenssituation der Beteiligten denkst du dir selbst aus. Du entscheidest auch, ob deine Erzählung eher lustig oder traurig sein soll und aus welcher Perspektive du erzählen willst. In der* ***Einleitung*** *deiner Erzählung sollten die Personen und ihre Beziehung zueinander deutlich werden. Der* ***Hauptteil*** *besteht aus dem zentralen Thema: der Enttäuschung einer der beiden Personen und ihre Reaktion darauf. Im* ***Schlussteil*** *gehst du auf die Versöhnung ein. Vergiss nicht, dir auch eine passende Überschrift auszudenken!*
Sprachangemessenheit: *Gestalte deine Geschichte lebendig mit treffenden Formulierungen, wörtlicher Rede und der Wiedergabe von Gedanken und Gefühlen deiner beiden Hauptpersonen. Verwende die Zeitformen der Vergangenheit (außer bei wörtlicher und erlebter Rede) und vermeide Wiederholungen.*
Sprachrichtigkeit: *Fehler in der Rechtschreibung und Grammatik werden als ganze Fehler, die in der Zeichensetzung als halbe Fehler gewertet. Die Gesamtzahl der Fehler wird auf die Wörterzahl deines Aufsatzes bezogen und als Fehlerindex errechnet.*

Die blaue Mappe — Überschrift

Einleitung — Hauptpersonen und ihre Situation

Seit dem ersten Tag im Kindergarten waren Mia und Caro befreundet. Jeden Tag spielten die beiden Mädchen zusammen, saßen beim Essen nebeneinander und trafen sich am Wochenende und in den Ferien, so oft es nur ging. Auch während der Grundschulzeit klebten sie ständig aneinander und wechselten anschließend gemeinsam in dieselbe Klasse der Gesamtschule. Alle wussten, dass zwischen Mia und Caro kein Blatt Papier passte.

Überleitung zum Hauptteil

Doch eines Tages, als sie im 10. Schuljahr waren, passierte etwas, das die tiefe Freundschaft der beiden Mädchen beinahe zerstört hätte.

Hauptteil — Darstellung von Mias Notlage

Es war wenige Wochen vor der Abschlussprüfung, und für Mia ging es um alles. Sie hatte schon immer Probleme mit Mathematik gehabt, und die letzte Klassenarbeit vor der Prüfung sollte die Entscheidung bringen, ob es noch für eine Vier reichen würde. Sie brauchte diese Note dringend, denn sonst würde sie den begehrten Ausbildungsplatz als Tierarzthelferin nicht bekommen. Seit ihrem Praktikum in der Tierarztpraxis kam kein anderer Beruf mehr für sie infrage. Die Ärztin war sehr zufrieden mit Mias Leistungen gewesen und hatte ihr den Ausbildungsplatz so gut wie versprochen, wenn … ja wenn … „Keine Fünf im Zeugnis!", hatte sie am Ende des Praktikums mahnend gesagt, und ihr Blick verriet, dass sie das sehr ernst meinte. Keine Fünf im Zeugnis, keine Fünf im Zeugnis – der Satz drehte sich immer schneller in Mias Kopf, je näher der Termin für die Klassenarbeit rückte.

Mias Gefühle und Gedanken

Verzweifelt saß sie im Matheunterricht und starrte hilflos auf die Übungsaufgaben, die Herr Zweistein für die Arbeit an die Tafel schrieb. Caro rettete sie, wie schon so oft, indem sie ihr das Heft mit den bereits gelösten Rechnungen hinschob. Mit Caros Hilfe hatte sich Mia in den letzten Jahren immer irgendwie durchgemogelt, aber ganz blöd war Herr Zweistein ja auch nicht. Der Pausengong unterbrach Mias Gedanken. „Wenn ihr diese Aufgaben beherrscht, solltet ihr für die Mathearbeit gut vorbereitet sein. Wir sehen uns übermorgen. Denkt an Geodreieck, Normalparabel und den Taschenrechner. Die Formelsammlungen bekommt ihr von mir. Ich wünsche euch allen ein fröhliches Üben!" Mit diesen Worten eilte der Mathematiklehrer davon. Dass er eine dünne blaue Mappe auf dem Pult vergessen hatte, bemerkte nur Mia. Sie kramte in ihrem Rucksack und trödelte herum, während die Klasse lachend und lärmend den Raum verließ. „Nun mach schon!", rief Caro von der Tür her. „Ich komme gleich, geh' schon mal vor!", gab Mia zurück. Rasch schnappte sie sich die Mappe und schaute hinein. Es war, wie sie vermutet hatte: Innen lag die Kopiervorlage der Mathearbeit. Es dauerte keine Minute, bis Mia die drei Seiten mit ihrem Handy fotografiert hatte. Dann schloss sie die Mappe, legte sie zurück und verließ mit klopfendem Herzen den Raum. Niemand sah sie, als sie die Treppe hinuntereilte und sich auf dem Schulhof zu Caro und den anderen gesellte. „Wo warst du denn?" Die Freundin war die einzige, der Mias Abwesenheit aufgefallen war. „Komm

Ausgangssituation: letzte Mathestunde vor der Klassenarbeit

Handlungsschritte:

- Der Lehrer vergisst seine Unterlagen, Mia fotografiert heimlich die Kopiervorlage.

nach der Schule mit zu mir, ich muss dir was zeigen", flüsterte sie Caro aufgeregt zu.

Als die Mädchen es sich am Nachmittag gemeinsam auf dem breiten Sofa in Mias Zimmer gemütlich gemacht hatten, zückte Mia triumphierend ihr Handy und fuchtelte damit vor Caros Gesicht herum. „Rate, was ich gefunden habe", forderte sie Caro mit geheimnisvollem Lächeln auf. Caro hob die Schultern und sah sie fragend an. „Keine Ahnung. Zwei Freikarten für das Justin-Bieber-Konzert? Einen Lottoschein mit den Gewinnzahlen? Den besten Typen ever?"

- Mia weiht die Freundin in ihren Plan ein.

„Viiiiiel besser!" Mia konnte ein glückseliges Glucksen kaum unterdrücken. Sie öffnete das Foto und zeigte es Caro. „Weißt du, was das ist?", fragte sie.

„Sieht aus wie Matheaufgaben. Das sind ja … du hast doch nicht … Zweisteins Mappe?" Caro war fassungslos. „Das kannst du nicht machen! Lösch sofort die Fotos!", herrschte sie die Freundin an. „Aber Caro, verstehst du denn nicht? Das ist meine Rettung! Wenn du die Aufgaben vorher mit mir durchrechnest, habe ich noch eine Chance! Bitte versau mir das jetzt nicht!", flehte Mia.

- Caros unerwartete Reaktion

„Das ist Betrug. Da mache ich nicht mit", sagte Caro finster und entschieden. „Und du solltest dir auch überlegen, ob diese bescheuerte Mathenote das wert ist." „Was meinst du damit? Natürlich ist es das wert. Die Note ist meine Lehrstelle wert, meine Zukunft, mein Leben!" „Das meine ich nicht", antwortete Caro leise. „Ich dachte eher an unsere Freundschaft. Mach, was du willst, aber zieh mich da nicht rein. Du kannst dich ja melden, wenn du dich entschieden hast." Nach diesen Worten verließ Caro das Zimmer.

- Streit zwischen den Freundinnen

Mia lag wie betäubt auf dem Sofa. Warum ließ Caro sie so im Stich? Immer hatten sie sich aufeinander verlassen können, und jetzt das … Bilder zogen an ihrem inneren Auge vorbei: Sie und Caro im Planschbecken, sie und Caro bei der Einschulung mit den viel zu großen Schultüten, auf dem Ponyhof, auf Klassenfahrt in der Jugendherberge, beim Klarinettenunterricht, ihr erster Konzertauftritt in der Musikschule, sie beide im braven dunklen Kleid bei der Konfirmation … Mia starrte auf das Display ihres Handys und scrollte die drei

- Mia denkt über ihre Freundschaft mit Caro nach.

Aufnahmen mit den Matheaufgaben hin und her, hin und her … Die Zeichen und Zahlen verschwammen vor ihren Augen. Ein Bild mit Caros Gesicht tauchte auf, ihr fragender Blick traf Mia mitten ins Herz. Sie seufzte tief, schloss die Augen und traf eine Entscheidung.

„Du hast recht, Caro, das ist es wirklich nicht wert", flüsterte sie. Sie markierte die drei Fotos aus der blauen Mappe und drückte entschlossen die Löschtaste. Dann tippte sie auf Caros Telefonnummer. Schon nach dem ersten Klingeln war die Freundin am Handy. „Caro, du … sag mal … hättest du Zeit, morgen mit mir noch mal die Aufgaben von der Tafel durchzugehen?", fragte sie schüchtern.

Wende: Mia sieht ihren Fehler ein und löscht die Fotos.

„Klar, wir können auch gleich anfangen, wenn du willst. Ich stehe hier unten bei dir vor der Haustür. Lässt du mich rein?" Schluchzend fiel Mia der Freundin um den Hals. „Ich habe die Fotos gelöscht. Verzeihst du mir?" Caro drückte sie ganz fest. „Ich wusste es. Schon vergessen. Und jetzt üben wir Mathe."

Schluss
Versöhnung

b) *Hinweis: Bei einer* ***Argumentation*** *ist es sinnvoll, zunächst in einer Tabelle die Vor- und Nachteile zur Fragestellung in Stichworten zu notieren und sie nach Wichtigkeit zu ordnen. In der* ***Einleitung*** *kannst du z. B. auf die Beliebtheit und Verbreitung von sozialen Netzwerken hinweisen und mit der aus dem Thema abgeleiteten Fragestellung zum Hauptteil überleiten. Die Vor- und Nachteile eines „öffentlichen Lebens im Netz" stellst du im* ***Hauptteil*** *einander gegenüber. Dabei sollten möglichst gleich viele Pro- und Kontra-Argumente vorgestellt werden. Wichtig ist, dass du deine Argumente mit überzeugenden Beispielen stützt. Du kannst die Pro- und Kontra-Argumente nach dem Sanduhrprinzip abhandeln, d. h., du nennst zuerst die Argumente, die deine Meinung nicht stützen, und ordnest sie nach absteigender Wichtigkeit; bei den Argumenten, die deine Meinung stützen, nennst du das wichtigste am Schluss. Oder du gehst nach dem Ping-Pong-Prinzip vor und hältst jeweils einem Pro-Argument ein passendes Kontra-Argument entgegen. Deine eigene Meinung äußerst du erst im* ***Schlussteil*** *und bekräftigst sie, indem du das wichtigste Argument noch einmal wiederholst.*
Achte auf die ***Sprachangemessenheit*** *(richtige Verwendung der Zeitform, treffende Formulierungen, passende Wortwahl, abwechslungsreicher Satzbau, Vermeidung von Wiederholungen) und die* ***Sprachrichtigkeit*** *(Fehler zählen in Rechtschreibung/Grammatik als ganze, in der Zeichensetzung als halbe Fehler).*

Ideenliste/Stoffsammlung (Sanduhrprinzip):

Macht Facebook glücklich? Die Vor- und Nachteile sozialer Netzwerke	
Nachteile (absteigend)	**Vorteile (aufsteigend)**
Suchtgefahr/Realitätsverlust	kreativ sein (eigene Fotos/Videos posten)
Gefahr von Cybermobbing	weltweit neue Freunde/Gleichgesinnte finden
keine Kontrolle, was mit den Inhalten passiert/fehlender Datenschutz	einfache und schnelle Kommunikation

Macht Facebook glücklich? Die Vor- und Nachteile sozialer Netzwerke

Überschrift

Einleitung

Beliebtheit und Verbreitung von sozialen Netzwerken

Soziale Netzwerke sind aus dem Leben vieler Menschen nicht mehr wegzudenken. Sie chatten und spielen, tauschen Informationen aus, diskutieren und posten Neuigkeiten aus ihrem Leben in Bild und Text. Besonders junge Leute können sich ein Leben ohne Facebook, Instagram, Snapchat und andere virtuelle Treffpunkte kaum noch vorstellen. Doch welche Vor- und Nachteile hat es, andere Menschen über die sozialen Netzwerke am eigenen Leben teilhaben zu lassen?

Überleitung zum Thema: Aufgreifen der Fragestellung

Hauptteil

Nachteile der sozialen Netzwerke:

- Erstes Argument: Suchtgefahr, Realitätsverlust

Mithilfe des Handys ist das Internet jederzeit und überall verfügbar. Das verleitet dazu, sich ständig in den sozialen Netzwerken zu bewegen. Immer öfter sieht man nicht nur junge Leute, die in der Öffentlichkeit mit gesenktem Kopf auf ihr Smartphone starren und die Wirklichkeit um sich herum ausblenden. Das ist nicht nur gefährlich aufgrund des Straßenverkehrs, sondern führt auch dazu, dass die reale Welt immer weniger wahrgenommen wird und man schließlich sogar sein soziales Umfeld vernachlässigt.

- Zweites Argument: Cybermobbing

Ein weiterer Nachteil der vielfältigen Internet-Aktionen ist das Cybermobbing. Es gibt Nutzer, die sich einen Spaß daraus machen, in der Anonymität des weltweiten Netzes einzelne Menschen zu beschimpfen, zu beleidigen oder Gerüchte über sie zu verbreiten. Solche Attacken haben schon dazu geführt, dass die Opfer in ihrer Verzweiflung keinen anderen Ausweg mehr sahen, als sich umzubringen.

Wer viel in sozialen Netzwerken unterwegs ist, kann zudem leicht die Kontrolle darüber verlieren, was mit den eigenen Daten passiert. Man sollte sich sehr genau überlegen, was man ins Netz stellt, denn keine der Plattformen ist vor Datenklau sicher. Einmal gepostete Bilder und Texte können blitzschnell verbreitet werden. Hat man z. B. ein lustiges Partyfoto von sich mit der Community geteilt, kann es noch Jahre später im Internet herumgeistern und eventuell dazu führen, dass man bei einer Bewerbung einen schlechten Eindruck macht.

- Drittes Argument: „Das Netz vergisst nichts"/fehlender Datenschutz

Trotz dieser Risiken bieten soziale Netzwerke ihren Nutzern auch viele Vorteile.

Überleitung zu den **Vorteilen**

Wer kreativ ist und seine Ergebnisse gerne mit anderen teilt, findet in sozialen Netzwerken ein großes Betätigungsfeld. So kann man z. B. eigene kleine Filme drehen und auf YouTube hochladen. Das direkte Feedback der Internet-Community hilft einem, sich weiterzuentwickeln. Viele der heutigen Influencer haben klein angefangen und können heute sogar von ihrem eigenen YouTube-Kanal leben.

- Erstes Argument: Ausleben der eigenen Kreativität

Ein weiterer Vorteil der sozialen Netzwerke ist die Möglichkeit, in den weltweit agierenden Plattformen über alle Grenzen hinweg mit Menschen Kontakte zu pflegen, die man sonst nie treffen würde. Das können weit entfernt wohnende Familienmitglieder sein, aber auch Chatpartner, mit denen man sich in speziellen Foren über die gemeinsamen Interessen austauschen kann.

- Zweites Argument: weltweite Kontaktmöglichkeiten

Das wichtigste Argument ist jedoch, dass mit sozialen Netzwerken eine schnelle und direkte Kommunikation möglich ist, die den Alltag erleichtert und ihn oft auch unterhaltender macht. Dazu gehören Terminabsprachen mit Freunden und der Familie, die schnelle Verbreitung von Informationen in Schule und Beruf oder das Teilen interessanter Inhalte. Auch ist man immer auf dem neuesten Stand, wie es den Menschen geht, die einem wichtig sind.

- Drittes Argument: schnelle und direkte Kommunikation

Ich bin der Meinung, dass die Vorteile der sozialen Netzwerke überwiegen. Mir ist dabei am wichtigsten, dass ich mit Facebook, Instagram und Snapchat nicht nur immer auf dem Laufenden bin, was meine Freunde gerade machen, sondern ihnen auch das Neueste aus meinem Leben mitteilen kann.

Schluss
Fazit/eigene Meinung, Bekräftigung des wichtigsten Arguments

Abschlussprüfung Deutsch an Realschulen in Hessen 2019
Text 2

Teil I: Lesen

Hinweis: In den Aufgaben 1 und 2 gibt es für jede richtige Lösung einen Punkt. Sind mehrere Möglichkeiten angekreuzt, wird kein Punkt vergeben.

1. a) ☒ eines von drei Pferden.
   ***Hinweis:** vgl. Z. 9–17*

   b) ☒ über 150 Jahren.
   ***Hinweis:** vgl. Z. 55 f.*

   c) ☒ Jagdtechniken
   ***Hinweis:** vgl. Z. 64 f.*

   d) ☒ Verhaltensbiologe.
   ***Hinweis:** vgl. Z. 88*

   e) ☒ dem Eichelwurm
   ***Hinweis:** vgl. Z. 112–115*

   f) ☒ eine Erdnuss in einer Röhre
   ***Hinweis:** vgl. Z. 136 f.*

2. a) ☒ Zögern.
   ***Hinweis:** „Zaudern“ bedeutet so viel wie „sich nicht entschließen können“, „Bedenken haben“.*

   b) ☒ sich entziehen.
   ***Hinweis:** Vgl. den verwandten Ausdruck „sich verdrücken“, d. h. einer Situation aus dem Weg gehen.*

   c) ☒ nicht vertrauenswürdig.
   ***Hinweis:** Gegenteil von „redlich“: Wenn das **Reden** einer Person mit ihrem Handeln übereinstimmt, ist sie redlich, d. h. ehrlich und vertrauenswürdig.*

d) ☒ Aufmerksamkeit erregen.

Hinweis: *Wenn etwas so auffällig ist, dass man es gut* ***sehen*** *kann, dann sorgt es für Aufsehen.*

e) ☒ der Unterschied geringer wird.

Hinweis: *Eine Kluft ist eine tiefe Felsspalte. Die Metapher wird hier verwendet, um zu veranschaulichen, dass es zwischen Mensch und Tier weniger Unterschiede gibt, als man dachte.*

3. ***Hinweis:*** *Bei den Aufgaben 3 a und 3 b gibt es für jede richtige Antwort zwei Punkte. Sind mehrere Möglichkeiten angekreuzt, wird kein Punkt vergeben.*

a) ☒ Nur B und D stehen im Text.

Hinweis: B: *Vgl. Z. 19–21.* ***D:*** *Vgl. Z. 175–177. Aus den Zeilen 19f. geht hervor, dass Svetlana Assistentin der Geschäftsführung ist. Deshalb trifft* ***Aussage A*** *nicht zu. Auch* ***Aussage C*** *ist falsch, denn in den Zeilen 22–29 wird beschrieben, wie es Svetlana sanft und ganz ohne Druck gelingt, dem Pferd einen Plastikring überzustreifen.*

b) ☒ Nur B und C stehen im Text.

Hinweis: B: *Vgl. Z. 40f.;* ***C:*** *Vgl. Z. 34–38;* ***Aussage A*** *trifft nicht zu, denn in den Zeilen 38f. werden Pferde als Herdentiere beschrieben und können deshalb keine Einzelgänger sein. Auch* ***Aussage D*** *steht so nicht im Text. In den Zeilen 43f. heißt es, dass die Tiere sich freiwillig demjenigen unterordnen, „dem sie Führung zutrauen".*

4. ***Hinweis:*** *Für jede richtige Zuordnung gibt es einen Punkt. Sind mehrere Möglichkeiten genannt, wird kein Punkt vergeben.*

Wissenschaftler	**Tierart**
Daniel Hanus	**D**
Marc Bekoff	**B**
Jorg Massen	**E**

Hinweis: *Daniel Hanus/Affen: vgl. Z. 132–146; Marc Bekoff/Ratten: vgl. Z. 86–93; Jorg Massen/Raben: vgl. Z. 69–85.*

5. ✎ ***Hinweis:*** *Es reicht, die Textsortenmerkmale in Stichworten zu nennen. Als Textbelege gelten Zitate, Zeilenangaben oder Umschreibungen, d. h. mit eigenen Worten wiedergegebene Aussagen. Für jedes richtig genannte und belegte Textmerkmal gibt es einen Punkt; ohne passenden Textbeleg wird kein Punkt vergeben.*

Mögliche Lösungen:

- Zweideutige Überschrift

  ✎ ***Hinweis:*** *Der Titel weist auf den Inhalt hin und weckt Interesse durch seine doppeldeutige Aussage. Der Begriff „Bürger" wird in der Regel auf menschliche Einwohner z. B. einer Stadt oder eines Landes angewendet. Die Reportage stellt die Ähnlichkeit im Verhalten von Menschen und Tieren dar und drückt das im Titel aus: Sowohl Menschen als auch Tiere sind „Bürger im Tierreich", wie es in ähnlicher Weise auch schon Darwin formulierte, als er den Menschen als „Tier unter Tieren" (Z. 59 f.) bezeichnete.*
- Vorspann/Teaser/Lead (Z. 1–4)

  ✎ ***Hinweis:*** *Der Vorspann oder Teaser dient als Orientierungshilfe und „Anreißer" für die Leser*innen, indem er in wenigen Sätzen einen Überblick über den Inhalt der Reportage vorausschickt.*
- Erlebnisorientierter/szenischer Einstieg (Z. 5–17)

  ✎ ***Hinweis:*** *Häufig beginnen Reportagen auf diese Art. Die Leser*innen werden „mitgenommen" in eine von der Autorin/dem Autor beobachtete Szene und damit auf lebendige Weise in die Thematik des Artikels eingeführt. Hier dient als szenischer Einstieg der Moment, in dem Svetlana mit der Reaktion des Pferdes konfrontiert wird und eine Entscheidung treffen muss.*
- Zahlen, Daten, Fakten, Erläuterungen als Hintergrundwissen (z. B. Z. 38–44, 53–60, 61–97, 110–115, 124–130, 134–151)

  ✎ ***Hinweis:*** *Reportagen sind anschauliche Hintergrundberichte, in denen die Beobachtungen und Eindrücke der Journalisten durch wissenschaftlich abgesicherte Daten und Fakten ergänzt werden.*
- Expertenmeinung (z. B. Z. 44–46, 98–107, 131–134, 183–186)

  ✎ ***Hinweis:*** *Die Autorin zitiert direkt oder indirekt die Äußerungen von Fachleuten zum Thema und untermauert damit die Ausführungen.*
- Autorenkommentar (z. B. Z. 13 f., 61 f., 75 f., 115 f., 142 f.)

  ✎ ***Hinweis:*** *Autoren und Autorinnen äußern ihre eigene Meinung oder Bewertungen meist so versteckt, dass man sie leicht überliest. Manchmal erkennt man ihre Haltung nur an einem einzigen Satz oder Adjektiv. Ein Beispiel dafür ist der Satz in Z. 61 f.: Die Autorin beschreibt die Erkenntnisse der Forscher als „erstaunlich" und drückt damit ihre persönliche Meinung dazu aus.*

- Wechsel der Zeitform (z. B. Präsens in Z. 6 ff.; Präteritum in Z. 15, 52, 142–151; Perfekt in Z. 54–56, 61 f.)

  Hinweis: *Es ist ein typisches Merkmal von Reportagen, dass sich die Darstellung von direkten Beobachtungen und Fakten im Präsens mit Berichtsteilen in den Formen der Vergangenheit abwechselt.*
- Zitate, direkte Rede (z. B. Z. 44–46, 105–107, 180–182, 184–186)

  Hinweis: *Durch die wörtlich übernommenen Äußerungen nicht nur von Experten, sondern auch von anderen Beteiligten werden dem Leser die unterschiedlichen Aspekte eines Themas auf lebendige Weise nahegebracht.*
- Fazit (Z. 183–186)

  Hinweis: *Die Reportage endet mit einem Zitat, das das Ergebnis der beschriebenen Beobachtungen und Forschungsarbeiten zusammenfasst.*

6. ***Hinweis:*** *Drei Punkte gibt es für eine zutreffende Erklärung des Stilmittels* ***und*** *seiner Wirkung. Wird nur das Stilmittel erklärt, gibt es einen Punkt, für die alleinige Erklärung der Wirkung im Textzusammenhang zwei Punkte.*

   Mögliche Lösung:
   Erklärung des Stilmittels: Wenn in zwei oder mehr aufeinanderfolgenden Sätzen die Reihenfolge der Satzglieder gleich ist, dann spricht man von einem Parallelismus.

   Wirkung: In den Zeilen 38–41 werden mit übereinstimmendem Satzbau und identischen Satzanfängen zwei Verhaltensmerkmale von Pferden beschrieben, die sich widersprechen: Als Herdentiere suchen Pferde zwar Nähe, gehen bei Bedrohung aber auch schnell auf Distanz. Durch die Ähnlichkeit im Satzbau und dieselbe Wortwahl am Satzanfang werden diese gegensätzlichen Eigenschaften besonders hervorgehoben.

7. a) ***Hinweis:*** *Bei dieser Aufgabe müssen Erklärung und Textstelle zusammenpassen, denn es gibt keine Teilpunkte. Fehlt der Textbezug, werden keine Punkte vergeben. Zitate, Zeilenangaben oder auch Umschreibungen einer Textstelle mit eigenen Worten gelten als Textbelege.*

   Mögliche Lösung:
   Das Zitat spielt auf die Textstelle in den Zeilen 23 bis 29 an. Dort wird beschrieben, wie es Svetlana gelingt, mit Ruhe und Geduld das Vertrauen des Pferdes zu gewinnen. Die Tiere reagieren also darauf, wie sich die Teilnehmer des Seminars ihnen gegenüber verhalten und wie sie sie behandeln. An der

Reaktion des Pferdes kann Svetlana ihr eigenes Verhalten wie in einem Spiegel sehen. Wenn sie in ihren Beruf zurückkehrt, kann sie diese Erkenntnisse im Umgang mit ihren Kolleginnen und Kollegen anwenden.

b) ✎ ***Hinweis:*** *Bei dieser Aufgabe sollst du erklären, in welcher Weise die Kurse den Seminarteilnehmern nützen, wenn sie wieder in ihren Berufsalltag zurückkehren und es nicht mehr mit Tieren, sondern mit Menschen zu tun haben. Für jede nachvollziehbare Darstellung mit Textbezug gibt es zwei Punkte. Fehlen der Textbezug oder die Erklärung, gibt es keine Punkte.*

Mögliche Lösungen:

- Z. 21–29: Svetlana entscheidet sich gegen Druck und Konfrontation und gewinnt das Vertrauen des Pferdes, indem sie geduldig bleibt und dem Tier die Zeit gibt, die es braucht. Auch im Umgang mit Kolleginnen und Kollegen kann man mit Geduld mehr erreichen, als wenn man Druck ausübt.
- Z. 30 f.: Es gibt wichtige Entscheidungen, die nicht allen gefallen. Dann ist Durchsetzungskraft gefragt. In manchen Situationen kommt es aber eher auf Kooperationsfähigkeit an. Deshalb sollte ein guter Chef oder eine gute Chefin beides besitzen und richtig einsetzen können.
- Z. 36–38: Führungskräfte müssen sich klarmachen, dass die Mitarbeiter*innen ihr Verhalten und ihre Entscheidungen wahrnehmen und bewerten.
- Z. 43 f.: Trauen Mitarbeiter*innen ihren Vorgesetzten die Führungsaufgaben nicht zu, dann nehmen sie diese nicht ernst und ordnen sich nicht unter.
- Z. 44 f.: Führungskräfte sollten aus den Reaktionen ihrer Mitarbeiter*innen Rückschlüsse auf ihr eigenes Verhalten ziehen.
- Z. 179 f.: „Pferde reagieren auf klare und einfache Botschaften." Wenn die Tiere also eine Anweisung nicht oder falsch verstanden haben, zeigen sie das durch entsprechende Reaktionen. Auch bei Menschen erleichtern eindeutige und verständliche Mitteilungen die Kommunikation und können Missverständnisse verhindern.

8. ✎ ***Hinweis:*** *Beim Erläutern sollst du mit eigenständigen Formulierungen eine komplizierte Aussage verständlich machen. Wenn dir das mithilfe einer passenden Textstelle gelingt, gibt es drei Punkte. Lässt du die Textstelle weg, werden noch zwei Punkte vergeben.*

Mögliche Lösung:

Das Zitat sagt aus, dass der Mensch mehr kann und weiß als die Tiere. Er vereinigt viele Fähigkeiten und Eigenschaften von Tieren in höher entwickelter Form in sich. Ein Beispiel ist die kreative Problemlösefähigkeit von Orang-Utans (vgl. Z. 134–146). Sie zeigen intelligente Verhaltensweisen, die im beschriebenen Versuch sogar Menschenkindern überlegen waren. Trotz dieser Fähigkeiten und der genetischen Übereinstimmung (vgl. Z. 110–115) zwischen Mensch und Tier steckt aber „nicht der gesamte Mensch im Tier" (Z. 185 f.), da der Mensch, z. B. durch die Entwicklung und Anwendung von Technik, eine weitaus höhere Evolutionsstufe erreicht hat als jedes noch so intelligente Tier. Auch das bewusste Handeln und Abschätzen von Konsequenzen ist bei Tieren nicht in gleicher Weise ausgeprägt.

Beispiele für alternative Textbelege:

- Auch wenn z. B. Hunde Symbolsprache verstehen können und Buschhäher ihre Zukunft planen (vgl. Z. 63 f.), so ist der Mensch den Tieren in diesen Dingen doch weit überlegen.
- Das Gleiche gilt für das Verhalten von Raben (vgl. Z. 69–85) oder Ratten (vgl. Z. 90–93), aus dem man zwar einen Sinn für Fairness und Moral ableiten kann, aber auf einem im Vergleich zum Menschen sehr einfachen Niveau.

9. ✎ ***Hinweis:*** *Du kannst der Behauptung „Menschen können Tiere sein" zustimmen, sie ablehnen oder eine abwägende Haltung dazu formulieren. Wenn du deine Position nachvollziehbar begründest, gibt es drei Punkte. Teilpunkte werden nicht vergeben.*

Mögliche Lösungen:

Zustimmung: Ich stimme dieser Behauptung zu, denn besonders in kritischen Situationen zeigt sich, dass Menschen instinktiv reagieren können. Dazu gehören z. B. Fluchtreflexe und Abwehrreaktionen, wenn Menschen sich bedroht fühlen. Auch bestimmte menschliche Verhaltensweisen im Zusammenhang mit der Partnerwahl (Imponiergehabe) ähneln sehr den Mechanismen im Tierreich.

Ablehnung: Dieser Aussage kann ich nicht zustimmen, denn Menschen sind den Tieren auf allen Gebieten weit überlegen. Zwar gibt es viele Tiere, die z. B. besser sehen oder hören können als wir, doch durch technische Entwicklungen kann dies mehr als ausgeglichen werden. Auch für die menschlichen Errungenschaften im geistigen und kulturellen Bereich, also Wissenschaft, Kunst, Musik und Literatur, gibt es im Tierreich nichts Vergleichbares.

Teil II: Schreiben

II.A: Textproduktion

a) *Hinweis: In einem **Bericht** werden sachlich und neutral die wichtigsten Aspekte eines wahren Ereignisses dargestellt. Das Ereignis liegt in der Vergangenheit, deshalb verwendet man die Zeitformen Präteritum und Plusquamperfekt (Ausnahme: Zitate von Beteiligten). Ein Bericht enthält keine Kommentare des Verfassers, also weder Bewertungen noch Meinungen oder Gefühlsäußerungen. Bei dem Bericht, den du verfassen sollst, ist die Zielgruppe in deinem Alter, entsprechend musst du deine Formulierungen an die jugendliche Leserschaft anpassen.*
*Aufbau / Inhalt: Die **Überschrift** soll zum Inhalt passen und die Leser*innen auf den Bericht aufmerksam machen. In der **Einleitung (Lead)** wird in ein bis zwei Sätzen das Wichtigste zusammengefasst. Der **Hauptteil** beantwortet die W-Fragen (z. B.: Was ist wann und wo passiert? Wer ist beteiligt? Wie/warum/womit ist es passiert? Welche Folgen ergeben sich aus dem Ereignis? Welche Quellen wurden zum Schreiben des Berichts verwendet?). Im **Schlussteil** ziehst du ein Fazit, d. h., du fasst zusammen, ob euer Projekt erfolgreich war oder nicht, und formulierst einen kurzen Ausblick auf weitere geplante Projekte. Achte darauf, dass du in deinem Bericht auf alle in der Aufgabenstellung genannten Punkte eingehst.*
***Sprachliche Gestaltung:** Hierzu gehören die richtige Verwendung der Zeitformen, treffende Formulierungen, passende Wortwahl, abwechslungsreicher Satzbau und Vermeidung von Wiederholungen.*
*Die Punkte für die **Sprachrichtigkeit** werden mithilfe des Fehlerindex errechnet (Rechtschreibung und Grammatik: ganze Fehler; Zeichensetzung: halbe Fehler).*

Tierisch gut drauf

treffende Überschrift

Mit Füttern und Streicheln, Ausmisten und Gassigehen haben sich Schüler*innen der Bertha-von-Suttner-Schule im Hanauer Tierheim ehrenamtlich engagiert und dabei nicht nur Gutes getan, sondern auch tierische Freundschaften geschlossen.

Einleitung / Lead
kurze Zusammenfassung der wichtigsten Informationen

Die Idee, eine Tierschutz-AG ins Leben zu rufen, hatte Frau Dr. W. Sittich vom Fachbereich Biologie an der Nidderauer Gesamtschule, nachdem sie mit einer fünften Klasse einen Ausflug in das Tierheim der Nachbarstadt Hanau durchgeführt hatte. Die Schüler*innen erlebten, wie die Tiere dort zwar sehr gut versorgt wurden, aber wenig Zuwendung bekamen, weil das Personal nicht genug Zeit zum Kuscheln mit den Katzen oder zum Spazierengehen mit den Hunden hatte.

Hauptteil
Anlass / Gründung der AG (was, wann, wo, wer, warum)

Frau Sittich fragte bei der Tierheimleitung an, ob sie eine AG mit Kindern und Jugendlichen unterstützen würde, die regelmäßig zum Tierheim kämen. Die Leiterin freute sich sehr über das Angebot und sagte zu, nachdem sie mit ihren Mitarbeiter*innen gesprochen hatte. Auch die Schulleitung gab grünes Licht, und so startete die Tierschutz-AG zu Beginn des vergangenen Schuljahres mit 25 Schüler*innen aus verschiedenen Jahrgängen.

Organisation /Ablauf (wie /womit)

- Planung der Einsätze

Zum ersten Treffen kam Fabian Hase, ein Mitarbeiter des Tierheims, den Frau Sittich eingeladen hatte, in die Schule. Gemeinsam mit Herrn Hase erarbeiteten die AG-Mitglieder einen Plan, wer von den Schüler*innen zu welchen Zeiten nach Hanau fahren würde. Da sie von den Tierheimmitarbeiter*innen in die verschiedenen Aufgaben eingewiesen und in der ersten Zeit auch betreut werden mussten, konnten nicht alle auf einmal kommen. Auch die Busfahrzeiten nach Hanau und der Nachmittagsunterricht einiger Schüler*innen wurden bei der Planung berücksichtigt. An jedem Wochentag sollten jeweils fünf AG-Mitglieder nach Hanau fahren und zwei Stunden im Tierheim arbeiten.

Durchführung

- Reinigungsarbeiten
- Gassi gehen

Schon in der darauffolgenden Woche ging es los. Am ersten Nachmittag sollten die fünf Jugendlichen im Tierheim beim Ausmisten der Kaninchenställe helfen und die Katzenboxen reinigen. Zur Belohnung für diese eher unbeliebten Arbeiten durften sie anschließend unter Aufsicht einer Tierheimmitarbeiterin mit den Hunden am Main spazieren gehen. Das machte ihnen großen Spaß, denn zwei der Hunde waren so gut erzogen, dass sie nicht an die Leine mussten und die Kinder mit ihnen auf den Wiesen herumtoben und spielen durften.

- Aufgaben der AG-Leiterin

Regelmäßig besuchte Frau Dr. Sittich die Schüler*innen, unterstützte sie bei Problemen und klärte Unstimmigkeiten, die manchmal zwischen den Jugendlichen und Mitarbeitern des Tierheims entstanden. Auch wenn jemand den Bus verpasst hatte, war sie zur Stelle.

Folgen

Es dauerte nicht lange, bis alle AG-Mitglieder mit den verschiedenen Arbeiten und Aufgaben im Tierheim vertraut und eine echte Hilfe für die Mitarbeiter*innen waren. Einige befreundeten sich mit ihren vierbeinigen Schützlingen sogar so sehr, dass sie den ehrenamtlichen Einsatz freiwillig ausdehnten und auch am Wochenende zum Streicheln, Füttern und Gassigehen nach Hanau fuhren.

Alle AG-Teilnehmer*innen hielten bis zum Ende des Schuljahres durch und absolvierten ihre Einsätze. So war die Tierschutz-AG insgesamt ein sehr großer Erfolg. Auch Frau Dr. Sittich und Fabian Hase waren begeistert und kündigten an, das gemeinsame Projekt im kommenden Schuljahr fortsetzen zu wollen.

Schluss
positives Fazit

Ausblick

b) ***Hinweis:*** *Die Vor- und Nachteile der Haltung von Tieren in zoologischen Gärten sollen jeweils mit Begründung und Beispiel gegeneinander abgewogen werden (**Argumentation/Erörterung**). Es ist bei dieser Aufgabenstellung hilfreich, die Argumente zunächst in einer Pro-Kontra-Tabelle stichwortartig aufzulisten und zu gewichten.*

*Die **Einleitung** greift, z. B. mit einer allgemeinen Beobachtung, das Thema auf und führt mit der aus der Aufgabenstellung abgeleiteten Fragestellung zum Hauptteil hin. Im **Hauptteil** stellst du die Argumente für und gegen die Zootierhaltung einander gegenüber. Jedes deiner Argumente verdeutlichst du mit einem anschaulichen Beispiel. Im **Schlussteil** legst du deine eigene Meinung dar und fasst das Ergebnis deiner Argumentation zusammen oder wiederholst das stärkste Argument aus dem Hauptteil.*

*Beachte, dass nicht nur **Aufbau und Inhalt** in die Bewertung mit einfließen, sondern auch die **Sprachangemessenheit** (richtige Verwendung der Zeitform, treffende Formulierungen, passende Wortwahl, abwechslungsreicher Satzbau, Vermeidung von Wiederholungen) sowie die **Sprachrichtigkeit** (Fehler in Rechtschreibung und Grammatik zählen als ganze, in der Zeichensetzung als halbe Fehler).*

Ideenliste/Stoffsammlung:

Wilde Tiere vor der Haustür – hat der Zoo eine Zukunft?	
Nachteile	**Vorteile**
Zoohaltung ist nicht artgerecht	exotische Tiere live erleben
Eingriff in natürliche Abläufe	bedrohte Tierarten werden geschützt
ein falsches Bild von Natur wird vermittelt	Bildung und Forschung

Überschrift

Wilde Tiere vor der Haustür – hat der Zoo eine Zukunft?

Einleitung

persönlicher Bezug

Fragestellung

Fast jeder erinnert sich gerne an die Tage in seiner Kindheit, an denen ein Familienausflug in den Zoo stattfand. Von Tierschützern wird aber immer wieder die Forderung laut, zoologische Gärten zu verbieten. Welche Vor- und Nachteile hat die Haltung von Tieren im Zoo?

Hauptteil

Nachteile der Zootierhaltung

Erstes Argument: keine artgerechte Haltung möglich

- Platzbedarf
- Klima

Das wichtigste Argument gegen zoologische Gärten ist die Tatsache, dass es besonders bei großen Tieren kaum möglich ist, sie in zoologischen Gärten artgerecht zu halten, weil der benötigte Platz fehlt. So brauchen z. B. Großkatzen ausgedehnte Reviere, um ihrem Bewegungsdrang und ihrem Jagdbedürfnis zu folgen. Zusätzlich ist es schwer, den klimatischen Ansprüchen vieler Tiere so gerecht zu werden, dass sie sich „wie zu Hause" fühlen können. Das betrifft sowohl die Tiere der tropischen Zone wie Elefanten und Erdmännchen als auch die Bewohner der Arktis und Antarktis wie Eisbären und Pinguine.

Zweites Argument: Eingriff in natürliche Abläufe

- durch Versorgung
- durch geregelten Tagesablauf

Gegen die Zootierhaltung spricht auch, dass sie einen Eingriff in natürliche Abläufe bedeutet. Die Rundumbetreuung durch Pfleger und Tierärzte stellt sicher, dass die Tiere satt sind und gesund bleiben. Dabei verlernen sie aber, mit Hunger, Krankheiten oder Verletzungen zurechtzukommen. Außerdem gewöhnen sich die Tiere an die Tagesabläufe, die an die Öffnungszeiten des Zoos angepasst sind. Die Seelöwen wissen z. B. ganz genau, wann die Fütterungsshow beginnt. Aufgrund dieser Regelmäßigkeit sind Zootiere eigentlich gar keine „wilden" Tiere mehr.

Dazu passt auch das dritte Argument gegen die Haltung von Tieren im Zoo. Durch das Nebeneinander verschiedener Gehege und Raubtieranlagen kann bei den Besuchern die Vorstellung entstehen, dass z. B. Zebras und Kamele oder Schimpansen und Orang-Utans in benachbarten Lebensräumen zu Hause sind. Auch die Tatsache, dass viele Käfige überbelegt sind oder den Tieren den Zoobesuchern zuliebe keine Versteckmöglichkeiten angeboten werden, vermittelt ein falsches Bild von Natur.

Drittes Argument: ein falsches Bild von Natur wird vermittelt

Trotz dieser Einwände gegen die Tierhaltung in Zoos gibt es auch viele Argumente, die für zoologische Gärten sprechen.

Überleitung zu den **Vorteilen**

Nur in Zoos hat man Gelegenheit, Tieren ferner Weltgegenden real zu begegnen. Selbst wenn ein Gitter oder eine Glasscheibe Tier und Zoogast trennt, ist das Betrachten z. B. eines Tigers, eines Flusspferdes, einer Giraffe oder eines Krokodils immer ein echtes Erlebnis, das kein noch so guter Dokumentarfilm ersetzen kann.

Erstes Argument: exotische Tiere „live“ erlebbar

Für Zoos spricht auch, dass sie bedrohten Tierarten eine Überlebensmöglichkeit bieten und der Arterhaltung dienen. Weil durch massive Eingriffe in die Natur vielen Tieren der Lebensraum entzogen wird, geht ihr Bestand massiv zurück. Ein Beispiel ist der Orang-Utan, dessen Lebensraum „Urwald“ für Palmölplantagen abgeholzt wird. Andere Tierarten wie Elefanten und Nashörner sind bedroht, weil Wilddiebe sie wegen ihrer Zähne bzw. Hörner rücksichtslos abschlachten. Durch die Weiterzucht und das spätere Auswildern bedrohter Arten stellen Zoos eine Art „Arche Noah“ für gefährdete Tierarten dar.

Zweites Argument: Arterhaltung / Schutz bedrohter Tierarten

- Lebensraum schwindet
- Wilderei
- Nachzucht bedrohter Arten

Das wichtigste Argument für die Wildtierhaltung im Zoo jedoch ist die damit verbundene Möglichkeit, einen unmittelbaren Bezug zur belebten Natur herzustellen und sich unserer Verantwortung für Tier- und Naturschutz bewusst zu werden. In modernen Zooanlagen werden nicht einfach nur Tiere ausgestellt, sondern zusätzlich eine Fülle von Informationen über ihre Biologie, ihre Ökologie und ihre aktuelle Situation vermittelt. Damit sind Zoos ein elementarer Bestandteil der Umweltpädagogik. Gleichzeitig können Wissenschaftler an

Drittes Argument: Zoos als Orte für Bildung und Forschung

Zootieren wichtige Erkenntnisse z. B. im Bereich der Tiermedizin oder der Verhaltensforschung gewinnen und damit die Tiere in der freien Wildbahn besser verstehen und ihren Lebensraum gezielter schützen.

Meiner Meinung nach sollte es gerade deshalb auch weiterhin möglich sein, Wildtiere in Zoos zu halten. Es gibt kaum eine bessere Möglichkeit, auf vergleichbar unmittelbare Weise die Vielfalt der Natur kennenzulernen und sich unsere Verantwortung für das Ökosystem Erde bewusst zu machen.

Schluss

Fazit/eigene Meinung

Bekräftigung des wichtigsten Arguments

II.B: Sprachliche Richtigkeit

1. ***Hinweis:*** *Falls du mehr als zwölf Fehler markierst, werden nur die ersten zwölf gewertet. Für fehlerhafte Korrekturen gibt es keinen Punkt.*

   Sollen Astronauten künftig längere Zeit auf dem Mars überleben, dann müssen sie die auf unserem Nachbarplaneten vorhandenen ~~Resourcen~~ **Ressourcen**[1] nutzen. Zu diesen gehört auch der Marsboden, ein normalerweise eher ~~lebensfeintliches~~ **lebensfeindliches**[2] Material. Doch reichert man ihn mit irdischen Bodenbakterien und organischem Dünger an**, (fehlendes Komma)**[3] können irdische Pflanzen auch auf Marsboden wachsen, wie Experimente belegen. Doch für eine erfolgreiche Pflanzenzucht auf dem weit entfernten Planeten könnten noch weitere Helfer wichtig werden, ~~nähmlich~~ **nämlich**[4] Regenwürmer. Sie fressen größere organische Reste auf und scheiden sie ~~aufgeschloßen~~ **aufgeschlossen**[5] und zerkleinert ~~wider~~ **wieder**[6] über ihren Kot aus. Viele Nährstoffe werden erst dadurch für die Pflanzen verfügbar. Zudem sorgen die Regenwürmer dafür**, (fehlendes Komma)**[7] dass der Boden durchlässig wird und Wasser richtig ~~einsikern~~ **einsickern**[8] kann. Um vergleichbare Bedingungen analog zum Marsboden zu schaffen**, (fehlendes Komma)**[9] nutzten Forscher den ähnlich unfruchtbaren Sand vom Vulkan Mauna Loa auf Hawaii. Sie veränderten ihn chemisch, um ihn dem Sand auf dem Marsboden ähnlicher zu machen. Die Forscher reicherten den Sand mit Erdbakterien und organischem Dünger an und ~~sezten~~ **setzten**[10] dann darin Regenwürmer frei. Während auf diesem Marsboden Salatpflanzen heranwuchsen, ~~tumelten~~ **tummelten**[11] sich im Untergrund die Würmer. Nach einigen Wochen kontrollierten die Forscher den Zustand der wurmigen Erdarbeiter. Die Regenwürmer hatten den Aufenthalt im nachgebildeten Marsboden nicht nur bestens überstanden, sie hatten sich sogar ~~vermert~~ **vermehrt**[12].

   Nach: www.scinexx.de (abgerufen am 07. 03. 2018).

Hinweis: ***1)*** *Ressourcen – Fremdwort aus dem Französischen, bedeutet so viel wie „Bestand, Vorräte, Reserven“.* ***2)*** *lebensfein**d**lich – Wortbestandteil „Feind“; durch Pluralbildung/Wortverlängerung (Fein**de**) wird die Schreibweise deutlich.* ***3)*** *Komma zwischen Haupt- und adverbialem Nebensatz (Konditionalsatz), auch wenn hier durch die besondere Satzstellung die einleitende Konjunktion „wenn“ oder „falls“ fehlt.* ***4)*** ***näm**lich – abgeleitet von „Name“, deshalb ohne „h“.* ***5)*** *aufgeschlo**ss**en – Der stimmlose s-Laut wird nach einem kurz gesprochenen Vokal „ss“ geschrieben.* ***6)*** *w**ied**er – Die Schreibweise mit „ie“ wird verwendet, wenn ein Vorgang sich ein oder mehrere Male w**ie**derholt.* ***7)*** *Komma zwischen Haupt und Nebensatz; der Nebensatz ist an der einleitenden Konjunktion „dass“ erkennbar.* ***8)*** *einsi**ck**ern – Der k-Laut wird nach kurz gesprochenem Vokal in der Regel als „ck“ geschrieben. Das „ck“ ist dem Doppelkonsonanten „kk“ gleichzusetzen, den es im Deutschen aber nur bei sehr wenigen (Fremd-)Wörtern gibt (z. B. Akkord).* ***9)*** *Komma zwischen Hauptsatz und adverbialem Nebensatz, in diesem Fall einem Finalsatz, der einen Zweck oder ein Ziel beschreibt. Finalsätze können sowohl mit der Konjunktion „damit“ als auch mit der Infinitivkonstruktion „um … zu“ gebildet werden.* ***10)*** *se**tz**ten – Präteritum von „setzen“; „tz“ nach kurzem, betontem Vokal.* ***11)*** *tu**mm**elten – Doppelkonsonant nach kurz gesprochenem Vokal.* ***12)*** *verme**h**rt – von „mehr“ im Sinne von „zusätzlich“, „öfter“, „eine größere Menge“(vgl. Mehrheit, mehrfach, mehrmals, immer mehr).*

2. ***Hinweis:*** *Markiere nur vier Wörter, denn sonst wird deine Lösung nicht gewertet.*

   b) Rund ein [viertel] der Schuhe in den Regalen gefiel ihm sehr gut.

   Hinweis: *Bruchzahlwörter, die als Nomen verwendet werden, schreibt man groß, hier erkennbar an dem unbestimmten Artikel „ein“.*

   c) Am besten fand er das leuchtende [blau] eines bestimmten Paares.

   Hinweis: *Dass das Adjektiv „blau“ hier zum Nomen wird, erkennst du an dem Artikel „das“ und dem Fehlen eines dazugehörigen Nomens. (Vgl. hingegen: Die Schuhe waren leuchtend blau.)*

   f) Er leistete sich wenig [neues], aber neue Sachen waren nötig.

   Hinweis: *Mengenangaben wie „wenig“, „alles“, „viel“, „nichts“ sind Signale für ein darauffolgendes nominalisiertes Adjektiv und haben somit die* *gleiche Funktion wie ein Artikel, z. B.: Ich wünsche dir* ***alles Gute*** *zum Geburtstag. In der Zeitung stand* ***nichts Neues****. In seiner Kindheit hat er* ***viel Schlimmes*** *erlebt.*

k) Sie hatte seine Turnschuhe ein Paar Mal selbst zum Feiern getragen.

✎ ***Hinweis:*** *Wird das Wort „paar" im Sinne von „mehrfach, einige" gebraucht, schreibt man es klein. Bei einem „Paar" hingegen handelt es sich immer um zwei Menschen oder Dinge, die zusammengehören, z. B.: Sie sind ein Paar. Er kauft sich ein Paar Schuhe.*

3. *✎* ***Hinweis:*** *Schreibweise* ***und*** *Wortart müssen richtig sein, um jeweils einen Punkt zu bekommen. Halbe Punkte werden nicht vergeben.*

Denkt man an bahnbrechende Erfindungen, fällt einem beispielsweise **das (A)**[1] aus der modernen Welt nicht mehr wegzudenkende Telefon ein, **das (R)**[2] seit dem ersten Drittel des 19. Jahrhunderts bis heute weiterentwickelt wurde. **Dass (K)**[3] diese Erfindung zunächst mit einer hölzernen Ohrmuschel begann, die der Mathematik- und Physiklehrer Philipp Reis (1834–1874) mit einer Wursthaut verklebte, ist erstaunlich. **Das (D)**[4] überzeugte den physikalischen Verein, dem er seine Erfindung 1861 vorführte, allerdings nicht. Wahrscheinlich lag es daran, **dass (K)**[5] die Qualität der übertragenen Töne noch sehr schlecht war.

Nach: https://www.wasistwas.de/archiv-technik-details/die-erfindung-des-telefons.html (abgerufen am 21. 03. 2018).

✎ ***Hinweis: 1)*** *Der Artikel gehört zu dem Nomen „Telefon".* ***2)*** *Auf das Nomen „Telefon" bezieht sich auch das Relativpronomen, das den darauffolgenden Nebensatz einleitet.* ***3)*** *Die Konjunktion „dass" leitet hier einen Nebensatz ein, der dem Hauptsatz vorangestellt ist; erkennbar ist der Nebensatz daran, dass das Prädikat „begann" am Satzende steht.* ***4)*** *Demonstrativpronomen, ersetzbar mit „dies". „Das" ist hier kein Artikel, da es kein unmittelbar folgendes Nomen gibt, und kein Relativpronomen, da es sich auf kein vorausgehendes Nomen zurückbezieht.* ***5)*** *Die Konjunktion „dass" leitet hier einen Nebensatz ein, der inhaltlich von dem vorausgehenden Hauptsatz abhängig ist. Für Klarheit sorgt die Ersatzprobe: Kann man „das" mit „dies/dieses/welches/jenes" sinnvoll ersetzen? Ist das nicht der Fall, handelt es sich um eine Konjunktion.*

4. *Hinweis: Für jede richtige Zuordnung wird ein Punkt vergeben.*

Satz	Begründung
Paul sammelt altes Blechspielzeug, antike Münzen und urzeitliche Fossilien.	**D**
Er rechnet nicht mehr damit, doch er hofft auf eine Nachricht.	**A**
Die Hose, die er sich aussucht, ist kariert.	**B**
Wir fragen uns, ob sie uns ins Kino begleiten wird.	**B**
Sie fährt nicht mit dem Auto, sondern sie wählt den Bus.	**A**

Hinweis: Satz 1: *Sind die einzelnen Wörter oder Wortgruppen einer Aufzählung nicht durch „und" oder „oder" verbunden, wird ein Komma gesetzt.*
Satz 2: *Da „doch" eine nebenordnende Konjunktion ist, handelt es sich hier um zwei eigenständige Hauptsätze, die durch ein Komma getrennt werden. Dass in dieser Konstruktion kein Nebensatz enthalten ist, erkennst du daran, dass in beiden Sätzen das Prädikat an zweiter Stelle steht. Dagegen ist ein Erkennungszeichen des Nebensatzes das endständige Prädikat.*
Satz 3: *Der Relativnebensatz wird von dem Relativpronomen „die" eingeleitet. Er ist in den Hauptsatz eingebettet und wird am Anfang und am Ende durch ein Komma von ihm abgetrennt.*
Satz 4: *Auch hier handelt es sich um ein Satzgefüge, also eine Verbindung von Hauptsatz und Nebensatz. Den Nebensatz (indirekter Fragesatz) erkennt man an der Konjunktion „ob".*
Satz 5: *Wie im zweiten Satz sind auch hier zwei Hauptsätze durch ein Komma getrennt. Der zweite Hauptsatz wird durch die nebenordnende Konjunktion „sondern" eingeleitet.*

Abschlussprüfung Deutsch an Realschulen in Hessen 2020
Text 1

Teil I: Lesen

Hinweis: *In den Aufgaben 1 bis 3 ist von den vier Antwortmöglichkeiten immer nur eine Lösung richtig. Sind mehrere Möglichkeiten angekreuzt, wird kein Punkt vergeben.*

1. a) ☒ im Wald

   Hinweis: *Z. 5 f.: „Gerne wäre ich auch Förster geworden […].“*

   b) ☒ in einer Spielzeugfabrik.

   Hinweis: *Z. 16 f.: „Und ich wurde Pförtner in einer Spielzeugfabrik.“*

   c) ☒ zu langsam.

   Hinweis: *Z. 122 ff.: „Ich arbeitete zu langsam […] das muss ich hören.“*

   d) ☒ am nächsten Tag

   Hinweis: *Z. 168 f.: „[…] denn für morgen bin ich zum Personalchef geladen.“*

   e) ☒ durch einen Bewerber.

   Hinweis: *Z. 178 f.: „Er bewerbe sich um die ausgeschriebene Pförtnerstelle, sagte er.“*

2. a) ☒ andere zufriedenstellen.

   Hinweis: *Diese Formulierung bedeutet, dass man sich bemüht, alle Erwartungen zu erfüllen und ihnen damit ge**recht** zu werden.*

   b) ☒ niemanden unhöflich zu behandeln.

   Hinweis: *Die Redewendung „vor den Kopf stoßen“ veranschaulicht, dass verbale Grobheiten oder Beleidigungen genauso schmerzen können wie ein körperlicher Angriff, also ein Stoß vor bzw. gegen den Kopf.*

c) ☒ jemandem seine Meinung zu verbieten.

Hinweis: Auch diese als Redensart gebräuchliche Metapher dient zur Veranschaulichung: Mit einem verstopften oder zugestopften Mund kann man nicht reden und damit auch nicht seine Meinung äußern.

3. ☒ Nur B und D treffen zu.

***Hinweis: A:** Als Protagonisten bezeichnet man die Hauptfiguren innerhalb einer Erzählhandlung. Text 1 beschreibt fast ausschließlich die Gedanken und Beobachtungen des Pförtners aus der Ich-Perspektive, erst am Ende kommt mit dem Bewerber eine zweite Person hinzu. Deshalb ist Antwort A nicht richtig. **B:** Antwort B trifft zu, denn es wird nicht eindeutig gesagt, ob der Pförtner seine Stelle behält oder nicht. Damit kann man den Schluss der Geschichte als offenes Ende bezeichnen. **C:** Es gibt nur einen einzigen Handlungsort, nämlich die Pförtnerloge. **D:** Der Ich-Erzähler beginnt im Präteritum, als er von seinen früheren Berufsvorstellungen erzählt (Z. 3–8). Dann verwendet er unvermittelt das Präsens (Z. 9–14), kurz darauf das Perfekt (Z. 22), um sofort über das Präsens (Z. 23) erneut ins Präteritum zu wechseln (Z. 24). Dieser Zeitformenwechsel zieht sich durch den gesamten Text, deshalb ist Antwort D richtig.*

4. ***Hinweis:** Für die richtige Erklärung des Stilmittels gibt es einen Punkt. Kannst du dazu noch die Wirkung der Parenthesen im Textzusammenhang verdeutlichen, gibt es zwei weitere Punkte. Der Textverweis kann als Zitat, Umschreibung oder auch nur als Zeilenangabe erfolgen.*

Mögliche Lösung:
Erklärung des Stilmittels: Wenn ein Satz durch einen Einschub mithilfe von Gedankenstrichen, Klammern oder Kommas unterbrochen wird, bezeichnet man das als Parenthese.

Wirkung:
Da sie den Satz unterbrechen, werden die in Parenthese stehenden Äußerungen hervorgehoben und bekommen damit eine besondere Bedeutung. In Zeile 97 f. betont der Ich-Erzähler die seiner Ansicht nach wichtige Rolle seiner Position als Pförtner: Er sieht sich als Stellvertreter der Geschäftsführer. Diese Aussage wird durch die zweite Parenthese in Z. 102 gesteigert: Als Pförtner hat er eine Fürsorgepflicht gegenüber seinen Vorgesetzten, die ohne ihn wehrlos den Besuchern ausgeliefert wären.

5. *__Hinweis:__ Es genügt, die Aufgaben des Pförtners in Stichworten zu nennen, d. h. aufzuzählen. Du kannst zitieren oder mit eigenen Worten die Aufgaben formulieren. Zeilenverweise oder Textbelege sind dabei nicht notwendig.*

Mögliche Lösungen:
- Türen öffnen (Z. 26 f.)
- telefonieren (Z. 29 ff.)
- Fragen beantworten/Auskünfte geben (Z. 33 ff., Z. 57 f.)
- Besucher bei Vorgesetzten anmelden (Z. 40 ff.; Z. 174 f.)
- die Reaktion der Vorgesetzten deuten und die Besucher gegebenenfalls höflich abweisen (Z. 62–67)
- die Vorgesetzten vor unerwünschten Besuchern schützen (Z. 101 ff.)
- der Anordnung der Direktion Folge leisten, Besucher höflich zu behandeln (Z. 133 ff.)

6. *__Hinweis:__ Beim Zitieren geht es darum, passende Textstellen aufzufinden, sie richtig abzuschreiben und mit Anführungsstrichen und Zeilenangaben zu versehen. Erklären musst du die Textstellen nicht. Fehlen Zeilenangaben oder Anführungsstriche, gibt es jeweils einen halben Punkt weniger.*

Mögliche Lösungen:
- „Und jeder im Haus glaubt, er sei der Vorgesetzte des Pförtners. Der Pförtner hat keine Kollegen, er hat nur Vorgesetzte." (Z. 42 ff.)
- „Aber die in den Büros sind so empfindlich, dass sie oft schon durch eine telefonische Anfrage in schreckliche Erregung versetzt werden können […]." (Z. 48–52)
- „[…] der feinnervige und hochbezahlte Herr aus dem Büro […]" (Z. 59 f.)
- „[…] des Pförtners Aufgabe ist es, diesen Wutschrei des gestörten Herrn sofort zu übersetzen […]" (Z. 62 f.)
- „Ich prüfe die Besucher selbst und entscheide, ob sie mit Recht verlangen, […] mit einem der Direktoren oder dem Personalchef sprechen zu dürfen." (Z. 71–77)
- „[…] die leitenden Persönlichkeiten unserer Firma – sie sind ja die verletzlichsten […]" (Z. 101 f.)
- „Leider wird dies von eben diesen Herrn überhaupt nicht bemerkt. Vor allem verstehen diese Persönlichkeiten nicht, dass ich Zeit brauche, um die einzelnen Besucher […] von der Nutzlosigkeit ihrer Besuche zu überzeugen." (Z. 103–108)

7. a) *Hinweis: Beim Herausarbeiten sollen Informationen aus dem Text abgeleitet und mit eigenen Worten beschrieben werden, die darin nicht ausdrücklich formuliert sind. Im vorliegenden Fall erkennen die Leser*innen durch die Schilderungen des Pförtners dessen anmaßendes Verhalten. Der Pförtner selbst bewertet seine Kompetenzüberschreitungen natürlich ganz anders, weil er sie auf seine Weise als positiv für die Firma definiert.*
Für die zutreffende Herausarbeitung anhand einer passenden Textstelle gibt es drei, ohne Textverweis nur einen Punkt. Wird nur eine Textstelle genannt und nicht bezüglich der Aufgabenstellung interpretiert, gibt es keinen Punkt.

Mögliche Lösungen:
- Z. 70–77: Der Pförtner beschreibt, wie er mit den Besuchern umgeht. Er befragt sie und entscheidet dann, ob ihr Anliegen sie berechtigt, eingelassen zu werden. Seine Aufgabe ist es aber, die Besucher in den Abteilungen oder bei den Personen anzumelden, zu denen sie möchten. Es steht ihm nicht zu, eigenmächtig zu entscheiden, wer in die Fabrik darf und wer nicht.
- Z. 79–96: Ohne seine Vorgesetzten zu informieren, fragt der Pförtner die Besucher aus. In den meisten Fällen überzeugt er sie anschließend von der Sinnlosigkeit ihrer Sache und schickt sie weg. Dabei kann er in seiner Position gar nicht wissen, welche Bedeutung das jeweilige Anliegen für den Besucher oder die Firma hat. Er nimmt also Befugnisse für sich in Anspruch, die nur seinen Vorgesetzten zustehen.
- Z. 97–103: An dieser Textstelle wird die Selbstüberschätzung des Pförtners deutlich und die übersteigerte Bedeutung, die er seiner Funktion zuschreibt. Er sieht sich als Vertreter aller „leitenden Herrn des Hauses“ und ist der Überzeugung, dass die steigenden Umsätze der Firma unter anderem der Hartnäckigkeit zu verdanken sind, mit der er seine Vorgesetzten „vor lästigen Besuchern schütze“.

b) ***Hinweis:** „Erläutern“ heißt, dass komplizierte und manchmal nicht sofort offensichtliche Sachverhalte aus dem Text klargestellt werden sollen. Hier kommt es also auf dein Textverständnis an, weil man die Antwort auf die Frage aus dem Zusammenhang der Geschichte selbst ableiten muss. Achte darauf, dass du den Sachverhalt anhand von **zwei** Textstellen erläutern sollst. Für jede schlüssige Erläuterung mit Bezug auf eine Textstelle (Zeilenangabe, Umschreibung oder Zitat) werden zwei Punkte vergeben. Fehlt der Textverweis, gibt es nur noch einen Punkt, das bloße Nennen oder Zitieren einer Textstelle hingegen wird mit null Punkten bewertet.*

Mögliche Lösungen:

- Z. 48–69: Der Pförtner rechtfertigt sein Handeln damit, dass der von einer Besucheranmeldung möglicherweise gestörte Vorgesetzte ihn durchs Telefon anschreien und damit aus der Fassung bringen könnte. Dann wäre er nicht mehr in der Lage, den Besucher in angemessener Form abzuweisen. Um eine solche Situation gar nicht erst entstehen zu lassen, fertigt er die Besucher an der Pforte ab und meldet sie nicht an.
- Z. 79–90: Der Pförtner ist überzeugt davon, dass er sich durch seine spezielle Fragetechnik, mit der er den Anliegen der Besucher auf den Grund geht, sehr viel Hintergrundwissen über die Belange der Firma angeeignet hat. Deshalb blockt er die nach seiner Meinung überflüssigen Besucher ohne schlechtes Gewissen ab und rechtfertigt seine Entscheidungen damit, zum Wohl der Firma zu handeln.
- Z. 97–103: Der Pförtner sieht sich als Stellvertreter der Geschäftsleitung, die er vor lästigen Besuchern schützen muss. Die rasch steigenden Umsätze der Firma führt er auf sein Handeln zurück, weil er dafür sorgt, dass die leitenden Personen der Fabrik in Ruhe arbeiten können.
- Z. 120–127: Wegen der Methode des Pförtners häufen sich die Beschwerden innerhalb der Firma. Dennoch ist der Pförtner davon überzeugt, richtig zu handeln und rechtfertigt sich damit, dass die Mitarbeiterinnen und Mitarbeiter keine Ahnung von seinem Beruf hätten.
- Z. 127–133: Seiner Ansicht nach handelt er als Pförtner ausschließlich zum Wohl der Firma. Würde er die Besucher „kurz und barsch abfertigen", statt sie in lange Gespräche zu verwickeln, würde das dem Ruf der Firma schaden.

8. ✎ ***Hinweis:** Zum Operator „herausarbeiten" siehe Hinweis zu Aufgabe 7 a. Für die volle Punktzahl müssen **zwei verschiedene Situationen** schlüssig herausgearbeitet werden, für die es jeweils drei Punkte gibt. Der Textbezug kann als Zitat, Zeilenverweis oder Umschreibung erfolgen. Das bloße Nennen oder Zitieren einer Textstelle wird nicht bewertet.*

   Mögliche Lösungen:

   - Z. 1–14: Als junger Mensch hatte sich der Pförtner vorgestellt, Sparkassenräuber oder Förster zu werden. Weil er jedoch überzeugt war, dass man für diese und fast alle anderen Berufe besonders viel Mut brauche, schreckte er davor zurück. Mit ein bisschen mehr Mut und Selbstvertrauen hätte er zumindest ausprobieren können, ob ein anderer Beruf ihm gefallen hätte.

- Z. 44–69: Der Pförtner ist der Meinung, es allen recht machen zu müssen. Er möchte Konflikte mit schlecht gelaunten Vorgesetzten vermeiden und vor den Besuchern nicht die Fassung verlieren. Ihm fehlt der Mut, sich gegen die ungerechte Behandlung seiner Vorgesetzten zu wehren. Stattdessen wimmelt er lieber die Besucher an der Pforte ab und meldet sie nicht an.
- Z. 136–140: Der Pförtner traut sich nicht, sich wegen der Beschwerden der Mitarbeiter*innen bei seinen Vorgesetzten Hilfe zu holen. Die Situation hätte sich möglicherweise entspannen können, wenn er den Mut gehabt hätte, sein Handeln vor der Geschäftsleitung in einem klärenden Gespräch zu begründen.
- Z. 153–163: Auch als die Schlange der Wartenden vor der Pförtnerloge immer länger wird, kann sich der Pförtner nicht überwinden, seine Methode zu ändern. Er wird zunehmend nervös und erledigt seine Aufgaben immer schlechter. Er könnte sich ein Herz fassen und die Besucher rasch abfertigen oder durchlassen, selbst wenn er damit Konflikte mit den Vorgesetzten provoziert.
- Z. 171–184: Obwohl der Pförtner sich jahrelang darin geübt hat, jeden Besucher hinzuhalten und wegzuschicken, schafft er das ausgerechnet dann nicht, als ein Bewerber um seinen Pförtnerposten vor ihm steht. Hätte er den Mut gehabt, seine bewährte Methode anzuwenden und den Besucher wie so viele vor ihm von der Sinnlosigkeit seines Anliegens zu überzeugen, wäre der Konkurrent gegangen.

9. a) ***Hinweis:*** *Die Bedeutung des Zitats kann an einem allgemeinen Beispiel erklärt werden, es wird kein Textbezug verlangt. Drei Punkte erhältst du für eine schlüssige Erklärung, Teilpunkte werden nicht vergeben.*

Mögliche Lösung:
Wer sich für einen bestimmten Beruf entscheidet, lässt sich meist von seinen Vorlieben, Fähigkeiten und Neigungen leiten. Möchte man z. B. in einer Kindertagesstätte oder einem Krankenhaus arbeiten, dann deshalb, weil man gerne mit Menschen zu tun hat. Junge Leute, die von Technik fasziniert sind, bewerben sich hingegen um eine Ausbildung in einer Autowerkstatt oder streben einen Ingenieurberuf an. Doch egal in welchem Tätigkeitsfeld man landet, man lernt Kollegen, Vorgesetzte, Kunden oder Patienten kennen. Dazu kommen viele Erfahrungen und Erkenntnisse im Verlauf der Ausbildung und des Berufslebens. Das alles führt dazu, dass man seine Persönlichkeit, d. h. seinen Charakter, weiterentwickelt und verändert.

b) ✎ ***Hinweis:*** *Eine schlüssige Erläuterung mit Textbezug wird mit drei Punkten bewertet. Ist keine Textstelle angegeben (Zitat, Zeilenangabe, Umschreibung), erhältst du zwei Punkte. Nur eine Textstelle zu nennen reicht nicht für einen Punkt.*

Mögliche Lösung:
Früher hatte sich der Pförtner vorgestellt, einen aufregenden oder interessanten Beruf zu ergreifen, nämlich Sparkassenräuber oder Förster. Bei genauerer Überlegung kam er jedoch zu dem Schluss, dass man für diese Berufe Mut braucht. Weil ihn die Anforderungen der meisten Berufe ängstigten und er sich selbst für mutlos hält, ist er vor dieser Entscheidung zurückgeschreckt und wurde Pförtner. (Vgl. Z. 1–17)

c) ✎ ***Hinweis:*** *Ob du der Behauptung zustimmst oder sie ablehnst, bleibt dir überlassen. In beiden Fällen soll deine Meinung nachvollziehbar, aus dem Text heraus begründet sein. Gelingt dir das, gibt es drei Punkte, Teilpunkte werden nicht vergeben. Konkrete Textverweise sind bei dieser Aufgabe aber nicht notwendig.*

Mögliche Lösungen:
Zustimmung:
Der Pförtner beschreibt, wie er als Berufsanfänger den Besuchern noch ängstlich begegnete und Fragen fürchtete, die er nicht beantworten konnte. Er wollte es allen recht machen und hatte Angst vor den Launen seiner Vorgesetzten. Das passt zu seiner Selbstcharakterisierung als mutloser Mensch. Später jedoch hat er seine Mutlosigkeit überwunden: Er benimmt sich wie ein Chef und entscheidet selbstständig, wer in die Firma darf und wer nicht. Dabei verhält er sich sehr souverän und selbstbewusst.

Ablehnung:
Ich stimme dieser Behauptung nicht zu, denn am Ende stellt der Pförtner bei sich dieselbe Mutlosigkeit fest, die schon die Verwirklichung seiner Traumberufe verhindert hat. Seine Methoden als Pförtner hat er entwickelt und verfeinert, weil ihm der Mut zu Auseinandersetzungen mit seinen Vorgesetzten fehlt. Als ihm klar wird, dass er zu weit gegangen ist, hat er nicht den Mut, um seine Stelle zu kämpfen. Er bewundert das selbstbewusste Auftreten seines Konkurrenten und stellt fest, dass er selbst noch nicht einmal für den Pförtnerberuf mutig genug ist.

Teil II: Schreiben

Teil II.A: Textproduktion (Wahlaufgabe)

a) ***Hinweis:***
Aufbau/Inhalt: *Dass der Umgang des Pförtners mit Besuchern bei Vorgesetzten und Mitarbeitern für Unruhe sorgt, wird im Verlauf der Geschichte deutlich. Deine Aufgabe ist es, die Perspektive zu wechseln und die Sicht des Personalchefs einzunehmen. Vorgegeben ist, dass er bereits Beschwerden über das Verhalten des Pförtners bekommen hat und eine Entscheidung über die Zukunft des Pförtners trifft. Was geht dem Personalchef durch den Kopf, nachdem er die Beschwerden gehört hat? Ist er wütend oder verständnisvoll? Welche Meinung hat er von dem Pförtner? Was unternimmt er, um die Situation zu verändern? In der* ***Einleitung*** *deiner Erzählung sollten die Ausgangssituation, der Ort und die beteiligten Personen genannt werden. Im* ***Hauptteil*** *schilderst du, wie der Personalchef auf die Methoden des Pförtners reagiert und was er tut, um die Situation zu verändern. Im* ***Schlussteil*** *könnte es z. B. eine überraschende Wendung geben oder der Personalchef eine abschließende Bewertung der Vorgänge vornehmen. Wichtig ist, dass man in deinem Text den Wechsel der Perspektive erkennen kann, d. h., du musst das Geschehen durchgängig aus der Sicht des Personalchefs darstellen. Du kannst in der Ich-Form schreiben oder eine personale Perspektive wählen. Dabei sollst du die Handlung nicht verändern, auch wenn der Personalchef das Geschehen anders wahrnimmt als der Pförtner. Die Handlung aus dem Originaltext muss als „roter Faden" in deinem Text erkennbar sein. Gib deinen Personen Namen und denke dir auch eine passende Überschrift für deine Geschichte aus.*
Sprachangemessenheit: *Achte bei Satzbau und Wortwahl darauf, Wiederholungen zu vermeiden, damit dein Text nicht zu eintönig wird. Mit der Verwendung passender Verben, Adjektive und anschaulicher Vergleiche kannst du den Charakter des Personalchefs lebendig werden lassen. Die Darstellung der Handlung erfolgt vorzugsweise im Präteritum und bei Vorzeitigkeit im Plusquamperfekt. In wörtlicher Rede können auch andere Zeitformen stehen, z. B. das Präsens („Was* ***bildet*** *der sich eigentlich ein?", dachte er.). Für erlebte Rede verwendest du wiederum das Präteritum oder Plusquamperfekt (z. B.: Warum hatte er sich bloß darauf eingelassen?). Sie steht ohne redebegleitende Verben des Sagens, Denkens oder Fühlens sowie ohne Anführungszeichen.*
Sprachrichtigkeit: *Fehler in der Rechtschreibung und Grammatik werden als ganze Fehler, die in der Zeichensetzung als halbe Fehler gewertet. Mit dem Fehlerindex wird berechnet, wie viele von maximal vier Punkten du für die Sprachrichtigkeit bekommst.*

König Pförtner

Überschrift

Einleitung

Hauptpersonen und ihre Situation

Als Attila Zorn, Personalchef der Spielzeugfabrik „Bauklötzchen und Schaukelpferd GmbH & Co. KG“, am Dienstagmorgen verspätet in seiner Limousine durch das Haupttor der Firma rauschte und die Menschenmenge vor der Pförtnerloge sah, wusste er, dass es so nicht weitergehen konnte und er dringend eine Lösung für das Problem „Pförtner Franz König“ finden musste.

Hauptteil

Beschwerden über den Pförtner

Bereits seit Monaten häuften sich die Beschwerden von Kunden und aus der Belegschaft, dass der Pförtner seine Kompetenzen überschreite und die Besucher nach Belieben abweisen oder durchlassen würde. Doch bislang hatte er die Klagen nicht so richtig ernst genommen. Insgeheim hatte er sogar gehofft, die Lage würde sich von allein wieder beruhigen. Ehrlich gesagt, er hatte überhaupt keine Lust darauf, der Sache auf den Grund zu gehen und sich mit so einer unwichtigen Personalie wie einem Pförtner zu beschäftigen. Schließlich hatte er Wichtigeres zu tun: Die Firma durfte bei der Modernisierung in der Spielzeugbranche den Anschluss nicht verlieren. Bauklötzchen und Schaukelpferd waren von gestern, er brauchte Spieleentwickler, Softwarespezialisten, Grafikdesigner und Werbefachleute, um die Produktpalette der Fabrik mit PC-Spielen und Konsolen auf den neuesten Stand zu bringen. Doch es war wie verhext: Obwohl er die besten Arbeitsbedingungen in die Stellenangebote schreiben ließ und eine Reihe interessanter Bewerbungen auf seinem Schreibtisch gelandet waren, war noch nicht ein einziger der jungen Computerfachleute in der Personalabteilung aufgetaucht.

aktuelle Sorgen des Personalchefs

Im Büro angekommen, orderte Zorn schlecht gelaunt die Personalakte „Franz König“ und einen großen Milchkaffee bei seiner Sekretärin. Missmutig schlug er die Akte auf und je länger er darin blätterte, umso mehr fiel seine Laune in den Keller: Ein ganzer Stapel mit Aktennotizen anderer Abteilungsleiter wegen nicht vorgelassener Kunden und Auftraggeber, Briefkopien von Stellenbewerbern, die sich über die unnachgiebige Behandlung durch den Pförtner beschwerten, ein Schreiben der Kantinenpächterin, die mit der Kündigung des Bewirtungsvertrages drohte, weil der Pförtner bereits

Der Personalchef informiert sich über die Situation und erkennt, welche Folgen das Handeln des Pförtners hat.

mehrmals dem Lieferanten von Tiefkühlkost die Einfahrt auf das Firmengelände verweigert hatte. Die Beschwerden ähnelten einander: Offenbar mussten sich die Firmenbesucher nach langem Warten intensiven Befragungen aussetzen, um dann mitgeteilt zu bekommen, dass ihr Anliegen für die Firma bedeutungslos sei.

Der Personalchef fühlte, dass in ihm die Wut hochkochte wie Wasser in einem Dampfkessel. „Was bildet sich dieser Idiot eigentlich ein?", schäumte er. Entschlossen griff er zum Telefon. „Bestellen Sie den König aus der Pförtnerloge zu einem Gesprächstermin – und zwar so schnell wie möglich!", bellte er seiner Sekretärin ins Ohr. „Und dann schreiben Sie die Stelle aus, Arbeitsbeginn vorgestern."

Der Personalchef veranlasst die Ausschreibung der Pförtnerstelle.

Dann sank er zurück in seinen Schreibtischsessel und vertiefte sich frustriert in die Akte des Pförtners. Kopfschüttelnd las er die Briefe und Notizen. „Ich fasse es nicht," murmelte er vor sich hin, „wie lange ist der Kerl eigentlich schon bei uns?" Einige Jahre bereits, stellte Attila Zorn bei der Durchsicht der Papiere fest. In der Probezeit hatte er sich ohne Beanstandungen bewährt, anfangs gab es keine Probleme, sogar ein Zwischenzeugnis, das dem Pförtner besondere Sorgfalt und Gründlichkeit bescheinigte, war in der Akte abgeheftet. Dann aber wurden immer mehr Beschwerden protokolliert.

Er vertieft sich in die Details der Personalakte.

Ein Anruf der Sekretärin unterbrach seine Lektüre: Sie habe die Stelle ausgeschrieben und auch das Arbeitsamt informiert; den Pförtner Franz König habe sie erst am kommenden Freitag in seinem Terminkalender unterbringen können, teilte sie ihm mit ängstlich zitternder Stimme mit. Dem Personalchef war die Gefühlslage seiner Sekretärin egal; er schüttete sich den inzwischen kalt gewordenen Kaffee in die Kehle, legte die Akte „König, Pförtner" zur Seite und merkte, wie sein Blutdruck sich langsam wieder normalisierte. Schon zwei Tage später informierte ihn die Sekretärin, dass sich ein Kandidat beworben und sie ihn heute zu einem Vorstellungsgespräch eingeladen habe.

Die Sekretärin schreibt die Stelle aus und informiert das Arbeitsamt.

Der Mann, den sie zu ihm hineinschickte, gefiel Attila Zorn sofort: Ein grober Kerl, der wenige Worte machte. Das Vorstellungsgespräch war kurz. „Geben Sie Ihre Papiere in der

Der Personalchef stellt den erstbesten Bewerber zum nächstmöglichen Termin ein.

Personalabteilung ab. Sie fangen am Montag an", befahl er dem überraschten und erfreuten Bewerber.

Als Franz König am nächsten Tag mit eingezogenen Schultern vor seinem Schreibtisch stand, konnte Attila Zorn sich nur mühsam beherrschen. „Sie trauen sich was, mein Lieber", schimpfte er auf den geduckten Kopf vor ihm ein. „So viel Frechheit, über Monate hinweg die wichtigsten Kunden und Geschäftspartner einfach wegzuschicken, muss man erst einmal haben. Aber ich brauche keinen mutigen Pförtner, sondern einen, der seine Arbeit macht. Sie können sich bei meiner Sekretärin Ihre Papiere holen. Ich will Sie hier nicht mehr sehen." Franz König drehte sich wortlos um und ging.

Der Pförtner wird zur Rede gestellt und fristlos entlassen.

Attila Zorn war sehr zufrieden damit, wie gut und schnell er das Problem gelöst hatte. Nur das glückliche Lächeln, das bei seinen letzten Worten über das Gesicht des ehemaligen Pförtners gehuscht war, verwirrte ihn. War er nicht gerade von ihm, dem Personalchef, nach allen Regeln der Kunst zusammengefaltet worden? Und hatte der Kerl nicht kapiert, dass er wegen Unfähigkeit gefeuert wurde? Nun ja, ihm konnte das egal sein. Hauptsache, die Firma war ihn los.

Schluss
Der Personalchef ist zufrieden mit sich und seiner Lösung.

b) ***Hinweis:*** *Bei einer* ***Beschreibung*** *soll den Leserinnen und Lesern eine genaue Vorstellung von etwas vermittelt werden. Das kann eine Person, ein Bild, ein Vorgang oder wie in dieser Aufgabe ein Arbeitsplatz mit seiner Ausstattung sein. Die Tätigkeiten an diesem Arbeitsplatz sollen hier ebenfalls Teil der Beschreibung sein.*
Aufbau/Inhalt: *In der* ***Einleitung*** *solltest du den Betrieb kurz vorstellen und die Berufsbezeichnung nennen, die mit dem Arbeitsplatz verbunden ist. In den* ***Hauptteil*** *gehören die Möblierung bzw. Ausstattung des Arbeitsplatzes mit allen Arbeitsmitteln und -geräten sowie die Tätigkeiten, die damit ausgeübt werden. Auch die Umgebungsbedingungen des Arbeitsplatzes werden beschrieben, z. B. Temperatur, Lautstärke, Gerüche, Platzangebot. Im* ***Schlussteil*** *kannst du noch einmal zusammenfassend deinen Gesamteindruck von dem Arbeitsplatz formulieren.*
Sprachangemessenheit: *Die Zeitform einer Beschreibung ist das Präsens. Nur in Ausnahmefällen (z. B. wenn du schreibst, wann du dein Praktikum gemacht hast) kannst du eine Vergangenheitsform verwenden. Grundsätzlich gilt, dass man bei Beschreibungen vom Allgemeinen zum Besonderen vorgeht, sachlich formuliert*

und keine persönlichen Bewertungen einfließen lässt. Benutze die richtigen Fachausdrücke, z. B. bei den Arbeitsgeräten und ihrer Verwendung. Bewertet werden auch ein abwechslungsreicher Satzbau und die Vermeidung von Wiederholungen. ***Sprachrichtigkeit:*** *Insgesamt vier Punkte werden für die richtige Anwendung von Rechtschreibung, Grammatik und Zeichensetzung vergeben, die sich mithilfe des Fehlerindex errechnen lassen: Rechtschreib- und Grammatikfehler zählen als ganze Fehler, Fehler bei der Zeichensetzung als halbe Fehler.*

Mein Praktikumsplatz in der Werkstatt des Autohauses Stoof

Überschrift

Einleitung

Vorstellung des Betriebs / Nennung des Praktikumsberufs

Im neunten Schuljahr habe ich ein zweiwöchiges Praktikum in der Werkstatt des Autohauses Stoof an der Friedberger Straße in Nidderau im Berufsfeld „Kfz-Mechatroniker" absolviert. Das Unternehmen wurde 1927 gegründet und wird von Werner und Anita Stoof geleitet. Der Betrieb ist in verschiedene Bereiche eingeteilt, in denen insgesamt 37 Beschäftigte arbeiten. In der Abteilung Service / Verkauf arbeiten 19 Mitarbeiterinnen und Mitarbeiter. Der zweitgrößte Bereich ist die Werkstatt mit 16 Mitarbeiterinnen und Mitarbeitern einschließlich Meister und Auszubildenden. Zusätzlich gibt es noch zwei Fahrer, die z. B. Autos bei Kunden vor Ort abholen oder zurückbringen. Das Autohaus Stoof verkauft Neu- und Gebrauchtfahrzeuge hauptsächlich der Marken VW und Audi und bietet alle Dienstleistungen rund ums Auto an. Dazu gehören z. B. Reparatur und Wartung, Inspektion, TÜV und ASU sowie die Lagerhaltung von Rädern, die Kunden deponieren wollen. Mein Praktikum beschränkte sich auf den Werkstattbereich.

Hauptteil

Beschreibung des Arbeitsplatzes:

- Organisation und Ausstattung der Werkstatt-Teams

Die Mitarbeiter in der Werkstatt sind in drei Teams organisiert, die parallel arbeiten. Jedem Team ist ein Arbeitsbereich zugewiesen, der aus einer Hebebühne, einer Werkbank und einem Computer zum Auslesen der Fahrzeuge besteht. Zudem verfügt jedes Team über einen metallenen Werkzeugwagen mit der gleichen Ausstattung, für die es verantwortlich ist.

- Arbeitsmittel / Werkzeug

In den Wagen befinden sich ein Steckschlüsselsatz, ein Maul- und Ringschlüsselsatz, ein Drehmoment-Schlüssel, eine Schlauchschellen-Zange, ein pneumatischer Schlagschrauber und eine Ölfilterkralle. Das sind die Arbeitsmittel, die für die häufigsten Reparatur- und Wartungsarbeiten benötigt werden. Die Bestandteile der Schlüsselsätze sind in den zugehörigen Werkzeugfächern nach Größe sortiert, damit man beim Arbeiten ohne langes Suchen gleich das richtige Werkzeug in der Hand hat.

- Spezialwerkzeug

Neben der Tür zu den Umkleideräumen steht ein abschließbarer Schrank mit hochwertigem Spezialwerkzeug, das sich alle Mitarbeiter*innen nach Bedarf teilen, weil es nicht so häufig gebraucht wird. Dazu gehören zum Beispiel die Injektionsprüfgeräte für die Einspritzanlagen oder der Kupplungswerkzeugsatz. In einem weiteren Schrank befinden sich Besen, Kehrgarnituren, Eimer, Putz- und Lösungsmittel sowie Lappen für die Reinigungsarbeiten am Ende jedes Werkstatttages. Neben dem Schrank stehen zwei Nass-Trocken-Sauger für den Industriebedarf.

- Reinigungsgeräte

- persönliche Schutzkleidung

Der Arbeitsplatz in der Autowerkstatt erfordert verschiedene Schutzmaßnahmen. Dafür verfügt jeder über ein namentlich gekennzeichnetes Klappfach, in dem das persönliche Arbeitsschutzzubehör untergebracht ist: Gummihandschuhe, eine Schutzbrille und ein Gehörschutz. Öl, Brems- oder Lenkflüssigkeiten können die Haut angreifen, weshalb Gummihandschuhe benutzt werden sollen. Wer sich in der Nähe von Arbeiten mit der Flex aufhält, muss sich mit einer Schutzbrille vor Funkenflug schützen. Beim Reifenwechsel ist ein Gehörschutz zu tragen, weil der Reifen mit einem lauten Knall auf die Felge springt. Zudem sind Sicherheitsschuhe vorgeschrieben, weil immer die Gefahr von herabfallenden Gegenständen besteht.

Beschreibung einer typischen Tätigkeit: Räderwechsel

Eine der häufigsten Tätigkeiten im Praktikum ist der Räderwechsel. Dazu werden zuerst Sitz- und Fußmattenschoner in das Fahrzeug gelegt. Anschließend wird der Wagen auf die Hebebühne gefahren, unterbaut und angehoben. Damit man die Räder beim nächsten Wechsel nicht vertauscht, werden sie mit einer Spezialkreide markiert: VL für vorne links usw. Dann werden die Winterräder mit dem Schlagschrauber demontiert und die Sommerräder montiert, ebenfalls mit dem Schlagschrauber. Dabei ist es wichtig, die Schrauben immer über Kreuz festzuziehen, damit sich die Felge nicht verzieht. Jetzt wird der Luftdruck der neuen Räder kontrolliert und eventuell korrigiert. Zum Schluss werden die Radmuttern mit einem Drehmomentschlüssel ein zweites Mal festgezogen. Weitere Tätigkeiten im Praktikum sind hauptsächlich Serviceleistungen wie z. B. Ölwechsel, Wechsel der Bremsflüssigkeit, der Bremsbeläge oder der Zündkerzen.

Neben der klassischen Mechanik spielen in der modernen Kfz-Technik auch elektronische und mechatronische Systeme eine zunehmend wichtige Rolle. So verfügen z. B. immer mehr Autos über computergestützte Informations- und Kontrollsysteme wie das Antiblockiersystem (ABS), das Elektronische Stabilitätsprogramm (ESP) oder die Antriebsschlupfregelung (ASR). Der mit der aktuellen Klimadiskussion einhergehende Ausbau der Elektromobilität fordert ebenfalls tiefergehende Kenntnisse und Fertigkeiten in den Bereichen Kfz-Elektrik und -Elektronik, denn die verschiedenen Komponenten dieser Systeme sind mithilfe von Hard- und Software miteinander verknüpft.

Beschreibung der Anforderungen im Bereich Kfz-Elektrik / -Elektronik

Der Arbeitsplatz in der Autowerkstatt verbindet somit handwerkliche und computergestützte Tätigkeiten und bietet ein abwechslungsreiches Betätigungsfeld für technikinteressierte und zukunftsorientierte junge Menschen.

Schluss/Fazit

Abschlussprüfung Deutsch an Realschulen in Hessen 2020
Text 2

Teil I: Lesen

Hinweis: *In den Aufgaben 1 und 2 gibt es für jede richtige Lösung einen Punkt. Sind mehrere Möglichkeiten angekreuzt, wird kein Punkt vergeben.*

1. a) ☒ 12 Stunden an je 6 Tagen.
   Hinweis: *vgl. Z. 50 f.*

   b) ☒ 1 Stunde, 33 Minuten.
   Hinweis: *vgl. Z. 59 ff.*

   c) ☒ das Statistische Bundesamt.
   Hinweis: *vgl. Z. 70*

   d) ☒ vergleichbar viel Freizeit wie Menschen in Skandinavien.
   Hinweis: *vgl. Z. 76 f.*

   e) ☒ Sport.
   Hinweis: *vgl. Z. 80 f.*

2. a) ☒ abzielen.
   Hinweis: *Gleichbedeutend mit z. B. „anstreben", „bezwecken".*

   b) ☒ sich ausgeliefert fühlen.
   Hinweis: *Bedeutet „einer Situation hilflos gegenüberstehen".*

   c) ☒ über die wir frei verfügen können, statt zu arbeiten.
   Hinweis: *„Muße" oder „Müßigkeit" beschreibt freie Zeit, in der man in Ruhe seinen Interessen nachgehen kann oder die man mit Nichtstun verbringt.*

   d) ☒ hoch entwickelt und komplex.
   Hinweis: *Metapher aus dem Handwerksbereich: Mit der Feile werden abschließende Feinarbeiten an einem Werkstück vorgenommen.*

3. *__Hinweis:__ Bei den Aufgaben 3 a und 3 b gibt es für jede richtige Antwort zwei Punkte.*

a) ☒ Nur A und D stehen im Text.

__Hinweis: A:__ Vgl. Z. 18–21. __D:__ Vgl. Z. 3–8. __B:__ Antwort B stimmt nicht, da es die genannten Kommunikationsmittel zu Goethes Zeiten noch nicht gab. __C:__ Auch Antwort C ist falsch, denn wie in den Zeilen 24 f. deutlich wird, brauchte Goethes Brief mehr als eine Woche nach Berlin.

b) ☒ Nur C und D stehen im Text.

__Hinweis: C:__ Vgl. Z. 148 ff. __D:__ Vgl. Z. 152 ff. __A:__ Aus den Zeilen 148 ff. geht hervor, dass der amerikanische Neurologe George M. Beard ein Buch geschrieben hat, die in den Zeilen 154 f. genannten „europäischen Zeitschriften" stehen jedoch nicht mit seiner Person in Zusammenhang. Deshalb trifft Antwort A nicht zu. __B:__ Auch Antwort B steht so nicht im Text, denn der Neurologe warnt zwar vor den möglichen Folgen von Verspätungen, nicht jedoch davor, dass Verspätungen sich häufen würden.

4. *__Hinweis:__ Die Reportagenmerkmale werden stichwortartig genannt und mit passenden Textstellen belegt. Geeignet sind sowohl Zitate, reine Zeilenangaben, Verweise auf Textausschnitte als auch Umschreibungen, die eine Aussage mit eigenen Worten wiedergeben. Für jedes richtig genannte und belegte Textmerkmal gibt es einen Punkt; für das bloße Nennen eines Reportagenmerkmals ohne Textbeleg wird kein Punkt vergeben.*

Mögliche Lösungen:

- Vorspann, Teaser, Lead (Z. 1–8)
  *__Hinweis:__ Der Vorspann ist eine Art „Appetithäppchen", das die Leser*innen auf den Artikel neugierig machen und sie in das Thema einführen soll.*
- Szenischer oder erlebnisorientierter Einstieg (Z. 9–21)
  __Hinweis:__ Der Autor beschreibt eine scheinbar moderne Situation und löst erst am Ende des Abschnitts auf, dass es sich um ein fast 200 Jahre altes Zitat handelt. Damit macht er auf lebendige Weise deutlich, dass sein Thema die Menschen schon vor der Erfindung der modernen Kommunikationsmittel beschäftigte.
- Zahlen, Daten, Fakten, Erläuterungen als Hintergrundwissen (z. B. Z. 30 ff., Z. 58–68, Z. 124–141, Z. 161–176)
  __Hinweis:__ Durch wissenschaftlich belegte Daten und Fakten werden die anschaulich beschriebenen Rechercheergebnisse des Autors ergänzt.

- Expertenmeinung (z. B. Z. 148–154, Z. 163–170)

  Hinweis: *Der Autor sichert seine Äußerungen ab, indem er Forschungsergebnisse und Meinungen von Fachleuten zum Thema anführt.*
- Autorenkommentar (z. B. Z. 9–16, Z. 28 ff., Z. 92 f.)

  Hinweis: *Die abwertenden Begriffe „leidet", „Dauerbombardement", „entsetzliche Telefone", „aberwitzige Clips […] gucken musste" (Z. 9–16) machen deutlich, welche Haltung der Autor gegenüber den beschriebenen Kommunikationsmitteln hat. Auch durch die Verwendung der Personalpronomen „wir, uns" (Z. 29, Z. 45, Z. 93–100) gibt er seine persönliche Einstellung preis.*
- Wechsel der Zeitform (überwiegend Präsens, Formen der Vergangenheit Z. 148 ff.)

  Hinweis: *Für die Beschreibung direkter Beobachtungen und Phänomene sowie die Präsentation von Fakten wird in der Reportage das Präsens verwendet. Berichtsteile in den grammatischen Formen der Vergangenheit unterbrechen diese Darstellungsweise. Ein solcher Wechsel der Zeitformen ist ein typisches Merkmal der Textsorte „Reportage".*
- Zitate (z. B. Z. 1–8, Z. 20 f., Z. 191–194)

  Hinweis: *Die wörtlich übernommenen Zitate verleihen dem Text Lebendigkeit und machen deutlich, dass das Thema die Menschen in früheren Zeiten genauso beschäftigt hat wie heute.*
- Fazit (Z. 185–194)

  Hinweis: *Im Schlussabschnitt wird das Ergebnis zusammengefasst und zusätzlich mit einem weiteren Goethezitat abgerundet, das die unterschiedlichen Wahrnehmungen von Zeit in einer Metapher beschreibt.*

5. ***Hinweis:*** *Bei einer Erklärung wird von dir erwartet, eigenes Wissen mit einzubeziehen. Wird die Bedeutung des Zitats im Textzusammenhang plausibel erklärt, gibt es drei Punkte. Teilpunkte werden nicht vergeben. Zitate oder Zeilenangaben sind nicht notwendig.*

   Mögliche Lösung:
   Wer in einen Wasserstrudel gerät, wird davon mitgerissen. Zu seinem Zentrum hin dreht sich der Strudel immer schneller und zieht einen in den Abgrund. Die Metapher „im Zeitstrudel fortgerissen" veranschaulicht, dass die Menschen im Alltagsrhythmus wie in einer Spirale gefangen sind und sich von der Zeit zunehmend beherrschen lassen. Hat die Zeit Macht über sie gewonnen, können sie sich aus eigener Kraft nicht mehr befreien, können also nicht mehr selbst über ihr

Leben bestimmen. „Junge Leute“ können dabei besonders gefährdet sein, weil sie oft noch keine klare Vorstellung davon haben, welche Richtung sie ihrem Leben geben sollen.

6. *Hinweis: Vier Punkte gibt es für eine zutreffende Erklärung der Metapher* ***und*** *ihrer Wirkung. Wird nur die Bedeutung des Stilmittels erklärt, gibt es zwei Punkte, für die Erklärung seiner Wirkung im Textzusammenhang zwei weitere.*

   Mögliche Lösung:
   Bedeutung: Das Wort „Dauerbombardement“ ist ein Begriff aus dem Militär und bezeichnet einen andauernden Angriff mit schweren Geschossen bei einer bewaffneten Auseinandersetzung oder Belagerung. Im Textzusammenhang ist damit gemeint, dass man ständig Textnachrichten erhält und ihnen nicht ausweichen kann.

   Wirkung: Da der Begriff mit Waffen in Verbindung steht, wird den Textnachrichten eine gefährliche und bedrohliche Wirkung zugeschrieben. Wie Geschosse prasseln sie auf den Empfänger ein. Die Steigerung zu „Dauerbombardement“ macht deutlich, dass es sich um kein vorübergehendes Phänomen handelt. E-Mails, Tweets und SMS werden damit als dauerhafte Bedrohung bezeichnet.

7. *Hinweis: Drei Punkte gibt es für eine zutreffende Erklärung des genannten Stilmittels* ***und*** *seiner Wirkung. Wird nur das Stilmittel erklärt, gibt es einen Punkt. Für eine Erklärung der Wirkung im Textzusammenhang werden zwei Punkte vergeben. Als Textbezug gelten Zitate, Zeilenangaben oder Umschreibungen.*

   Mögliche Lösung:
   Erklärung des Stilmittels: Wenn Gegenständen, Tieren oder Pflanzen menschliche Fähigkeiten oder Eigenschaften zugeschrieben werden, bezeichnet man das als Personifikation. Die Personifikation im Text beschreibt Uhren als eine Art lebendig gewordenes Folterwerkzeug, das die Menschen „hetzt“, d. h. zu immer höherer Geschwindigkeit bei allen ihren Handlungen zwingt.

   Wirkung: Das Stilmittel verdeutlicht in diesem Zusammenhang, dass man nicht mehr selbst über sein Leben bestimmen kann, sondern es sich von der Uhr und damit von der Zeit diktieren lässt. Die Folgen dieses Zwangs können erhöhter Stress wie z. B. die Angst vor Verspätungen (vgl. Z. 150–154) sein oder sogar Krankheiten wie die Neurasthenie (vgl. Z. 156 f.).

8. *Hinweis: Beim Erläutern sollst du mit eigenen Formulierungen einen Sachverhalt verständlich und umfassend darstellen. Wenn dir das mithilfe von zwei passenden Textstellen gelingt, gibt es jeweils zwei Punkte. Fehlt der Textbezug, gibt es pro Erläuterung einen Punkt. Eine Textstelle ohne Erläuterung wird nicht bewertet. Zitate, Zeilenangaben oder Umschreibungen werden als Textbezüge gleichermaßen akzeptiert.*

   Mögliche Lösungen:
   - Z. 34–38: Menschen fühlen sich bei der Arbeit gehetzt, weil sie unter Druck stehen. Das bedeutet, sie haben das Gefühl, übermäßig vielen Erwartungen gerecht werden zu müssen.
   - Z. 148–154: Pünktlichkeit und das Einhalten von Terminen spielen sowohl in privaten als auch in beruflichen Lebensbereichen eine wichtige Rolle. Ob man wegen Unpünktlichkeit seinen Flieger verpasst oder wichtige Dokumente nicht fristgerecht abgibt, die Folgen können in jedem Fall schwerwiegend sein. Die Angst vor diesen Folgen führt zu Stress und Hektik.
   - Z. 154–160: Immer mehr Kontakte beschränken sich auf kurze Begegnungen und oberflächliche Gespräche oder kurze Grüße, die man im Vorbeigehen einander zuruft, weil man schon auf dem Weg zum nächsten Termin ist. Ein solches Leben „auf der Überholspur" kann zum Gefühl dauerhafter Erschöpfung führen und sogar krank machen.
   - Z. 161–176: Wenn man mehrere Arbeiten fast gleichzeitig beginnt und sich parallel mit ihnen beschäftigt, kann man sich nicht mehr richtig auf die einzelnen Aufgaben konzentrieren und gerät unter zeitlichen Druck.
   - Z. 177–184: Wer das Gefühl hat, zu wenig Zeit für eine Aufgabe zu haben, gerät erst recht unter Stress. Denn die Angst, nicht rechtzeitig fertig zu werden, blockiert die Aufmerksamkeit. Das wiederum führt zu Fehlern und damit zu noch mehr Hektik.

9. a) *Hinweis: Beim Zitieren sollst du die passenden Begriffe im Text auffinden, abschreiben, mit Anführungsstrichen versehen und die richtige Zeilenangabe hinzufügen. Fehlen Anführungsstriche oder Zeilenangaben, wird jeweils ein halber Punkt abgezogen.*

   Mögliche Lösungen:
   - „Zeitsinn" (Z. 41)
   - „Zeitnot" (Z. 45, Z. 177 f.)
   - „Zeitknappheit (Z. 94)
   - „erlebte Zeit" (Z. 103)

- „Zeitwahrnehmung“ (Z. 105, Z. 143)
- „Zeitempfinden“ (Z. 112)
- „Zeitgefühl“ (Z. 113)
- „Zeiterfahrungen“ (Z. 138 f.)
- „Zeitdruck“ (Z. 171)

b) ***Hinweis:*** *Etwas zu erklären erfordert von dir, verschiedene Textinformationen zu verknüpfen und mit eigenen Worten verständlich zu machen. Beachte, dass du auch darauf eingehen sollst, wie die „zweite Zeit“ entsteht, d. h., du musst erklären, welche Bereiche und Abläufe im menschlichen Körper das Zeitgefühl steuern. Vier Punkte gibt es für eine zutreffende Erklärung anhand eines Textbeispiels, ohne Textbezug nur noch zwei. Ebenso gibt es zwei Punkte, wenn ein Beispiel genannt, der Begriff jedoch nicht erklärt wird. Die Textbezüge können als Zitate, Zeilenverweise oder Umschreibungen erfolgen.*

Mögliche Lösung:
Erklärung: Aus den in Aufgabe 9 a zitierten Begriffen wird bereits deutlich, dass die „zweite Zeit“ abgekoppelt ist von der objektiven Zeitmessung mit Tagen, Stunden, Minuten etc. Anders als für Licht oder Geräusche haben wir für die Zeit kein Sinnesorgan (vgl. Z. 120 f.). Die „zweite Zeit“ beruht ausschließlich auf individuellen Wahrnehmungen und entsteht im Zusammenwirken fast aller Hirnfunktionen (vgl. Z. 105–110). Dabei werden Zeitabschnitte verschiedener Länge von unterschiedlichen Gehirnregionen verarbeitet.

Beispiel: Bei längeren Zeitabschnitten beispielsweise wirkt sich die Menge an zu verarbeitenden Sinneseindrücken auf die Zeitwahrnehmung aus. Erhalten wir nur wenige Informationen, z. B. während des Wartens beim Arzt, scheint sich die Zeit zu dehnen. Muss unser Gehirn viele Informationen verarbeiten, z. B. während angeregter Gespräche, scheint die Zeit sehr schnell zu verstreichen. (Vgl. Z. 130–136)

Alternative Beispiele:
- Unsere Bewegungssteuerung im Gehirn ist für die Wahrnehmung kurzer Zeitabschnitte wie Sekunden oder Minuten zuständig. Deshalb steigert z. B. eine beschleunigte Atmung das Spieltempo von Musikern, während bewegungsarme Tätigkeiten wie Tai-Chi die Zeit scheinbar zum Stillstand bringen können. (Vgl. Z. 124–130)
- Längere Zeitabschnitte wie Monate oder Jahre bemisst unser Gehirn mithilfe von Erinnerungen an Erlebnisse und Eindrücke, die unterschiedlich lange zurückliegen. (Vgl. Z. 136 ff.)

10. *Hinweis: Ob du der Behauptung zustimmst oder sie ablehnst, kannst du entscheiden. Es kommt in jedem Fall auf eine schlüssige Begründung an. Dafür gibt es drei Punkte. Teilpunkte werden nicht vergeben. Textverweise sind bei dieser Aufgabe nicht notwendig.*

Mögliche Lösungen:

Zustimmung:

In den letzten Jahrzehnten ist die Lebenserwartung stark angestiegen, gleichzeitig hat sich der Anteil an Freizeit und Urlaubstagen erhöht. Zusätzlich gibt es in vielen Berufen und Beschäftigungsbereichen inzwischen Angebote zu flexiblen Arbeitszeitmodellen, sodass insgesamt mehr selbstbestimmte Zeit zur Verfügung steht. Wer also seine Zeit bewusst gestalten will, hat dazu auch die Möglichkeit. Deshalb stimme ich dem Zitat zu.

Ablehnung:

Das Zitat sagt aus, dass man über seine Zeit selbst bestimmen kann. Das trifft meiner Meinung nach jedoch nicht zu. Für nahezu alle Lebensbereiche gibt es vorgegebene Zeiten, nach denen man sich richten muss. Arbeits- und Schulzeiten, Öffnungszeiten von Läden, Ärzten und Behörden, Fahrpläne und Trainingsprogramme zwingen die meisten Menschen in ein Zeitkorsett, das ihnen nur einen kleinen Teil des Tages zur freien Verfügung übrig lässt.

Teil II: Schreiben

II.A: Textproduktion (Wahlaufgabe)

a) ✎ ***Hinweis:***

Aufbau/Inhalt: *Mit einer passenden* ***Überschrift*** *machst du die Leser*innen neugierig. Anschließend schreibst du in wenigen Sätzen die* ***Einleitung****, in der das Wichtigste zusammengefasst wird (****Was*** *ist* ***wann*** *und* ***wo*** *passiert?* ***Wer*** *ist beteiligt?). Im* ***Hauptteil*** *werden die Details des Geschehens ausgeführt (****Wie/ Warum/Womit*** *ist es passiert? Welche Folgen ergeben sich aus dem Ereignis? Welche Quellen wurden zum Schreiben des Berichts verwendet?). Der* ***Schlussteil*** *kann z. B. in Form eines Zitats ein Fazit formulieren oder einen Ausblick auf weitere geplante Projekte geben.*

Sprachangemessenheit: *Der Bericht soll in sachlicher und neutraler Form ein Geschehnis aus der Vergangenheit darstellen. Es gibt keine Kommentare, Wertungen oder Meinungsäußerungen der Verfasserin oder des Verfassers. Da das Ereignis bereits passiert ist, schreibt man in den Zeitformen der Vergangenheit. Verwende überwiegend das Präteritum und bei Vorzeitigkeit das Plusquamperfekt (Ausnahme: Zitate von Beteiligten). Achte auf logische Satzverknüpfungen sowie einen abwechslungsreichen Satzbau und vermeide Wiederholungen.*

Sprachrichtigkeit: *Für Rechtschreibung, Grammatik und Zeichensetzung werden insgesamt vier Punkte vergeben, die sich mithilfe des Fehlerindex errechnen lassen: Rechtschreib- und Grammatikfehler zählen als ganze Fehler, Fehler bei der Zeichensetzung als halbe Fehler.*

Tanzen statt abhängen

Überschrift

„Komm, wir machen was" – so hieß das Motto, unter dem einen Schultag lang fast dreihundert Schüler*innen der Jahrgangsstufen 5 bis 7 der Bertha-von-Suttner-Schule in Nidderau verschiedene Freizeitbeschäftigungen erprobten, die sie bis dahin höchstens aus dem Fernsehen oder vom Hörensagen kannten. Vorbereitet und durchgeführt hatten den Projekttag die Jugendlichen der Abschlussklassen, unterstützt wurden sie von ihren Lehrkräften, den Mitgliedern des Schülerrates und der Schulsozialarbeit. Wer von den Beteiligten bei der Veranstaltung den meisten Spaß hatte, konnte noch nicht ermittelt werden.

Einleitung

kurze Zusammenfassung der wichtigsten Informationen (Wer? Was? Wann? Wo?)

Am Anfang stand eine Umfrage. Im PoWi-Unterricht des zehnten Schuljahres sollten Interviewtechniken geübt werden. Die Schüler*innen der 10 B1 hatten die Idee, in den unteren Klassen Umfragen zum Freizeitverhalten durchzuführen und die Ergebnisse in einem Balkendiagramm darzustellen. Die Auswertung der anonymen Fragebögen ergab ein Bild, das die Zehntklässler*innen ins Grübeln brachte: Mehr als zwei Drittel der befragten 11- bis 13-Jährigen hatten bei der Frage nach der häufigsten Freizeitbeschäftigung nur zwei Antworten angekreuzt: „Zocken" und „mit Freunden abhängen". Weit abgeschlagen landeten Hobbys und Sport auf den hinteren Rängen. Gleichzeitig gab es aber auch viele Kreuze bei der Wunschliste. Ein Großteil der Befragten gab auf die entsprechende Frage an, sich mehr Zeit für „richtige" Hobbys zu wünschen, bei denen man sich kreativ oder sportlich betätigen könnte. Zu viele Hausaufgaben, fehlendes Geld oder keine entsprechenden Angebote vor Ort waren die meistgenannten Gründe für die einseitige Freizeitgestaltung der Kinder. Angesichts dieses Ergebnisses stellte Marius Proth, Klassenlehrer der 10 B1, die Hausaufgabe, sich Lösungsmöglichkeiten zu überlegen. Die davon angefachte Diskussion mündete schnell in der Idee eines Projekttages zum Thema „Sinnvolle Freizeitgestaltung".

Hauptteil
Erläuterung der Hintergründe (Warum?)

Um die Planung auf festere Füße zu stellen, wurden die anderen sechs Abschlussklassen aller drei Schulzweige ins Boot geholt, außerdem der Schülerrat sowie Astrid Hoff-Meinhardt und Dirk Fröbe von der Schulsozialarbeit. Zunächst wurden innerhalb der Klassen Ideenlisten erstellt, welche Möglichkeiten zur Freizeitgestaltung aus den Abschlussklassen direkt angeboten werden könnten. Das Ergebnis dieses ersten Brainstormings erstaunte alle und offenbarte eine Vielfalt bislang verborgener Talente und Fähigkeiten. Unter den Vorschlägen fanden sich Kurse zum Nähen, Kochen, Modellbauen, Hobbyimkern, Rettungsschwimmen, Bouldern, Jonglieren, Zaubern, Breakdancing und Formationstanzen sowie eine Fahrrad-, eine Chemie-, eine Schauspiel- und eine Musicalwerkstatt. Feuerwehrleute, Bandmitglieder und sogar ein Büttenredner boten an, Einblick in ihre Arbeit zu geben, dazu

Planung des Projekttages (Wie?)

- Erstellen von Ideenlisten

kamen zahlreiche Vorschläge zu Ball- und Kraftsportarten sowie zu den unterschiedlichsten Bereichen des Musizierens. Anhand dieser Ideenlisten erarbeitete ein Ausschuss mit Vertreterinnen und Vertretern aus allen Klassen ein erstes Projektangebot, das verschiedene Vorgaben erfüllen musste. Das Angebot sollte möglichst vielfältig sein, die Gruppenstärke sollte zehn Personen nicht überschreiten, und schließlich sollten alle dreihundert Kinder der Klassen 5 bis 7 die Möglichkeit erhalten, in einen oder zwei verschiedene Bereiche ihrer Wahl hineinzuschnuppern. Des Weiteren musste besonders bei den Sportangeboten die Aufsicht sichergestellt werden. An dieser Stelle kam die Schulleitung ins Spiel. Auf deren Vorschlag hin wurde der Projekttag in die Projektwoche integriert, um die Gesamtorganisation zu erleichtern. Unter der Federführung der Schulsozialarbeit entstand schließlich ein Angebot von rund dreißig Workshops, in das sich die Schüler*innen mit Erst- und Zweitwunsch einwählen konnten.

- Berücksichtigung der Vorgaben
- Ergebnis: Angebot von insgesamt dreißig Workshops

Jeder Workshop wurde von zwei bis vier Jugendlichen aus den Abschlussklassen geleitet. In der Küche, im Chemieclub und bei allen Sportangeboten war eine Lehrkraft zur Aufsicht dabei. Manche Projekte gingen über den ganzen Tag, bei anderen wechselte die Besetzung nach der Mittagspause. Ob nun gekocht, genäht, geklettert, experimentiert, gebastelt oder Fußball gespielt wurde, am Ende des Projekttages gab es nur glückliche Gesichter. „Ich hätte nie gedacht, dass ich das überhaupt kann", erklärte der 12-jährige Finn aus der 6 e und präsentierte stolz seine Tablet-Tasche, die er aus einer ausrangierten Jeans genäht hatte. Und Samira aus der 7 c, die den ganzen Tag mit acht anderen Mädchen eine Tanzformation einstudiert hatte, ist wild entschlossen, sich so schnell wie möglich bei den „Schlüsselrapplern", dem örtlichen Karnevalsverein, anzumelden, damit sie schon bei der nächsten Kampagne auf der Bühne stehen kann.

Durchführung
- Schüler*innen der Abgangsklassen leiten die jüngeren an
- Welche Folgen?

Auch die Zehntklässler*innen waren zufrieden mit ihrem Projekt, wobei Moussa aus der 10 B1 ein eher selbstkritisches Fazit zog: „Viele von uns machen ja auch nichts wirklich Sinnvolles in der Freizeit", so der 17-Jährige, „die Umfrage bei den Kids hat uns die Augen geöffnet."

Schluss
positives Fazit

b) *Hinweis:* *Die Vor- und Nachteile der Nutzung einer Smartwatch sollen jeweils mit Begründung und Beispiel gegeneinander abgewogen werden (Erörterung). Als hilfreich hat sich bei solchen Aufgabenstellungen erwiesen, vorab in einer Tabelle die Pro- und Kontra-Argumente zu notieren und nach Wichtigkeit zu ordnen.*

Aufbau/Inhalt: *In der* **Einleitung** *kannst du zunächst kurz erklären, was eine Smartwatch ist, und dann mit einer aus der Aufgabenstellung abgeleiteten Frage zum Hauptteil übergehen. Im* **Hauptteil** *stellst du die Argumente für und gegen den Kauf und die Nutzung einer Smartwatch einander gegenüber. In der Regel werden für jede Seite drei Argumente erwartet. Jedes deiner Argumente verdeutlichst du mit einem anschaulichen Beispiel. Überlege dir, wie du deine Argumente anordnen möchtest. Es ist sinnvoll, die Pro- und Kontra-Argumente nach dem Sanduhrprinzip abzuhandeln, d. h., du nennst zuerst die Argumente, die deine Meinung nicht stützen, und ordnest sie nach absteigender Wichtigkeit; bei den Argumenten, die deine Meinung stützen, nennst du das wichtigste am Schluss.*

Im **Schlussteil** *legst du deine eigene Meinung dar und wiederholst z. B. das stärkste Argument aus dem Hauptteil.*

Sprachangemessenheit: *Entscheidend ist die richtige Verwendung der Zeitform (Präsens) sowie ein sachlicher und neutraler Stil. Achte auf treffende Formulierungen, eine passende Wortwahl sowie einen abwechslungsreichen Satzbau. Vermeide Wiederholungen, insbesondere auch an Satzanfängen.*

Sprachrichtigkeit: *Rechtschreibung, Grammatik und Zeichensetzung werden mit maximal vier Punkten bewertet, die sich aus dem Fehlerindex ergeben (Rechtschreibung und Grammatik ganze Fehler, Zeichensetzung halbe Fehler).*

Ideenliste/Stoffsammlung:

Nachteile	Vorteile
geringer Mehrnutzen im Vergleich zum Handy	handlicher als das Mobiltelefon
Missbrauchsmöglichkeiten: in Schule/Uni; Umgehung von Fotografier- und Filmverboten	Messung von Gesundheitsdaten
lückenhafter Datenschutz	Informationen von Fitness-Apps abrufen

Kleiner Alleskönner oder Spion am Handgelenk?

Überschrift

Sie sieht aus wie eine Armbanduhr, kann aber viel mehr als nur die Zeit messen und das Datum anzeigen. „Smartwatch" heißt der kleine Minicomputer, der über die Fähigkeiten eines Mobiltelefons verfügt, sich aber unauffällig ums Handgelenk schmiegt. Weil sich immer mehr Menschen für den Kauf und die Nutzung einer Smartwatch entscheiden, stellt sich die Frage nach den Vor- und Nachteilen dieses neuartigen Alltagsbegleiters.

Einleitung
Was ist eine Smartwatch?

Überleitung zum Thema: Aufgreifen der Fragestellung

Was am meisten für die Nutzung der kleinen Alleskönner spricht, ist ihre Größe. Während die Handys mit ihren überdimensionierten Displays kaum noch Platz in einer Hosentasche finden, muss man sich bei der Smartwatch keine Sorgen mehr machen, dass man sie wie das Handy irgendwo verlegt oder in den Tiefen eines Rucksackes versenkt. Denn die Watch, wasserfest und stoßgesichert, wird ums Handgelenk geschnallt und begleitet einen den ganzen Tag. Und da die Smartwatch mit dem Handy verbunden ist, verpasst man keine eingehenden Nachrichten oder Terminerinnerungen mehr, auch wenn man das Handy wieder mal irgendwo verkramt hat.

Hauptteil

Vorteile der Smartwatch:

- erstes Argument: Größe / Handlichkeit gegenüber dem Mobiltelefon

Aus der engen Verbindung mit dem Körper folgt auch das zweite Argument: Lädt man die entsprechenden Apps auf die Smartwatch, kann sie wichtige Körperfunktionen messen und bei Bedarf Alarm schlagen. Winzige Module überwachen Puls und Blutdruck, Blutzuckerspiegel und Körperfettanteil. Damit ist der Smartwatch-Träger immer auf dem Laufenden über seinen Gesundheitszustand und kann die Arztbesuche auf das Nötigste beschränken.

- zweites Argument: Messung von Gesundheitsdaten

Wer gesund ist und mit diesen Werten keine Probleme hat, sieht dennoch in einer weiteren Anwendungsmöglichkeit ein Argument, das für die Smartwatch spricht: Fitness-Apps informieren über Laufstrecke, Kalorienverbrauch und Schlafqualität. Weil sie auch maßgeschneiderte Workouts zusammenstellen und an versäumte Trainingseinheiten erinnern, ersetzen sie sogar den teuren Personalcoach.

- drittes Argument: die Smartwatch als Fitnesstracker

Natürlich gibt es auch Einwände gegen die Nutzung der Smartwatch.

Überleitung zu den Gegenargumenten

Ein Argument, das gegen die Smartwatch spricht, ist der vergleichsweise geringe Mehrnutzen gegenüber dem herkömmlichen Mobiltelefon. Die Fitness- und Gesundheits-Apps funktionieren auch auf dem Handy, gleichzeitig ist das Telefonieren und Versenden von Nachrichten mithilfe der Smartwatch aufgrund des winzigen Displays äußerst unkomfortabel. Und da man für die meisten Funktionen das Handy als Basisgerät ohnehin braucht, ist die Smartwatch eigentlich ein teures und überflüssiges Gadget.

Nachteile der Smartwatch:

- erstes Argument: geringer Mehrnutzen gegenüber dem Handy

Was auch gegen die Nutzung einer Smartwatch spricht, sind die Missbrauchs- und Betrugsmöglichkeiten, z. B. bei Klausuren und Prüfungen. Da der kleine Computer optisch kaum von einer herkömmlichen Armbanduhr zu unterscheiden ist und sich zudem unauffällig unter dem Pulloverärmel verbergen lässt, kann man ihn leicht in die schriftliche Prüfung einschmuggeln. Zwar ist das Mitführen elektronischer Hilfsmittel verboten und man geht ein hohes Risiko ein, doch weil man immer wieder von aufgeflogenen Spick- und Schummelversuchen liest, bedeutet das im Umkehrschluss, dass Prüflinge auf die Hilfe aus dem Internet setzen. Ein weiteres Beispiel für Betrugsmöglichkeiten mit der Smartwatch ist die Umgehung des Verbots von Foto-, Film- oder Audioaufnahmen. Die Smartwatch ist so klein, dass es kaum auffällt, wenn man die entsprechenden Funktionen aktiviert und unerlaubt Fotos, Filme oder Audiomitschnitte erstellt.

- zweites Argument: Missbrauchs- / Betrugsmöglichkeiten: in Schule und Uni

Umgehen von Fotografier- und Filmverboten

Das wichtigste Argument gegen die Verwendung einer Smartwatch ist der lückenhafte Datenschutz. Das Gerät sitzt hauteng am Körper, zeichnet Bewegungsprofile auf, sammelt körperbezogene Daten und hört Gespräche mit. Es gibt keine Garantie, dass sensible Informationen z. B. über den eigenen Gesundheitszustand nicht doch an der falschen Stelle wie z. B. Krankenkassen und Versicherungen landen. Gerade der Einsatz von Bluetooth macht die kleinen Geräte angreifbar. Verbunden mit der großzügigen Freigabe von Standort- und persönlichen Gesundheitsdaten wird der Smartwatch-Träger zum gläsernen Menschen.

- drittes Argument: mangelhafter Datenschutz

Ich bin der Auffassung, dass die Nachteile bei der Frage „Pro und Kontra Smartwatch-Nutzung" überwiegen. Wenn schon das Handy ein gieriger und zunehmend schwer zu kontrollierender Datensammler ist, gibt man mit dem Tragen einer Smartwatch noch mehr von sich preis. Wem der Gedanke unangenehm ist, dass Behörden, Institutionen oder auch Versandhäuser allzu viel über die eigene Privatsphäre wissen, der sollte auf das Tragen einer Smartwatch lieber verzichten.

Schluss

Fazit / eigene Meinung

Bekräftigung des wichtigsten Arguments

II.B: Sprachliche Richtigkeit

1. *Hinweis: Du darfst nicht mehr als zwölf Fehler markieren, denn nur die ersten zwölf werden mit jeweils einem halben Punkt gewertet. Für fehlerhafte Korrekturen gibt es keinen Punkt.*

Unter „Geocaching" versteht man eine moderne Art der ~~Schnitzeljagt~~ **Schnitzeljagd**[1]. „Geo" steht für die Erde und „Cache" für ein geheimes Lager. Bei dieser ~~elecktronischen~~ **elektronischen**[2] Schatzsuche versteckt jemand eine wasserdichte Box**, (fehlendes Komma)**[3] worin sich ein ~~sogenantes~~ **sogenanntes**[4] Logbuch und Dinge befinden, die als Schatz dienen. Derjenige, der die Box versteckt, notiert später im Internet, wo sie mithilfe von ~~Kordinaten~~ **Koordinaten**[5] zu finden ist. Um die Stelle ausfindig zu machen, kann man GPS-Geräte, Smartphones oder sehr genaue ~~Landtkarten~~ **Landkarten**[6] nutzen. Wer den Schatz ~~endeckt~~ **entdeckt**[7] hat, öffnet die Box, trägt sich mit einem Fantasienamen in das Logbuch ein und darf das, was sich darin befindet, austauschen. ~~Anschliesend~~ **Anschließend**[8] wird die Box an dem Ort belassen**, (fehlendes Komma)**[9] damit auch andere Personen weiterhin danach suchen können. Im Internet notiert man dann, dass man den Schatz gefunden hat. So weiß auch der Mensch, der den Schatz versteckt hat**, (fehlendes Komma)**[10] was sich am Versteck tut. Geocaching gibt es bereits über fünfzehn Jahre lang. Die Idee hatte ein Mann namens Dave Ulmer aus den USA. Er vergrub einen schwarzen Plastikeimer mit CDs, Videokassetten, Geldscheinen, einem Buch, einer Steinschleuder und einer Dose mit ~~Bonen~~ **Bohnen**[11]. Danach schrieb er im Internet, wo die Sachen zu finden sind. Eine Regel lautet, ~~das~~ **dass**[12] man für alles, was man aus der Box entnimmt, wieder etwas hineinlegen muss.

Nach: http://www.nachrichtenfuerkinder.de/wissen/technik/article/geocaching-die-moderne-schnitzeljagd (abgerufen am 14.05.2019).

Hinweis:* 1)** *Schnitzeljag**d** – Als Nomen wird „die Jagd" in allen ihren Verbindungen mit „d" geschrieben, das Verb „jagen" hingegen bekommt in seinen verschiedenen Zeit- und Personalformen ein „t" (z. B. Er jag**t**, sie jag**t**en).* **2)** *ele**k**tronisch – In Fremdwörtern schreibt man auch nach einem kurzen Vokal kein „ck".* **3)** *Komma zwischen Haupt- und Relativnebensatz; das Relativpronomen versteckt sich in diesem Fall in „worin", das durch „in welcher" ersetzt werden* *könnte.* ***4) *sogena**nn**tes – abgeleitet von „nennen"; Doppelkonsonant nach kurzem Vokal.* ***5)*** ***Koo**rdinaten – Fremdwort, zusammengesetzt aus der Vorsilbe „Ko" (= mit/miteinander) und „Ordinaten" (= Lagepunkte).* ***6)*** *Lan**d**karten – durch Wortverlängerung wird die Schreibweise deutlich: Land – Län**d**er.* ***7)*** ***ent**deckt – Zusammensetzung aus der Vorsilbe „ent-" und dem Verb „decken"; gleichbedeutend mit „finden".* ***8)*** *Anschlie**ß**end – scharfes „ß" nach lang gesprochenem Doppelvokal „ie".* ***9)*** *Komma zwischen Hauptsatz und adverbialem Nebensatz, in diesem Fall einem Finalsatz, der eine Absicht, einen Zweck oder ein Ziel angibt.* ***10)*** *Es muss am Anfang und am Schluss des eingeschobenen Relativnebensatzes ein Komma stehen.* ***11)*** *Bo**h**nen – das „h" ist ein Dehnungszeichen und macht deutlich, dass es sich bei dem „o" um einen lang gesprochenen Vokal handelt.* ***12)*** *Die Konjunktion „da**ss**" leitet hier die Nebensatzfolge ein; man erkennt sie auch daran, dass man sie weder durch „dies/dieses", „jenes" noch durch „welches" ersetzen kann.*

2. ***Hinweis:*** *Markierst du mehr als vier Wörter, wird deine Lösung nicht gewertet.*

   c) Am Morgen vor dem [starten] musste jemand das Aufpumpen der Reifen übernehmen.

   Hinweis: *Durch den Artikel „dem" wird das Verb „starten" zum Nomen, vergleichbar mit „das Aufpumpen" im selben Satz.*

   d) Letztes Jahr beschwerte sich Christian: „[ich] habe keine Lust zu pumpen!"

   Hinweis: *Alle Satzanfänge, auch wenn es sich wie hier um eine wörtliche Rede handelt, beginnen mit einem Großbuchstaben.*

   f) Daher kümmerte er sich um ein [Paar] Salate, leckere Würstchen und frisches Brot.

   Hinweis: *Das Wort „paar" wird immer dann kleingeschrieben, wenn es wie hier die Bedeutung von „mehrere" oder „einige" hat. Als „Paar" bezeichnet man zwei Menschen oder Dinge, die zusammengehören (Romeo und Julia waren ein Paar. Sie leistet sich ein Paar neue Sneaker.)*

   k) Am Abend machten wir uns als [erstes] hungrig über das Essen her.

   Hinweis: *„Erstes" ist in diesem Satz ein Nomen, weil kein weiteres Nomen folgt, auf das sich das Zahlwort direkt bezieht (vgl.: Zum ersten Mal …).*

3. *✎ **Hinweis:** Für jede richtig bestimmte Wortart **einschließlich** der richtigen Schreibweise gibt es jeweils einen Punkt. Halbe Punkte werden nicht vergeben.*

Das Alpenmurmeltier, **das (R)**[1] mit den Eichhörnchen verwandt ist und im Gebirge lebt, ist eine von weltweit fünfzehn Murmeltierarten. Es ist bekannt, **dass (K)**[2] sich eine Sippe mit bis zu zwanzig Tieren einen unterirdischen Bau teilt. Für **das (A)**[3] Leben im Untergrund und den Tunnelbau sind sie perfekt ausgestattet. Sie bauen sich ihre Tunnel selbst. **Das (D)**[4] gelingt ihnen, indem sie mit ihren Nagezähnen die Erde auflockern und sich mit ihren Grabpfoten vorwärtsbewegen. Im Verlauf des Winterschlafs, **das (D)**[5] konnte man beobachten, verliert der Nager fast ein Drittel seines Gewichtes.

Nach: https://www.geo.de/geolino/tierlexikon/2097-rtkl-tierlexikon-alpenmurmeltier (abgerufen am 14. 05. 2019)

*✎ **Hinweis: 1)** Das Relativpronomen leitet den Nebensatz ein und bezieht sich auf das vor dem Komma stehende Nomen „Alpenmurmeltier". **2)** Die Konjunktion „dass" leitet hier einen als Inhaltssatz fungierenden Nebensatz ein, ohne den der einleitende Hauptsatz wenig aussagekräftig wäre. **3)** Der bestimmte Artikel „das" steht als Begleiter für das Nomen „Leben". **4)** Demonstrativpronomen, ersetzbar mit „dies". Da es weder ein unmittelbar folgendes noch ein vorausgehendes Nomen gibt, kann „das" hier kein Artikel und auch kein Relativpronomen sein. **5)** Auch in diesem Fall handelt es sich um ein Demonstrativpronomen, da der eingeschobene Satz ein Hauptsatz ist, der sich auf die im ersten Hauptsatz beschriebene Beobachtung bezieht und nicht auf ein einzelnes Nomen.*

4. *✎ **Hinweis:** Für jeden richtig umgeformten Haupt- oder Nebensatz wird ein Punkt vergeben. Achte darauf, dass die vorgegebene Zeitform bei der Umwandlung beibehalten wird. Fehlen Satzglieder oder ist die Zeitform falsch, gibt es für den jeweiligen Satz keinen Punkt. Im zweiten Satz sind zwei Verbformen mit unterschiedlichen grammatischen Zeiten umzuwandeln. Für Fehler in der Rechtschreibung und Zeichensetzung wird dir ein halber Punkt pro Satz abgezogen.*

Aktiv	**Passiv**
Zunächst stellt man die Zutaten für den Zitronenkuchen bereit.	**Die Zutaten für den Zitronenkuchen werden zunächst bereitgestellt.**

Nachdem man die Zutaten abgewogen hat, verrührt man sie zu einem Teig.	**Nachdem die Zutaten abgewogen worden sind, werden sie zu einem Teig verrührt.**
Nun füllt man den Teig in eine Kastenform.	Nun wird der Teig in eine Kastenform gefüllt.
Man backt den Kuchen bei 180 Grad für 25 Minuten.	Der Kuchen wird bei 180 Grad für 25 Minuten gebacken.

Hinweis: *Meistens wird in Back- und Kochrezepten in der Aktivform statt einer handelnden Person das allgemeine „man“ als Subjekt verwendet. Bei der Umformung in die Passivform tritt das Akkusativobjekt an die Stelle des Subjektes: „Die Zutaten für den Zitronenkuchen“, „die Zutaten, „sie“. Infolgedessen verschwindet das „man“ und es gibt überhaupt keine handelnde Person bzw. keinen „Täter“ mehr. Das Verb erscheint dann im Partizip II („bereitgestellt“, „abgewogen“, „verrührt“), zusätzlich wird das Hilfsverb „werden“ je nach benötigter Zeitform in der konjugierten Form verwendet, in diesem Fall „werden“ und „worden sind“.*
Bei der Umwandlung von der Passiv- in die Aktivform hingegen muss man ein Subjekt/einen „Täter“ („man“) hinzufügen, da das Subjekt des Passivsatzes zum Akkusativobjekt im Aktivsatz wird („den Teig“, „den Kuchen“).

Abschlussprüfung Deutsch an Realschulen in Hessen 2021
Text 1

Teil I: Lesen

Hinweis: Von den vier Antwortmöglichkeiten in den Aufgaben 1 bis 3 ist immer nur eine Lösung richtig. Sind mehrere Möglichkeiten angekreuzt, wird kein Punkt vergeben.

1. a) ☒ Lacher.

   Hinweis: *Z. 9 f., 23: „Ich bin Lacher."*

   b) ☒ ausgesprochen gefragt.

   Hinweis: *Z. 13–15: „[…] ich lebe gut, denn mein Lachen ist […] gefragt."*

   c) ☒ beschwerlich.

   Hinweis: *Z. 60–62: „Ich aber schleiche dann erschöpft zur Garderobe […], glücklich darüber, dass ich endlich Feierabend habe."*

   d) ☒ niemals.

   Hinweis: *Z. 78 f.: „[…] denn ich lache nach Feierabend nie."*

   e) ☒ ernster

   Hinweis: *Z. 79: „Ich bin ein todernster Mensch […]."*

2. a) ☒ sehr selbstsicher ist.

   Hinweis: *Dass das Wort „sicher" hier „selbstsicher" bedeutet, erkennt man daran, dass es im Gegensatz zu „verlegen" verwendet wird. Der Lacher wird bei der Frage nach seinem Beruf rot und stammelt, d. h., er ist in dieser Situation unsicher im Sinne von nicht selbstsicher. Dieses Verhalten scheint eher untypisch für ihn zu sein, denn er gilt eigentlich als ein (selbst)sicherer Mensch.*

   b) ☒ andere Menschen zum Mitlachen bringt.

   Hinweis: *Wie eine ansteckende Krankheit überträgt sich die Heiterkeit des Lachers auf die Menschen in seiner Umgebung. Sie können sich nicht dagegen wehren, mitzulachen.*

c) ☒ seine Situation bedauert.

Hinweis: „Geschick" ist eine veraltete Bezeichnung für „Schicksal". Der Lacher leidet unter seinem Beruf.

d) ☒ zurückhaltend zu sein scheint.

Hinweis: „Verschlossen" bezieht sich darauf, dass der Lacher in seinem Privatleben wenig redet und nie lacht, seinen Mund also meist geschlossen hält und damit insgesamt wie „unter Verschluss" erscheint.

3. a) ☒ Nur B und D stehen im Text.

*Hinweis: **Aussage A** trifft nicht zu, denn der Lacher „liebt die Wahrheit" (vgl. Z. 22). **Aussage B** trifft zu, denn in den Zeilen 25 bis 35 und 38 bis 45 beschreibt der Lacher ausführlich, welche Lachvariationen er beherrscht. **Aussage C** stimmt nicht, wie in Zeile 90 f. klar wird: Auch seine Frau hat das Lachen verlernt. Für **Aussage D** findet sich in den Zeilen 102 bis 104 ein Hinweis: Der Lacher ist immer „ein ernster Junge gewesen".*

b) ☒ Nur C und D stehen im Text.

*Hinweis: Der Lacher und seine Frau „führen eine stille, eine friedliche Ehe" (Z. 90). Aus dieser Textstelle ergibt sich, dass **Aussage A** falsch ist. Für **Aussage B** findet sich kein Hinweis im Text. Die Frau des Lachers lacht nur deshalb nicht, weil sie „das Lachen verlernt hat" (Z. 91). **Aussage C** trifft zu, denn in Zeile 91 f. heißt es: „Hin und wieder ertappe ich sie bei einem Lächeln […]." Auch **Aussage D** stimmt, denn in den Zeilen 82 bis 85 wird deutlich, dass die Frau des Lachers die Situation akzeptiert hat und sich inzwischen ebenso verhält wie ihr Mann.*

4. *Hinweis: Für jedes zutreffende und belegte Merkmal wird ein Punkt vergeben. Als Belege gelten Zitate, Zeilenangaben oder Umschreibungen. Auch Verweise auf Textausschnitte oder Teile der Erzählhandlung werden als Belege akzeptiert. Für das Nennen oder Aufzählen von Merkmalen ohne Beleg gibt es keine Punkte.*

Mögliche Lösungen:

- Z. 1–3: Offener Anfang ohne Einleitung; es fehlen z. B. Hinweise auf Ort oder Zeit der Handlung.
- Z. 105 f.: Offener Schluss: Die Handlung hört abrupt auf; der Schlusssatz erzeugt Betroffenheit bei den Leser*innen und regt dazu an, über das erzählte Geschehen und die Situation des Lachers nachzudenken.

- Es gibt keine ausführliche Handlung. Der Lacher beschreibt seinen Beruf und seine Einstellung dazu.
- Es gibt nur wenige handelnde Personen, nämlich den Lacher und seine Frau.
- Die Personen haben keine Namen, es werden nur ihr Beruf („Ich bin Lacher.“, Z. 9 f.) oder ihre Beziehung zueinander genannt („meine Frau“, Z. 82 f., 91).
- Keine konkreten Handlungsorte: Es werden die Spielstätten/Bühnen erwähnt, auf denen der Lacher auftritt, sowie sein Zuhause (vgl. Z. 52, 62 f.).
- Thema der Geschichte ist ein Konflikt, der viele Menschen betrifft: Der Lacher ist unglücklich mit seinem Beruf, weil er nicht zu seiner Persönlichkeit passt.
- Es gibt nur einen Handlungsstrang, der auf den Höhepunkt am Ende zuführt: Der Lacher kann viele Spielarten von Gelächter so glaubwürdig imitieren, dass seine Umgebung davon angesteckt wird. Sein eigenes Lachen kennt er jedoch nicht, vielleicht hat er gar keins.

5. ***Hinweis:** Einen Punkt gibt es, wenn du richtig erklärst, was eine Parenthese ist. Kannst du dazu noch die Wirkung des Stilmittels im Textzusammenhang verdeutlichen, gibt es zwei weitere Punkte. Der Textverweis kann als Zitat, Umschreibung oder auch nur als Zeilenangabe erfolgen.*

   Mögliche Lösungen:
   Erklärung des Stilmittels: Als Parenthese bezeichnet man die Unterbrechung eines Satzes durch einen Einschub, erkennbar an Gedankenstrichen, Klammern oder Kommas.

   Wirkung des Stilmittels im Text:
   Mit dem Einschub unterbricht der Erzähler seinen Gedankenfluss, weil ihm offenbar in diesem Moment einfällt, dass seine Mitmenschen mit ihrer Einschätzung möglicherweise richtig liegen: Er ist sich zwar nicht ganz sicher, aber vielleicht ist er wirklich ein Pessimist.

6. ***Hinweis:** Bei dieser Aufgabe sollst du etwas erläutern, d. h., du sollst bestimmte Zusammenhänge der Erzählung mit eigenständigen Formulierungen und passenden Textbelegen deutlich machen und damit zeigen, dass du den Text verstanden hast. Für jede schlüssige Erläuterung mit Bezug auf eine Textstelle (Zeilengabe, Umschreibung oder Zitat) und die dazu passende Erläuterung werden jeweils zwei Punkte vergeben. Fehlt der Textverweis, gibt es nur noch einen Punkt, das bloße Nennen oder Zitieren einer Textstelle hingegen wird mit null Punkten bewertet.*

Mögliche Lösungen:

- Der erste Widerspruch im Charakter des Erzählers zeigt sich bereits am Anfang des Textes: Der Lacher bezeichnet sich als einen „sichere[n] Mensche[n]“ (Z. 3), schämt sich aber, wenn man ihn nach seinem Beruf fragt (vgl. Z. 1 f.).
- In Bezug auf seinen Beruf hat der Lacher lange Zeit gelogen und sich als Schauspieler ausgegeben (vgl. Z. 17–22), er behauptet aber, die Wahrheit zu lieben (vgl. Z. 22).
- Der Erzähler ist seit seiner Kindheit ein ernster und verschlossener Mensch (vgl. Z. 79, 102–106); dass er mit Lachen sein Geld verdient, passt nicht zu diesem Wesenszug und ist deshalb ein Widerspruch.
- Der Erzähler kennt zahllose Lachvarianten, kann sie imitieren und steckt seine Mitmenschen damit an (vgl. Z. 25–35, 38–45, 48). Nur sein eigenes Lachen ist ihm unbekannt (vgl. Z. 105 f.).

7. a) ***Hinweis:*** *Beim Erklären soll deutlich werden, was mit einer bestimmten Textaussage gemeint ist. Das Besondere an diesem Zitat ist, dass es zwei Aspekte einander gegenüberstellt, die auch beide erklärt werden müssen. Für die volle Punktzahl ist es also wichtig, dass das Gegensätzliche der beiden Aussagen in deiner Erklärung deutlich wird. Gehst du nur auf einen Teil des Zitats ein, gibt es zwei Punkte.*

   Mögliche Lösungen:

   - Während Clowns und Komiker ihre Bühnenshows mit der Absicht präsentieren, Freude und Heiterkeit beim Publikum auszulösen, ist die Reaktion des Lachers nur gespielt. Er sieht seine Aufgabe nicht darin, mit seiner Darstellung die Menschen zu belustigen, sondern lacht „auf Bestellung“, um die Darsteller auf der Bühne, deren Witze bisweilen nicht überzeugen können, im richtigen Moment zu unterstützen.
   - Die vielen Arten zu lachen, die der Erzähler inzwischen beherrscht, sind das Handwerkszeug seines Berufs. Er ist stolz darauf, zu jeder Situation das passende Lachen liefern zu können. Damit will er nicht unterhalten, sondern einen Menschen spielen, der sich über etwas amüsiert.

   b) ***Hinweis:*** *Wie bei Aufgabe 7. a enthält auch dieses Zitat zwei Aussagen, deren Bedeutung in deiner Erläuterung schlüssig formuliert werden soll. Dafür gibt es insgesamt vier Punkte. Wird nur ein Aspekt erläutert, werden zwei Punkte vergeben. Fehlt der Textverweis, gibt es noch einen Punkt, das bloße Nennen oder Zitieren einer Textstelle hingegen wird mit null Punkten bewertet.*

Mögliche Lösungen:

- Der Lacher kann das typische Gelächter unterschiedlicher Altersgruppen, Gesellschaftsklassen, Nationalitäten, Berufe und Gemütszustände perfekt imitieren (vgl. Z. 25–35, 38–45). Er ist so gut in diesem Beruf, dass er sowohl für Schallplattenaufnahmen und Hörspiele gebucht wird (vgl. Z. 36–38) als auch für Bühnenshows, in denen er fast jeden Abend das Publikum zum Mitlachen animieren muss (vgl. Z. 51–54). Diese Tätigkeit ist so anstrengend, dass er im privaten Leben das Lachen vermeidet (vgl. Z. 78 f.), um seine Gesichtsmuskeln zu entspannen (vgl. Z. 85–88). Deshalb weiß er nicht, wie sein eigenes Lachen klingt.
- Der Lacher war kein fröhliches Kind (vgl. Z. 102–104), ist ein „todernster Mensch" (Z. 79) und geht mit „unbewegter Miene" (Z. 99) durch sein Leben. Er macht sich sogar häufig Gedanken darüber, ob er wohl je gelacht hat (vgl. Z. 101 f.), denn die vielfältigen Lachvarianten, die er in seinem Berufsleben einsetzt, sind nur angelernt und spiegeln nicht seine eigene Freude oder Heiterkeit wider. Deshalb kennt er sein eigenes Lachen nicht.

8. ***Hinweis:** Für die volle Punktzahl muss anhand von zwei verschiedenen Textstellen der Zusammenhang zwischen dem Beruf des Lachers und dem geschichtlichen Hintergrund schlüssig herausgearbeitet werden. Wird nur ein Textbeleg zur schlüssigen Herausarbeitung herangezogen, werden zwei Punkte vergeben. Fehlt der Textbezug, gibt es noch einen Punkt. Der Textbezug kann als Zitat, Zeilenverweis oder Umschreibung erfolgen. Für das bloße Nennen oder Zitieren einer Textstelle gibt es keinen Punkt.*

   Mögliche Lösungen:
   (Zwei der im Folgenden aufgezählten Aspekte müssen für die volle Punktzahl so oder ähnlich genannt werden.)

   - Weil der Lacher neben seinen vielen verschiedenen Lachvarianten auch das ansteckende Lachen beherrscht (vgl. Z. 47 f.), sind seine Dienste besonders bei minderklassigen Komikern gefragt (vgl. Z. 49–54), denen er auf diese Weise zum Erfolg verhelfen kann. Das Publikum fühlt sich auf der Suche nach Ablenkungen jeder Art gut unterhalten und misst der Qualität der Aufführung weniger Bedeutung bei.
   - Die Unterhaltungsindustrie produziert Schallplatten und Hörspiele (vgl. Z. 36–38), um die Fröhlichkeit in die privaten Haushalte zurückzubringen. Der Lacher kann dank seiner Fähigkeiten das gewünschte Lachen der jeweiligen Rolle anpassen und damit für die lange vermisste Heiterkeit sorgen.

- Die Nachfrage nach künstlerischer Unterhaltung auf Bühnen und in Varietés ist nach den Schrecken und Entbehrungen des Krieges und der Nachkriegszeit offenbar so groß, dass der Lacher von seinem Beruf sehr gut leben kann und anscheinend fast jeden Abend ausgebucht ist (vgl. Z. 51 f.).
- Die Fröhlichkeit des Lachers ist nur gespielt; sie überdeckt seinen ernsten Charakter sowie seine pessimistische Lebenseinstellung (vgl. Z. 79–81). Genauso überspielen die Menschen der Nachkriegszeit mit ihrer Suche nach leichter Unterhaltung ihre schlimmen Erlebnisse und Erinnerungen.

9. ***Hinweis:** Die Frage ist so formuliert, dass du der Aussage zustimmen, sie ablehnen oder eine vermittelnde Position einnehmen kannst. Wichtig ist in allen Fällen, dass du deine Haltung nachvollziehbar mithilfe geeigneter Textstellen begründest. Gelingt dir das, gibt es vier Punkte. Beziehst du dich nur auf eine Textstelle, erhältst du immerhin noch drei Punkte. Ist die Begründung schlüssig, es fehlt aber der Textbezug, gibt es noch zwei Punkte.*

Mögliche Lösungen:

Zustimmung:

Diese Aussage trifft auf den Lacher zu, denn er leidet unter dem Beruf, der nicht zu seinem Charakter passt. Schon als Kind hat er nie gelacht (vgl. Z. 102–104), nun bezeichnet er sich als „todernsten Menschen" (vgl. Z. 79), der auf seine Umgebung pessimistisch wirkt. Dass er sich dennoch für den Beruf des Lachers entschieden hat, macht ihn zu einem unglücklichen Menschen, der „mit unbewegter Miene" (Z. 99) durch sein Leben geht und außerhalb seiner Arbeit niemals lacht (vgl. Z. 78 f.). Sein Beruf erschöpft ihn (vgl. Z. 60 f.), und auf dem Weg zu seinen Auftritten hadert er mit seinem Schicksal (vgl. Z. 64–66). Auch auf sein Privatleben und seine nächsten Mitmenschen wirkt sich die verfehlte Berufswahl in negativer Weise aus. So hat seine Frau, die ihn zu Beginn der Ehe oft zum Lachen ermuntert hatte (vgl. Z. 82 f.), inzwischen resigniert und selbst „das Lachen verlernt" (Z. 91). Vermutlich hat er wenige soziale Kontakte oder Freundschaften, denn das Lachen anderer macht ihn nervös (vgl. Z. 88 f.). Der Lacher kann von seinem Beruf zwar gut leben, aber eigentlich hasst er alles, was mit seiner Tätigkeit unmittelbar zusammenhängt (vgl. Z. 94 f.).

Ablehnung:

Die Dienste des Lachers sind so gefragt, dass seine Einkünfte ihm ein gutes Leben ermöglichen (vgl. Z. 13–15). Die finanzielle Sicherheit ist ein wichtiges Element bei der Berufsausübung. Seine Fähigkeit, auf vielfältige Weise zu lachen, ist offenbar konkurrenzlos, denn der Lacher ist „unentbehrlich geworden" (Z. 36).

Diese besondere Kompetenz führt dazu, dass er von seinen Auftraggebern respektiert und gut behandelt wird (vgl. Z. 37 f.). Überdies ist er an der Produktion von Hörspielen beteiligt (vgl. Z. 37 f.) und kommt kostenlos ins Theater, worum ihn sicher viele Menschen beneiden. Auch ist der Beruf anspruchsvoll. Der Lacher muss zum richtigen Zeitpunkt mit der passenden „Lachdosis“ in Aktion treten, um die gewünschte Reaktion auszulösen (Z. 54 f.: „Es muss Maßarbeit sein.“). Weil die Bezahlung stimmt, er erfolgreich ist, Anerkennung genießt und seine Tätigkeit sich nicht in langweiliger Routine erschöpft, kann man meiner Meinung nach nicht davon sprechen, dass der Lacher seinen Beruf verfehlt hat.

Teil II: Schreiben

Teil II.A: Textproduktion (Wahlaufgabe)

a) Erzählung

*✎ **Hinweis: Inhalt:** Die Redensart „Humor ist, wenn man trotzdem lacht“ beschreibt Humor als eine Fähigkeit, den Missgeschicken des Alltags mit Heiterkeit zu begegnen und sie damit zu entschärfen. Dazu gehört auch, über sich selbst lachen zu können. Ob du eine solche Situation selbst erlebt hast oder sie erfindest, ist bei diesem Thema nicht von Bedeutung. Insgesamt lässt dir die Erzählaufgabe einen großen Gestaltungsspielraum. Damit sie zum Thema passt, sollte sie im Kern natürlich lustig sein.*
***Aufbau:** Bezüglich des Aufbaus musst du wie bei jedem Text bestimmte formale Vorgaben berücksichtigen, da diese neben dem Inhalt Grundlage der Bewertung sind: Gib deiner Erzählung eine treffende **Überschrift**. Schreibe eine kurze **Einleitung**, die Aufschluss über Zeit, Ort und Personen der Handlung gibt. Führe die Handlung im **Hauptteil** über einen Spannungsbogen geradlinig und ohne große Umwege zum **Höhe- oder Wendepunkt** hin, sodass der „rote Faden“ deiner Erzählung, d. h. die zentrale Botschaft, vom Anfang bis zum Ende erkennbar ist. Für das Ende kannst du dich für einen offenen **Schluss** wie in einer klassischen Kurzgeschichte entscheiden oder die Geschichte so enden lassen, wie die Handlung es eigentlich schon erwarten lässt.*
***Sprachangemessenheit:** Vermeide Wiederholungen bei Satzbau und Wortwahl, sonst liest sich dein Text schnell langweilig. Verwende anschauliche Sprachbilder, z. B. Vergleiche und Metaphern, außerdem abwechslungsreiche Verben und Adjektive sowie wörtliche Rede. Achte auch darauf, die zu Beginn gewählte Erzählperspektive und Zeitform durchgängig einzuhalten. Du kannst sowohl in der Ich-Form schreiben als auch, wie bei dem folgenden Lösungsbeispiel, aus der Sicht einer der beteiligten Handlungsfiguren. Für Erzähltexte ist das Präteritum (Vergangenheit) die am besten geeignete Zeitform, verbunden mit dem Plusquamperfekt bei Vorzeitigkeit (Beispiel: „Nachdem er das Training beendet hatte, fuhr er nach Hause.“).*
***Sprachrichtigkeit:** Fehler in der **Rechtschreibung und Grammatik** werden als ganze Fehler, die in der **Zeichensetzung** als halbe Fehler gewertet. Mit dem Fehlerindex wird berechnet, wie viele von maximal vier Punkten du für die Rechtschreibung bekommst.*

Tattoo for you

treffende Überschrift

Einleitung

Hauptpersonen, Ausgangssituation

Seit Tagen zerbrach Ben sich den Kopf, wie er Lisa beeindrucken und ihre Aufmerksamkeit auf sich ziehen könnte. Als sie im Wahlpflichtkurs „Natur und Technik“ per Losverfahren seiner Arbeitsgruppe zugeteilt worden war, hatte sie ihm zwar freundlich zugenickt, ihn aber ansonsten mit derselben Gleichgültigkeit behandelt, die er auch von anderen gewohnt war.

Hauptteil

Und das war ja auch kein Wunder: Lisa war cool und beliebt, während er zu den Stillen gehörte, den Unauffälligen im Hintergrund, zu denen, die gut in Mathe waren, immer ihre Hausaufgaben hatten und die anderen aus lauter Gutmütigkeit abschreiben ließen. Ben bewunderte Lisa schon seit der sechsten Klasse, als sie ihm den ersten Platz beim Vorlesewettbewerb weggeschnappt hatte. Aber nie hätte er sich getraut, sie anzusprechen – und jetzt hatten er und Lisa vier Wochen Zeit, gemeinsam eine Präsentation zum Thema „Der Traum vom Fliegen“ vorzubereiten. Ben war fest entschlossen, diese Chance zu nutzen und ihr zu zeigen, dass er nicht der nerdige Langweiler war, für den sie ihn wahrscheinlich hielt. Aber wie sollte er das bloß anstellen?

Ben bewundert Lisa und will sie beeindrucken, ist aber zu schüchtern, um sie anzusprechen.

Der Zufall kam ihm zu Hilfe. Als er am Nachmittag vom Fußballtraining mit dem Fahrrad nach Hause fuhr, sah er sie: Gemeinsam mit einer Freundin starrte sie fasziniert in das Schaufenster des schmuddeligen kleinen Tattoo-Studios, an dem Ben dreimal in der Woche achtlos vorbeiradelte. Ben traf es wie der Blitz – das war es! Wenn Lisa auf Tattoos stand, müsste er mit einer aufsehenerregenden Tätowierung in ihrem Ansehen mindestens drei Plätze aufrücken, rechnete Ben sich aus. Er wartete hinter der nächsten Ecke, bis die Mädchen kichernd und schnatternd in die andere Richtung verschwunden waren, parkte sein Fahrrad vor dem Laden und ging hinein. Ein bärtiger Typ in einer ärmellosen Lederweste, die Haut über und über mit bunten Bildern verziert, bohrte seine Blicke in ihn. Ben kamen Zweifel. „Kann ich bei Ihnen ein Tattoo machen lassen?“, brachte er trotzdem heraus und kam sich im selben Moment ziemlich dämlich vor, denn die Innenausstattung ließ keinen Zweifel daran, dass er hier

Ben glaubt, dass Lisa Tattoos mag, und hat eine Idee.

genau richtig war. Mit einer raumgreifenden Geste wies der Bärtige wortlos auf die zahllosen Motive, die dicht an dicht die Wände des Ladens zierten. Ben zeigte auf ein Muster aus verschlungenen Wellen. „An so etwas dachte ich, um den Oberarm. Geht das?“ Der Ladeninhaber nickte, blätterte in einem Notizblock und brummte: „Morgen Nachmittag, vier Uhr. Mit Unterschrift der Eltern. Oder biste schon achtzehn?“ Daran hatte Ben in seinem Eifer natürlich nicht gedacht. „Ja, alles klar, dann bis morgen also“, stotterte Ben und verließ hastig den Laden.

Es gibt möglicherweise Hindernisse bei der Umsetzung seines Plans.

„Ein Tattoo? Was ist das denn für eine Idee? Passt doch gar nicht zu dir“, war die Reaktion seiner Mutter beim Abendessen, die Ben eigentlich schon erwartet hatte. „Und wieso nicht?“, platzte er wütend heraus. „Nur weil du denkst, dass ich so ein Lappen bin, meinst du, das passt nicht zu mir? Ben, der kleine Streber, der Angepasste, der immer die Klappe hält, das denkst du doch auch, ja?“, schluchzte er auf. „Aber ich bin nicht so! Ich will nicht mehr so sein!“ Die Mutter war sichtlich erschrocken. „Du liebe Zeit, natürlich denke ich nicht so. Du bist alt genug. Wenn du unbedingt willst, ich habe nichts dagegen“, versuchte sie ihn zu beruhigen.

Ben bekommt die Erlaubnis seiner Mutter.

Das Tätowieren am nächsten Tag war eine quälende Prozedur. Ben musste die Zähne zusammenbeißen, als die Nadelmaschine die empfindliche Innenseite seines Arms erreichte. Krampfhaft dachte er an das nächste Treffen der Arbeitsgruppe am Donnerstag in der kommenden Woche, bis dahin würden die Schmerzen vergessen und die zahllosen kleinen Wunden rings um seinen Oberarm verheilt sein.

Ben lässt sich tätowieren und malt sich Lisas Reaktion aus.

Als er am Donnerstag pünktlich den Computerraum betrat, war Lisa schon da und tippte auf ihrem Handy herum. „Wo sind Tobi und Jessica?“, fragte er. „Keine Zeit, alle beide. Wir fangen trotzdem schon an“, antwortete Lisa sichtlich verärgert. Bens Herz machte einen kleinen Freudensprung. „Ok“, sagte er gespielt gleichgültig und startete den Computer. Dann nahm er allen Mut zusammen. „Darf ich dich mal was fragen, Lisa?“ Sie schaute von ihrem Handy auf, ozeangrüne Augen mit glitzernden Bernsteinsplittern darin, er drohte zu versinken. „Klar“, sagte sie freundlich und legte das Handy

Ben hat Glück und ist mit Lisa allein.

Ben fasst sich ein Herz und fragt sie nach ihrer Meinung zu Tattoos.

weg. „Was, äh, ich meine, wie findest du … also was hältst du eigentlich von … Tattoos?“, stammelte er. Das Bernsteinglitzern in Lisas Augen erlosch augenblicklich. „Hm, weiß nicht. Kann ich nichts mit anfangen. Ich meine, man trägt ja auch nicht sein ganzes Leben lang dieselbe Hose, nur weil sie einem irgendwann mal gefallen hat. Wieso fragst du?“

Ben stürzte ungebremst in einen Abgrund. „Aber wieso, du warst doch bei dem Laden, ich dachte, du magst es, wegen dir habe ich … nein, was bin ich für ein Idiot!!!“ Ben wusste nicht, ob er lachen oder weinen sollte.

Lisas Reaktion macht Ben fassungslos; er erkennt seinen Irrtum und erzählt Lisa, was er getan hat.

Lisa hatte alle Mühe, sich aus seinen gestammelten Satzfetzen die ganze Geschichte zusammenzureimen. „Das hast du wegen mir gemacht?“, fragte sie ungläubig. „Zeig mal!“ Verzweifelt schob Ben seinen Pulloverärmel hoch. Eingehend betrachtete Lisa die dunkelblauen Wellen, die sich anmutig um Bens Oberarm schlängelten. „Sieht eigentlich gar nicht mal so schlecht aus. Hat sicher wehgetan.“ Ben nickte kläglich. „Und wieso warst du bei dem Laden?“, brachte er heraus. „Ach so, das. Jessi will ihrem Bruder zum Geburtstag einen Gürtel schenken, mit einem Totenkopf als Schnalle. Die haben da solches Zeug.“ Ben nickte. „Ich bin so ein Trottel!“ Beschämt suchte er Lisas Blick, sie schaute zurück, er sah ein kleines Zucken in ihren Mundwinkeln, ein amüsiertes Blitzen in ihren Nixenaugen, fühlte, wie in seiner Magengegend etwas zu beben begann, als zunächst winziges Kichern hochstieg, sich ausbreitete in seinem Brustkorb und schließlich explodierte in einem lauten und befreienden Gelächter, in das Lisa einstimmte, bis beide sich krümmten vor Lachen, nicht mehr aufhören konnten und dabei fast von ihren Stühlen fielen.

Lisa tröstet ihn.

Beide lachen über Bens unüberlegte Entscheidung.

Als es endlich vorbei war und sie schließlich wieder zu Atem gekommen waren, sagte Lisa erschöpft, während sie sich die Lachtränen aus den Augenwinkeln wischte: „Was bin ich froh, dass du so einer bist.“ Ben war irritiert. „Was meinst du mit ‚so einer‘?“, fragte er. „Dass du über dich selbst lachen kannst. Ich glaube, wir beide werden ein richtig gutes Team!“

Schluss

Happy End

b) Argumentation

Hinweis: ***Inhalt:*** *Welche Vor- und Nachteile der regelmäßige Besuch klassischer Kulturveranstaltungen als fester Bestandteil des Unterrichts haben könnte, soll in dieser Erörterung thematisiert werden. Es geht also inhaltlich nicht um einen einzelnen Museumsbesuch, der gerade zum Thema im Kunstunterricht einer einzelnen Klasse passt, sondern um fest im Stundenplan verankerte Veranstaltungen für alle Schüler*innen. Sinnvoll ist es, in einer Tabelle die Pro- und Kontra-Argumente zu notieren und nach Wichtigkeit zu ordnen.*
Aufbau: *In der* ***Einleitung*** *weist du auf die aktuelle Idee der Kulturexkursionen hin und leitest dann mit der Fragestellung zum Hauptteil über.*
Im ***Hauptteil*** *führst du die Argumente für und gegen solche Kulturtage aus und stützt sie jeweils mit einem nachvollziehbaren Beispiel. Beginne mit den Argumenten, denen du nicht zustimmst, und ordne sie vom stärksten zum schwächsten Argument. Ergänze dann die Argumente, die du befürwortest. Hier solltest du mit dem schwächsten Argument beginnen. Erst im* ***Schlussteil*** *äußerst du deine eigene Haltung zum Thema und bekräftigst sie mit dem überzeugendsten deiner Argumente.*
Um für die ***Sprachangemessenheit*** *die volle Punktzahl zu erreichen, muss dein Text diese Aspekte erfüllen: richtige Verwendung der Zeitform (Präsens), sachliche und themabezogene Wortwahl, abwechslungsreicher Satzbau, Vermeidung von Wiederholungen. Im Bereich* ***Sprachrichtigkeit*** *werden Rechtschreibung, Grammatik und Zeichensetzung mit maximal vier Punkten bewertet, die sich aus dem Fehlerindex ergeben (Rechtschreibung und Grammatik ganze Fehler, Zeichensetzung halbe Fehler).*

Ideenliste/Stoffsammlung:

Nachteile	**Vorteile**
hohe Kosten	Unterstützung kultureller Einrichtungen
Ausfall von Unterricht	Abwechslung vom Unterrichtsalltag/Verbesserung des Lernklimas
fehlendes Interesse der Schüler*innen	Alle erhalten die Möglichkeit, Kunst live zu erleben.

„Bertha“ goes Ballett – sind feste Kulturtage sinnvoll?

Überschrift

Einleitung

aktuelle Diskussion um Einführung der Kulturtage

In der letzten Gesamtkonferenz haben die Schülervertretung der Bertha-von-Suttner-Schule und der Vorstand des Elternbeirats beantragt, die Durchführbarkeit fester Kulturtage zu prüfen. In allen Jahrgängen sollen demnach dreimal pro Halbjahr kulturelle Veranstaltungen wie z. B. Kino, Theater, Oper oder Ballett besucht werden. Seitdem bewegt die Schüler*innen, die Lehrkräfte und auch die Elternschaft die Frage, welche Vor- und Nachteile diese Form der Unterrichtsergänzung hat.

Überleitung zum Thema: Aufgreifen der Fragestellung

Nachteile der Kulturausflüge

Erstes Argument: hohe Kosten, besonders für Familien mit mehreren Kindern

Gegen die Einführung solcher Kulturtage spricht der finanzielle Aspekt. Inzwischen kostet schon eine einzelne Kinokarte fast zehn Euro, Tickets für Theater und Oper sind häufig um ein Vielfaches teurer. Selbst wenn der Eintritt für Schulgruppen meist ermäßigt ist, käme bei sechs Veranstaltungen pro Jahr eine stattliche Summe zusammen. Besonders Familien, die zwei oder mehr Kinder an der Schule haben, würden damit hoch belastet.

Zweites Argument: Unterrichtsausfall

Ein weiteres Argument gegen den regelmäßigen Besuch kultureller Veranstaltungen ist der damit verbundene Ausfall von Unterricht. Der Antrag sieht sechs Exkursionen pro Schuljahr vor, das würde mehr als eine Woche Unterrichtsausfall bedeuten. Rechnet man aus, wie viele Stunden regulären Unterrichts ohnehin wegen Krankheit von Lehrkräften oder Schüler*innen, Praktika, Projektwochen oder Hitzefrei nicht stattfinden, so würden bei Einführung von sechs Kulturausflügen pro Jahrgang durchschnittlich weitere 36 Stunden regulären Unterrichts ausfallen. Da trotzdem der Lernstoff erarbeitet und weiter Tests und Leistungskontrollen geschrieben werden müssen, hätte das eine weitere Zunahme der Arbeitsbelastung für die Schüler*innen zur Folge.

Drittes Argument: fehlendes Interesse der Schüler*innen

Was am meisten gegen die Einführung der Kulturtage spricht, ist das fehlende Interesse für derartige Veranstaltungen bei den meisten der Jugendlichen. Schüler*innen zwischen 12 und 18 Jahren haben ihre eigenen Vorstellungen und Vorlieben bezüglich Musik und Kunst. Wer gerne mit seinen Eltern oder auch Freunden ein klassisches Konzert, eine Ballettaufführung oder ein Museum besuchen möchte, kann das auch außerhalb der Schule tun. Die Mehrheit der Jugendlichen käme umgekehrt ja auch nicht auf die Idee, gemeinsam mit der Klasse zu einem Rockfestival oder einem Open-Air-Konzert zu gehen oder die neueste Netflix-Serie zu streamen. Somit wären die verpflichtenden Kulturausflüge verschwendete Zeit, die man sinnvoller nutzen könnte.

Trotz dieser Einwände spricht auch viel für die Einführung von Kulturtagen für alle Jahrgänge.

Überleitung zu den Pro-Argumenten

Wenn Schulgruppen regelmäßig ins Konzert, Theater, Kino oder Museum gehen, bedeutet das eine große finanzielle Unterstützung für die Künstlerinnen und Künstler sowie für die Veranstaltungshäuser. Sie können sich auf feste Einnahmen und eine bessere Auslastung ihrer Angebote verlassen. Vorstellbar ist, dass infolge dieser Planbarkeit der Publikumsnachfrage auch das Veranstaltungsprogramm und die Spielpläne den jungen Besucherinnen und Besuchern angepasst werden.

Vorteile der Kulturausflüge

Erstes Argument: Unterstützung für Veranstaltungshäuser und Künstler*innen

Ein weiteres Argument, das für den regelmäßigen Besuch kultureller Veranstaltungen mit der Klasse spricht, ist die Abwechslung vom Unterrichtsalltag, die solche Ausflüge bedeuten würden. Schüler*innen verbringen einen Großteil ihrer Schulzeit in der Klasse sitzend, häufig mit eintönigen und als lebensfremd empfundenen Aufgaben und Lerninhalten. Schon die Aussicht auf einen bald stattfindenden Ausflug würde die Stimmung in der Klasse heben und damit das Lernklima verbessern. Die Exkursion selbst beinhaltet mit Anreise, dem gemeinsamen Besuch der Veranstaltung, Rückkehr und Besprechung des Erlebnisses viele Eindrücke, die dem Unterrichtsalltag neue Impulse verleihen. Diesen Effekt kann man bereits jetzt nach jedem Ausflug oder außerschulischen Unterrichtsprojekt beobachten.

Zweites Argument: Abwechslung vom Unterrichtsalltag / Verbesserung des Lernklimas

Das wichtigste Argument für die Einführung regelmäßiger Kulturtage ist der damit verbundene Zugang zur Kunst für alle Kinder und Jugendliche. In vielen Familien ist der Besuch von klassischen Konzerten, Theater- oder Ballettaufführungen aus verschiedenen Gründen kein Thema. Kulturelle Bildung in dieser Form bleibt somit den Schülerinnen und

Drittes Argument: Zugang zu kulturellen Veranstaltungen für alle

Schülern vorbehalten, die privat mit ihren Eltern solche Veranstaltungen besuchen. Die meisten Jugendlichen haben keine Vorstellung von musealer Kunst, klassischer Musik oder auch zeitgenössischem Ballett und erhalten keine Gelegenheit, ein Opernhaus oder einen Konzertsaal von innen zu sehen. Um sich für Kulturveranstaltungen interessieren zu können, müssten sie sie frühzeitig kennenlernen. In Form von regelmäßigen Kulturtagen könnte die Schule ihrem Bildungsauftrag also gerecht werden.

Schluss

Fazit, eigene Meinung: eingeschränkte Zustimmung

Ich bin der Auffassung, dass die Vorteile bei der Frage „Ja oder Nein zu Kulturtagen an unserer Schule" überwiegen. Den Schülerinnen und Schülern wird damit die Möglichkeit geboten, einen wichtigen Teil kultureller Bildung ungefiltert zu erleben. Allerdings sollte man aus Kostengründen das Angebot auf zwei solcher Veranstaltungen pro Halbjahr beschränken, um die Belastung für Familien mit geringem Einkommen gering zu halten.

Abschlussprüfung Deutsch an Realschulen in Hessen 2021
Text 2

Teil I: Lesen

Hinweis: *In den Aufgaben 1 und 2 gibt es für jede richtige Lösung einen Punkt. Sind mehrere Möglichkeiten angekreuzt, wird kein Punkt vergeben.*

1. a) ☒ erstellt Fotocollagen aus Abfall.

   Hinweis: *vgl. Z. 6–13*

   b) ☒ berät die Schweiz in Umweltfragen.

   Hinweis: *vgl. Z. 44–47*

   c) ☒ Plastik sei nicht so umweltschädlich wie vermutet.

   Hinweis: *vgl. Z. 58–60*

   d) ☒ kommen Chemikalien zum Einsatz.

   Hinweis: *vgl. Z. 79f.*

   e) ☒ Asien und Afrika.

   Hinweis: *vgl. Z. 166–168*

2. a) ☒ keine Rolle mehr gespielt haben.

   Hinweis: *Die Personifikation sagt aus, dass in der emotional geführten Diskussion über Plastik die Vorteile dieses Materials nicht zur Sprache kommen.*

   b) ☒ verderben.

   Hinweis: *Wenn Lebensmittel „schlecht werden" oder „verderben", sind sie infolge von falscher oder zu langer Lagerung mit Keimen wie z. B. Bakterien oder Schimmelpilzen belastet und nicht mehr genießbar.*

   c) ☒ nicht mehr anbieten.

   Hinweis: *Die Waren, die z. B. ein Supermarkt anbietet, bezeichnet man als „Sortiment". Die Zusammenstellung dieser Auswahl wird entsprechend der Kundennachfrage ständig angepasst.*

3. *Hinweis: Für die richtige Antwort in Aufgabe 3 gibt es zwei Punkte. Sind mehrere Möglichkeiten angekreuzt, wird kein Punkt vergeben.*

☒ Nur C und D stehen im Text.

***Hinweis: Antwort A** trifft nicht zu, da in den Zeilen 136–141 die Besonderheiten des Ladens beschrieben werden, der ganz auf Plastikverpackungen verzichtet. Auch **Antwort B** stimmt nicht, denn aus den Zeilen 141–143 geht hervor, dass die Kunden ihre Stoffbeutel selbst mitbringen. **Antwort C** trifft zu (vgl. Z. 147 f.), ebenso wie **Antwort D:** „Selbst sie glaubt heute, dass Plastik nicht immer schlecht ist." (vgl. Z. 151 f.)*

4. ***Hinweis:** Die Merkmale eines journalistischen Textes (hier: Reportage) sollen nicht nur stichwortartig genannt, sondern auch mit passenden Textstellen belegt werden. Als Textbeleg gelten Zitate, reine Zeilenangaben, Verweise auf Textausschnitte oder Umschreibungen, die eine Aussage mit eigenen Worten wiedergeben. Für jedes richtig genannte und belegte Textmerkmal gibt es einen Punkt; für das bloße Nennen eines Merkmals ohne Textbeleg wird kein Punkt vergeben.*

Mögliche Lösungen:
- Interessante Überschrift
  ***Hinweis:** Die Überschrift erweckt Aufmerksamkeit, da ihre Aussage dem schlechten Image von Plastik widerspricht.*
- Vorspann, Teaser, Lead (Z. 1–3)
  ***Hinweis:** Im Vorspann werden die wichtigsten inhaltlichen Aspekte des Artikels in Kurzform zusammengefasst.*
- Szenischer oder erlebnisorientierter Einstieg (Z. 4–16)
  ***Hinweis:** Der Autor steigt in das Thema ein, indem er der Leserschaft die Büroräume der Deutschen Bank vor Augen führt, wo die Fotos des Künstlers Gabriel Orozco ausgestellt sind. So wird auf bildhafte und drastische Weise nicht nur die Problematik des Plastikmülls im Meer deutlich, sondern gleichzeitig auch auf den Zusammenhang zwischen der Wirtschaft und dem weltweiten Müllproblem hingewiesen.*
- Zahlen, Daten, Fakten und Erläuterungen als Hintergrundwissen (z. B. Z. 13 f., 18–24, 31–39, 44–50)
  ***Hinweis:** Der Autor ergänzt und stützt die Resultate seiner Recherchen durch wissenschaftlich abgesicherte Ergebnisse aus Statistiken und Forschung.*
- Expertenmeinung (z. B. Z. 50–52, 71–75, 124–129, 162–166)

Hinweis: Erfahrungsberichte von Fachleuten, Behörden und Umweltverbänden sichern die Äußerungen des Autors ab.

- Autorenkommentar (z. B. Z. 4–6, 17 f., 24–29, 30–35, 40–42)

  ***Hinweis:** Die Äußerung „Niemand kann bei diesen Bildern ungerührt bleiben“ (Z. 17 f.) gibt einen Hinweis auf die Haltung des Autors gegenüber der unter dem Plastikmüll leidenden Natur. Gleichzeitig macht er aber auch seine eigene differenzierte Einstellung zum Plastik deutlich (vgl. Z. 40–42).*
- Zitate von Betroffenen (Z. 152–155)

  ***Hinweis:** Der Autor lässt nicht nur Fachleute zu Wort kommen, sondern zitiert auch eine Ladenbesitzerin aus Kreuzberg, die ihre eigene Haltung zu Plastikverpackungen inzwischen verändert hat. Das verleiht dem Text besondere Aktualität und Lebensnähe.*
- Wahl der Zeitform: überwiegend Präsens, nur bei Vorzeitigkeit Formen der Vergangenheit (Z. 91 f.)

  ***Hinweis:** Die fast durchgängig verwendete Zeitform Präsens unterstreicht die Aktualität des Themas.*
- Fazit (Z. 180–188)

  ***Hinweis:** Am Ende fasst der Autor das Ergebnis seiner Recherche in Form eines Appells zusammen und greift zur Abrundung noch einmal auf das Eingangsbild der Müllcollagen des Künstlers Gabriel Orozco zurück.*

5. ***Hinweis:** Bei dieser Aufgabe sollst du zum einen erklären, was eine Personifikation überhaupt ist, und zusätzlich mit eigenen Worten deutlich machen, was diese Textstelle bedeutet. Die Erklärung des sprachlichen Mittels ist einen Punkt wert, wird die Bedeutung im Textzusammenhang richtig erklärt, werden zwei weitere Punkte vergeben. Als Textbezug gelten Zitate, Zeilenangaben oder Umschreibungen einer bestimmten Textstelle mit eigenen Worten.*

   Mögliche Lösung:
   Erklärung des Stilmittels: Wenn Gegenständen, Tieren, Pflanzen oder abstrakten Begriffen menschliche Eigenschaften oder Fähigkeiten zugeschrieben werden, bezeichnet man das als Personifikation.

   Bedeutung im Textzusammenhang: Die Kunststoffindustrie ist selbst daran schuld, dass Plastik inzwischen weltweit einen schlechten Ruf hat und überall „verteufelt“ wird. Auf die wachsenden Probleme mit dem Plastikabfall hätte sie früher reagieren müssen und nicht abwarten sollen, dass z. B. Supermärkte und Verbraucher Ideen entwickeln, den Verpackungsmüll zu reduzieren (vgl. Z. 86–88, 138–141).

6. *__Hinweis:__ Drei Punkte gibt es für eine zutreffende Erklärung des Stilmittels* ***und*** *seiner Wirkung. Wird nur das sprachliche Mittel erklärt, gibt es einen Punkt, für die Erklärung seiner Wirkung im Textzusammenhang zwei weitere. Der Textbezug kann als Zitat, Zeilenverweis oder Umschreibung erfolgen.*

   Mögliche Lösung:
   Erklärung des Stilmittels: Wer eine rhetorische Frage stellt, erwartet keine Antwort, weil sie z. B. schon bekannt ist oder sich so selbstverständlich aus der Fragestellung ergibt, dass es überflüssig ist zu antworten.

   Wirkung: Da der Autor in seinem Text die Vorzüge von Plastik gegenüber anderen Verpackungen dargestellt hat, wirkt die rhetorische Frage an dieser Stelle wie ein Fazit, in dem er seine eigene Meinung ausdrückt. Er empfiehlt, Plastik nicht pauschal abzulehnen und auch weiterhin zu verwenden, wo es sinnvoll ist.

7. a) *__Hinweis:__ Beim Erläutern wird ein aus dem Text abzuleitender Sachverhalt mithilfe von Beispielen verständlich formuliert. Drei Punkte gibt es für jede schlüssige Erläuterung eines Beispiels aus dem Text. Fehlt der Textverweis, werden zwei Punkte vergeben. Eine Textstelle ohne Erläuterung wird nicht bewertet. Als Textbezug gelten Zitate, Zeilenangaben oder Umschreibungen.*

   Mögliche Lösungen:
   - Bei der Herstellung von Plastik wird vergleichsweise wenig Energie und Wasser benötigt (vgl. Z. 112–114), während die Produktion von Glas wegen der dafür benötigten Hitze sehr viel Energie kostet (vgl. Z. 60–62).
   - Das gilt auch für das Recycling: Um Glas zu recyceln (d. h. einzuschmelzen), muss man es auf über 1 000 Grad erhitzen (vgl. Z. 64–66). Plastik kann umweltschonend recycelt werden (vgl. Z. 160 f.), und bei der Verbrennung von Plastikmüll werden sogar Wärme und Strom erzeugt (vgl. Z. 175–177).
   - Für die Wiederverwendung als Pfandflasche müssen die gesammelten Glasflaschen über weite Strecken transportiert werden (vgl. Z. 69–71). Weil Glas viel schwerer ist als Plastik, kostet schon der Transport von Pfand-Glasflaschen mehr Energie als der von Plastik-Mehrwegflaschen (vgl. Z. 109–112).
   - Vor ihrer Wiederverwendung werden Glasflaschen heiß ausgespült, was natürlich auch wieder Energie kostet (vgl. Z. 68 f.).

b) ***Hinweis:** Beim Herausarbeiten sollen Informationen und Sachverhalte unter einer bestimmten Fragestellung aus dem Text entnommen und mit eigenen Worten wiedergegeben werden. Die Frage in dieser Aufgabe heißt: Welche* **weiteren** *Vorteile von Plastik lassen sich aus dem Text entnehmen? Das bedeutet, dass die in Aufgabe 7. a genannten Aspekte nicht noch einmal angeführt werden dürfen. Es gibt jeweils zwei Punkte für das schlüssige Herausarbeiten eines positiven Aspektes von Plastik, bezogen auf jeweils eine Textstelle. Fehlt der Textbezug, gibt es noch einen Punkt.*

Mögliche Lösungen:

- Wenn man ihre Lebensdauer betrachtet, sind Plastiktüten umweltfreundlicher als Papiertüten und Tragetaschen aus Bio-Baumwolle, wie eine Studie der dänischen Umweltschutzbehörde ergab. Die Herstellung von Papiertüten ist sehr aufwendig, und die Produktion von Baumwolle hat wegen des hohen Wasser- und Landverbrauchs eine schlechte Klimabilanz (vgl. Z. 90–108).
- Plastikverpackungen können helfen, die Lebensmittelverschwendung einzudämmen. Wer nur kleine Portionen eines Produktes verbraucht, z. B. bei Joghurt, ist mit einer Plastikverpackung besser bedient. Denn in den großen Halbliter-Behältern aus Glas bleiben häufig Reste übrig, die dann weggeworfen werden (vgl. Z. 119–129).
- Bei manchen Obst- und Gemüsesorten können Plastikverpackungen dafür sorgen, dass die Früchte nicht so schnell schrumpelig werden. Zwei bis drei Wochen bleibt eine eingeschweißte Gurke frisch, ohne Folie verliert sie schon nach wenigen Tagen Wasser (vgl. Z. 130–135).

8. ***Hinweis:** Beim Erklären sollen verschiedene Textinformationen verknüpft und verständlich gemacht werden. Dabei musst du möglicherweise auch auf eigenes Wissen/eigene Vorkenntnisse zurückgreifen: Was heißt in diesem Zusammenhang „Verteufelung"? Was bedeutet „allgegenwärtig"? Drei Punkte gibt es für eine zutreffende Erklärung im Textzusammenhang, Teilpunkte werden bei dieser Aufgabe nicht vergeben.*

Mögliche Lösung:

Der Ausdruck „verteufeln" bedeutet, etwas als schlecht und gefährlich hinzustellen. Mit dieser Aussage ist gemeint, dass Plastik generell und inzwischen in allen Verwendungsbereichen als umweltschädlich wahrgenommen wird und als Umweltsünde gilt. „[…] wenn Verbraucher irgendwo Gurken in Plastikfolie verpackt sehen, kann der Händler praktisch sofort einen Mitarbeiter für die Beschwerden abstellen“ (Z. 21–24). An dieser Textstelle wird deutlich, dass selbst die sinnvolle Nutzung, z. B. um die Haltbarkeit von Lebensmitteln zu verlängern (vgl. Z. 131–135), am schlechten Image von Plastik nichts ändert.

9. ***Hinweis:** Du kannst der Behauptung zustimmen, sie ablehnen oder eine abwägende Position vertreten, solange du deine Haltung nachvollziehbar begründest, gibt es dafür drei Punkte. Teilpunkte werden nicht vergeben. Auf den Text brauchst du dich bei dieser Aufgabe nicht zu beziehen.*

Mögliche Lösungen:

Zustimmung:

Es gibt kaum noch Gegenstände des täglichen Gebrauchs, die nicht wenigstens teilweise aus Plastik sind. Ob Fahrzeuge, Schreibgeräte, Küchenutensilien oder Kommunikationshardware, überall ist Plastik enthalten. Dazu kommen die zahllosen Verpackungen für Lebensmittel, Alltagsgegenstände und Hygieneartikel, die beim täglichen Einkauf in den Haushalten landen. Es ist also sehr schwer, die Nutzung von Plastik zu reduzieren. Trotzdem bin ich der Meinung, dass jeder versuchen sollte, in seinem persönlichen Umfeld weniger Plastik zu benutzen und z. B. beim Einkaufen bewusst nach Alternativen zu suchen, wo es möglich ist. Denn da Plastik nicht verrottet, sammeln sich die Überreste unseres Wohlstandsmülls in der Umwelt. Zudem werden gesundheitsschädliche Mikroplastikteilchen, zum Beispiel aus dem Abrieb von Autoreifen, ins Grundwasser gespült und gelangen auf diese Weise in die Nahrungskette.

Ablehnung:

Ich stimme dieser Behauptung nicht zu, denn Plastik ist besser als sein Ruf. Aus dem Text wird ersichtlich, dass z. B. Plastikverpackungen in der Ökobilanz besser abschneiden als die möglichen Alternativen aus Papier oder Glas. Besonders zum Transport und zur Aufbewahrung von Lebensmitteln haben sie sich bewährt, weil sie leicht und hygienisch sind. Zudem ist nicht nur die Recyclingquote bei Plastik ziemlich hoch, zusätzlich lässt sich mit der Verbrennung von Plastikmüll sogar noch Energie erzeugen. Auch wurde erwiesen, dass der Plastikmüll aus Deutschland nicht in den Weltmeeren landet, sondern dass die Abfälle in den Ozeanen überwiegend aus Afrika und Asien stammen. D. h., es muss zwar etwas gegen die Vermüllung der Meere getan werden, es spricht aber nichts grundsätzlich gegen die Nutzung von Plastik.

10. *__Hinweis:__ Um die volle Punktzahl zu erreichen, musst du anhand von zwei eigenen Beispielen erläutern, wie man Plastik einsparen kann oder könnte.*

Mögliche Lösungen:

- Eine sinnvolle Möglichkeit, Plastik einzusparen, sind Nachfüllpacks für flüssiges Duschgel und Shampoo. Denn wenn die Flasche leer ist, ist sie ja noch lange nicht kaputt und kann wiederverwendet werden. Das Gleiche gilt auch für Flüssigseife und die meisten Putzmittel.
- Statt in Plastikschalen eingepacktes Obst und Gemüse zu kaufen, kann man entweder ganz auf eine Verpackung verzichten oder dünne Mehrwegnetze verwenden, die es inzwischen in vielen Supermärkten zu kaufen gibt. Bananen, Avocados und viele Südfrüchte benötigen mit ihrer dicken Schale keine Verpackung. Für größere Mengen kann man Behälter aus Pappe, hölzerne Obstkisten oder Stofftaschen verwenden.
- Noch nicht überall, aber an immer mehr Wurst- und Käsetheken kann man Plastik einsparen, indem man sich den Aufschnitt oder die Käsescheiben in mitgebrachte Edelstahlbehälter füllen lässt. Der Behälter wird vorher gewogen, sodass man nicht befürchten muss, zu viel zu bezahlen.
- Coffee to go wird immer beliebter. Die achtlos weggeworfenen Becher und ihre Deckel aus Plastik vermüllen die Landschaft. Hier könnte man Plastik einsparen, indem Kunden mitgebrachte Tassen befüllen lassen können oder Pfand auf die Behälter zahlen müssen. Dann müssten sich die Anbieter um die Entsorgung kümmern und es würde mehr Plastikmüll recycelt, statt in der Landschaft zu landen.
- Küchenhelfer wie Kochlöffel, Pfannenwender, Salatbesteck oder Schneebesen können statt aus Plastik auch aus Holz oder Edelstahl sein. Diese Materialien sind hygienisch einwandfrei und halten vermutlich sogar länger als die Plastikteile.

Teil II: Schreiben

II.A: Textproduktion (Wahlaufgabe)

a) Bericht

*✎ **Hinweis: Aufbau/Inhalt:** In einem **Bericht** wird in sachlicher Sprache ein Ereignis aus der Vergangenheit dargestellt. Der Bericht enthält alle wichtigen Fakten, jedoch nicht die Meinung des Verfassers oder seine persönlichen Kommentare. Da das Ereignis bereits passiert ist, schreibt man in den Zeitformen der Vergangenheit (Ausnahme: Zitate von Beteiligten).*
*Wähle eine interessante **Überschrift,** die zum Thema passt. In einer kurzen **Einleitung (Lead)** fasst du den sogenannten Berichtskern zusammen: **Was** ist **wann** und **wo** passiert, **wer** war beteiligt? Im **Hauptteil** gehst du ausführlich auf den Ablauf des Geschehens ein, indem du die weiteren W-Fragen beantwortest (**wie, warum, womit?**). Im **Schlussteil** kommt zur Sprache, **welche Folgen** das Ereignis hat. Zur Abrundung kannst du z. B. noch ein Zitat formulieren oder einen Ausblick auf ähnliche Projekte in der Zukunft geben.*
***Sprachangemessenheit**: Achte bei der sprachlichen Gestaltung deines Textes auf die richtige Verwendung der Zeitform, treffende Formulierungen, eine zum Thema passende Wortwahl, einen abwechslungsreichen Satzbau und die Vermeidung von Wiederholungen.*
***Sprachrichtigkeit:** Denke daran, dass auch Rechtschreibung, Grammatik und Zeichensetzung bewertet werden; sie zählen bis zu vier Punkte (Rechtschreibung und Grammatik: ganze Fehler; Zeichensetzung: halbe Fehler).*

Ist das Müll oder wird das Kunst?

treffende Überschrift

Seit 2018 findet an jedem dritten Samstag im September der „World Cleanup Day“ statt, an dem verschmutzte Grünflächen, Parkanlagen und Uferbereiche von Abfall, Schrott und Unrat befreit werden. Die 10 B2 der Bertha-von-Suttner-Schule hat in diesem Jahr nicht nur an der Aktion teilgenommen, sondern anschließend aus dem gesammelten Müll Kunstwerke gestaltet, die seit letzter Woche auf dem unteren Flur vor dem Mensaeingang zur Besichtigung ausgestellt sind.

Einleitung / Lead mit einer kurzen Zusammenfassung der wichtigsten Informationen

Die Idee, an der Aktion teilzunehmen, hatte Frau Sanchez, unsere Klassen- und Kunstlehrerin. Anfangs gab es Widerspruch aus der Klasse, denn die Mehrzahl der Schüler*innen war nicht gerade begeistert von dem Vorschlag, an einem

Hauptteil
Warum? / Wie? / Womit?

Samstag zum Müllsammeln in die Schule zu kommen. Weil es aber um die Umwelt ging und außerdem ein spannendes Kunstprojekt lockte, ließen wir uns schließlich doch überreden. Bewaffnet mit Zangen, Handschuhen und Müllsäcken schwärmte die ganze Klasse in die scheinbar grüne Umgebung der Schule aus und staunte nicht schlecht über das, was alles in den Hecken, an den Wegrändern und entlang der Uferböschung des Family-Parks unweit der Schule zu finden war: Nicht nur ein halbmeterhohes zerborstenes Spielzeugpferd, sondern auch eine kaputte Mikrowelle, ebenso achtlos in der Natur entsorgt wie ein alter Rasenmäher, ein demolierter Staubsauger, ein Stück Treppengeländer, eine defekte Wanduhr in Form einer E-Gitarre, der Arm einer Schaufensterpuppe, ein verrosteter Einkaufswagen, Matratzenfedern, ein halbes Fahrrad und ein zerschlissener Kinderautositz. Dazu füllten sich im Lauf der rund dreistündigen Aktion unsere mitgebrachten Abfallsäcke mit jeder Menge Papier und Plastikmüll, die wir mithilfe von Greifzangen und Arbeitshandschuhen aus dem Gestrüpp und entlang der Wege aufklaubten. Unterstützung gab es vom Bauhof der Stadt Nidderau, den Frau Sanchez für unsere Aktion um Hilfe gebeten hatte und dessen Mitarbeiter*innen den gesammelten Müll mithilfe eines Kleintransporters zur Schule brachten. Noch am gleichen Tag haben wir unsere „Beute" gesichtet. Schmutz und Scherben, durchweichte Kartons, Elektroschrott, Sperrmüll und mehrere Plastikbeutel mit undefinierbarem Inhalt nahmen die Bauhofmitarbeiter*innen gleich wieder mit zur endgültigen Entsorgung. Brauchbares wie die zahllosen Kunststoffflaschen in verschiedenen Größen und Farben, kaputtes Spielzeug, bunte Folien und Kunststoffreste, Verpackungen, rostige Metallteile, die Uhr und natürlich den Puppenarm sortierten wir in saubere Kartons und Säcke und deponierten sie in der Fahrradgarage, die uns der Hausmeister dafür zur Verfügung gestellt hatte.

Ergebnis der Müllsammelaktion

Abtransport und Sortieren des gesammelten Mülls

In den darauffolgenden Wochen haben wir aus dem Müll verschiedene Objekte gestaltet, die auf die zunehmende Verschmutzung unserer Umwelt aufmerksam machen sollen. Die Gruppe von Joyce, Lara, Lia und Lennart hat z. B. einen gro-

Beispiele für die entstandenen Kunstwerke

ßen Wal aus Drahtgeflecht gebaut und ihn mit Plastikflaschen vollgestopft. Auf einer Tafel daneben findet man einen QR-Code mit einem direkten Link zu einer Reportage über Meerestiere, die an Plastikabfall erstickt sind. Julia, Nathalie, Cheyenne und Oliver haben zahllose Kunststoffteilchen nach Größe und Farben sortiert und zu einem prachtvollen Mosaik zusammengefügt. Erst beim genauen Hinsehen erkennt man, dass es aus Resten von Wäscheklammern, Plastikbesteck, zerbrochenen Spielzeugresten, Knöpfen, Flaschenverschlüssen und anderem Abfall besteht. Aus dem kaputten Einkaufswagen, dem Rest des Spielzeugpferdes und rostigen Fahrradteilen ist ein traurig schauendes Einhorn auf Rädern entstanden, gebaut von Muhammet, Dennis, Lorenzo und Emilia.

Schluss
Welche Folgen?
positives Fazit
Sensibilisierung

Diese und alle anderen Objekte des Kunstprojektes zeigen auf eindrückliche Weise, wie unser Alltag von Wegwerf-Material geprägt ist und was wir unserer Umwelt damit antun. „Die ganze Aktion hat viel Spaß gemacht. Aber beim Einkaufen passe ich jetzt besser auf, wie die Sachen verpackt sind und ob es nicht auch anders geht“, so das Fazit von Linus.

b) Erzählung

Hinweis: Aufbau/Inhalt: *Inhaltlich soll deine Geschichte zwei Erzählelemente beinhalten: Das Sammeln verschiedener Gegenstände am Strand sowie die besondere Begegnung bzw. das besondere Erlebnis. Dennoch lassen dir die Vorgaben einen großen Gestaltungsspielraum. Auch ob deine Geschichte lustig oder traurig, spannend oder nachdenklich ist, bleibt dir überlassen. Du kannst deine Geschichte ganz klassisch in Einleitung, Hauptteil und Schluss gliedern oder sie als Kurzgeschichte mit einem offenen Anfang beginnen und auch offen enden lassen. Überlege dir eine passende Überschrift und baue die Handlung schlüssig auf.*

Sprachangemessenheit: *Gestalte deinen Text abwechslungsreich, indem du Wiederholungen bei Satzbau und Wortwahl vermeidest. Anschaulich und interessant wird die Geschichte, wenn du sie mit Sprachbildern ausstattest und treffende Verben und Adjektive sowie wörtliche Rede verwendest. Halte die zu Beginn gewählte Erzählperspektive und auch die Zeitform durchgängig ein. Geeignet für Erzähltexte ist sowohl die Ich-Form als auch die personale Perspektive aus Sicht einer der Figuren deines Textes (Er-/Sie-Perspektive), wie sie für das Lösungsbeispiel*

gewählt wurde. Schreibe deinen Text im Präteritum (Vergangenheit), bei Vorzeitigkeit verwendest du das Plusquamperfekt (Beispiel: „Nachdem er den Eimer mit Zauberwasser gefüllt hatte, machte er sich auf den Rückweg.“).
Sprachrichtigkeit: *Fehler in der Rechtschreibung und Grammatik werden als ganze Fehler, die in der Zeichensetzung als halbe Fehler gewertet. Mit dem Fehlerindex wird berechnet, wie viele von maximal vier Punkten du für die Rechtschreibung bekommst.*

Besuch beim Muschelmonster — Überschrift

Einleitung
Hauptpersonen, Ausgangssituation

„Und lauf nicht so weit weg, sonst holt dich das Muschelmonster!“ Mattis verdrehte die Augen, tippte sich an die Stirn und lief los, den Henkel des roten Eimers fest im Griff seiner kleinen Faust. Muschelmonster! Er war fast neun Jahre alt und ließ sich nichts mehr vom Weihnachtsmann erzählen. Schon gar nicht von seinem großen Bruder Tom, der soeben mal kurz ein Muschelmonster erfunden hatte, nur weil er keine Lust hatte, auf ihn aufzupassen.

Hauptteil
Mattis hat einen Plan.

Mattis stapfte los, entschlossen, heute am Strand den großen, den einzigartigen Fund zu machen. Jeden Tag dieses Urlaubs war er bereits mit seinem roten Eimer unterwegs gewesen, immer entlang des Spülsaums gelaufen und hatte dort die schönsten Muscheln und Schneckenhäuser gefunden, außerdem glatte weiße Kiesel, rundgeschliffene farbige Glasscherben, wollige Kugeln aus Seegras und ausgeblichene Krebsbeinchen. Sein Bruder reagierte zunehmend genervt auf Mattis' Sammlung, die täglich wuchs und sich wie ein fantastisch gemusterter Stoffbezug auf jeder freien Fläche in ihrem gemeinsamen Zimmer im Ferienhaus ausbreitete. „Es reicht langsam, du kannst das ganze Zeug sowieso nicht mit nach Hause nehmen, wir haben doch keinen Lkw“, hatte er gestern noch geschimpft. Aber Mattis ließ sich nicht beirren. Jedes einzelne seiner Fundstücke war wertvoll, und heute, am letzten Tag vor der Rückreise, würde er seine Sammlung krönen. Womit, wusste er noch nicht, aber er war sicher, dass es passieren würde. Der Tag war perfekt dafür, die meisten Strandbesucher hatten sich vor der Hitze des frühen Nachmittags unter ihre Sonnenschirme verkrochen und vor Mattis lag die weite weiße Sandfläche, die jetzt ihm allein gehörte.

In dunstiger Ferne ahnte man die Felsen mit ihren vielen Buchten und Höhlen. Dorthin war er noch nie gelaufen, aber heute war es endlich so weit. Zunächst ignorierte er tapfer die glänzenden Kiesel auf seinem Weg, die rosa schimmernden Muscheln, die gewundenen Schneckenhäuser mit ihren Bändermustern – der Eimer sollte doch leer bleiben für das, was ihm später ganz sicher begegnen würde. Doch je weiter er ging, desto verlockender erschienen ihm die Schätze des Strandes. Die Schneckenhäuser größer, die Kiesel glänzender, die Glasscherben funkelnder. Schon bald war der rote Eimer wieder voll. Wie von einer unsichtbaren Kraft gezogen, marschierte Mattis weiter, er spürte weder Durst noch Hitze.

Mattis macht sich auf den Weg.

Schon bald nahmen die Felsen schärfere Konturen an, der Sand unter seinen Füßen wurde gröber, algenbewachsene Steine machten das Vorwärtskommen schwieriger. Schließlich stand Mattis vor einem schmalen Spalt zwischen zwei hohen Felsen, der Weg hinein verlor sich in der Dunkelheit. Mattis zögerte. Sollte er umkehren? Kurz dachte er an das Muschelmonster und wo es wohl wohnen mochte. Er schluckte, seine Kehle war wie ausgetrocknet. Dann nahm er allen Mut zusammen und trat in den Schatten der hohen Felsen. Augenblicklich wurde es kühl. Fröstelnd und mit klopfendem Herzen folgte Mattis im Dämmerlicht dem schmaler werdenden Pfad, immer tiefer hinein in die Felsspalte. Schon glaubte er, dass es nicht weiterging und er umkehren müsse, da schienen die Felsen plötzlich zurückzuweichen. Auch die Luft wurde wieder wärmer. Noch ein Schritt weiter, und Mattis war in einer anderen Welt. Er befand sich in einer weiten Höhle mit schimmernden Wänden. Durch einen schmalen Spalt in der Decke fiel ein Streifen gleißenden Sonnenlichts und vergoldete das Wasser in dem Becken zu seinen Füßen. Mattis hörte ein leises Plätschern. Es kam von der hinteren Wand der Höhle. Als sich seine Augen an das Dämmerlicht gewöhnt hatten, erkannte er einen kleinen Wasserfall, der sich in das Becken ergoss: Er hatte eine Quelle entdeckt! Kurzentschlossen leerte er den Eimer aus, kniete sich an den Rand des Beckens und schöpfte von dem golde-

Der Weg wird schwieriger.

Mattis braucht Mut.

Mattis macht eine Entdeckung.

nen Wasser. Noch nie hatte er etwas so Köstliches getrunken! Er füllte den Eimer erneut und machte sich auf den Rückweg, wobei er darauf achtete, möglichst wenig zu verschütten. Immer wieder trank er von dem goldenen Zauberwasser, und als er bei seinem Bruder ankam, war der Eimer leer. „Na Kurzer, wars schön? Hast du wieder den Strand leergesammelt? Zeig mal her!“ Verdutzt schaute Tom in den Eimer. „Dafür warst du ganz schön lange weg. Hat das Muschelmonster dein Strandgut gefressen?“, feixte er.

„So ähnlich, aber dafür hat es mir einen Schatz geschenkt“, antwortete Mattis geheimnisvoll, stellte seinen Eimer ab und ging schwimmen.

Schluss
Mattis behält sein Geheimnis für sich.

Abschlussprüfung Deutsch an Realschulen in Hessen 2021
Sprachliche Richtigkeit

II.B: Sprachliche Richtigkeit

1. ***Hinweis:** Für jeden richtig korrigierten Fehler gibt es einen halben Punkt. Markierst und verbesserst du mehr als zwölf Fehler im Text, gehen nur die ersten zwölf in die Wertung ein. Für fehlerhafte Korrekturen gibt es keinen Punkt.*

   Applaus scheint ein ~~Uhrbedürfnis~~ **Urbedürfnis**[1] des Menschen zu sein. Moderne Europäer sorgen auf Rock- und Popkonzerten damit für Stimmung und ~~erwaisen~~ **erweisen**[2] Sportlern im Wettkampf und Schauspielern auf der Bühne so Respekt. Im antiken Griechenland war Beifall ein ~~Geeignetes~~ **geeignetes**[3] Mittel, die Dramenwettbewerbe zu ~~beeinflußen~~ **beeinflussen**[4], ähnlich einem Applausmessgerät bei einer TV-Show oder einem Poetry Slam. Applaus ist immer auch Ausdruck gesellschaftlicher ~~Konvenzionen~~ **Konventionen**[5], zum Beispiel der Standardapplaus. In Deutschland kann jeder Künstler vor einem Publikum damit rechnen. Anders in Italien: Nach einem Konzert des Pianisten Alfred Brendel habe dort einmal niemand geklatscht**, (fehlendes Komma)**[6] erinnert sich eine Musikwissenschaftlerin. Selbst bei Nichtgefallen sei so etwas hierzulande undenkbar. Dass Klatschen gelernt sein will, veranschaulicht die Reihe von Gesten**, (fehlendes Komma)**[7] mit denen Römer ihrem Gefallen einst Ausdruck verliehen. Man konnte den Zipfel der Toga ~~schwencken~~ **schwenken**[8] mit einem ~~spetziellen~~ **speziellen**[9] Taschentuch wehen, nicken oder mit den Fingern schnipsen. Wer in die Hände klatschte, **(fehlendes Komma)**[10] zeigte sich hellauf begeistert. Auf die Spitze soll es Kaiser Nero getrieben haben, der ~~durchchnittliches~~ **durchschnittliches**[11] Talent besaß, sich aber für einen großen Künstler hielt. Er stellte ein Heer von Männern zusammen und ließ sie in der Kunst des Beifalls ~~unterichten~~ **unterrichten**[12], um sich mit ihrer Hilfe zum Publikumsliebling von musischen Wettbewerben erklären zu lassen.

   Nach: Ludwig Hruza: Und jetzt alle!, FAZ vom 01.01.2020, https://www.faz.net/aktuell/stil/trends-nischen/klatschen-und-jetzt-alle-16556146.html

   ***Hinweis:** **1) Ur**bedürfnis – Die Vorsilbe „Ur" steht für etwas sehr Altes, lange Vergangenes oder auch **Ur**sprüngliches (vgl. „uralt"). Nur im Zusammenhang mit Zeitmessung wird die Schreibweise „Uhr" verwendet. **2)** erw**ei**sen – im Sinne von „sich herausstellen" – wird ebenso wie nachweisen, unterweisen, anweisen und beweisen mit „ei" geschrieben. Im Deutschen gibt es fast keine Verben, die* *mit „ai" geschrieben werden (Ausnahmen sind Lehn- oder Fremdwörter wie trainieren oder emaillieren).* ***3)** **geeignet** – Adjektivattribut zu „Mittel".* ***4)** beein**flussen** – Doppelkonsonant nach kurzem Vokal „u".* ***5)** Konven**t**ionen – Fremdwort aus dem Lateinischen (conven**t**io), Bezeichnung für gesellschaftliche Bräuche, Regeln und Gewohnheiten.* ***6)** Komma bei indirekter Rede: Die indirekt, d. h. nicht in wörtlicher Rede wiedergegebene Aussage wird mit Komma vom Hauptsatz abgetrennt. Du erkennst die indirekte Rede an der Verwendung des Konjunktivs („habe").* ***7)** Komma zwischen Haupt- und Relativnebensatz, erkennbar am Relativpronomen „denen", das durch „welchen" ersetzt werden könnte.* ***8)** schwen**k**en – einfaches „k" nach einem Konsonanten; das „ck" wird nur nach kurzem Vokal verwendet („meckern", „Lack").* ***9)** spe**z**iell – Fremdwort für „besonders"; die Schreibung mit „tz" kommt in Fremdwörtern nicht vor.* ***10)** Komma zwischen vorangestelltem Relativnebensatz (Relativpronomen „wer", gleichbedeutend mit „derjenige, welcher …") und Hauptsatz.* ***11)** durch**s**chnittlich – aus der Wortfamilie „schneiden", deshalb mit „sch".* ***12)** unte**rr**ichten – zusammengesetztes Verb aus der Vorsilbe „unter" und „richten", deshalb zweimal der Buchstabe „r".*

2. ***Hinweis:** Markiere nur vier Wörter, sonst wird deine Lösung nicht gewertet.*

   b) Wir haben uns bereit erklärt, ihn [Morgen] Abend beim Vorbereiten zu unterstützen.

   ***Hinweis:** In diesem Satz wird die Zeitangabe als Adverb gebraucht und muss deshalb kleingeschrieben werden. Es fehlen Nomensignale wie bei „**Der** Morgen ist sonnig."/„An **einem** sonnigen Morgen …".*

   c) Für das leibliche Wohl ist gesorgt, die eine Hälfte bringt Essen, die andere zu [Trinken] mit.

   ***Hinweis:** Das vorangestellte „zu" kennzeichnet das Verb „trinken" als Form im Infinitiv, deshalb ist die Großschreibung falsch.*

   e) Sevda bringt drei [dutzend] rote Laternen mit, denn Rot ist ihre Lieblingsfarbe.

   ***Hinweis:** Das Wort „Dutzend" ist ein feststehender Begriff für die Zahl Zwölf. Nur wenn man eine unbestimmte Menge damit bezeichnen will, kann man es auch kleinschreiben, z. B.: „Er hat schon dutzende Male versucht, sie zu erreichen."*

k) Denn es gibt eine Million Gründe, ihm etwas gutes zu tun!

*Hinweis: Die Mengenangabe „etwas" führt genauso wie „viel", „alles", „wenig" oder „nichts" zur Nominalisierung des dazugehörigen Adjektivs. (Vgl. z. B.: Ich wünsche dir **alles Gute** zum Geburtstag". In der Zeitung steht wieder mal **nichts Neues**.)*

3. ***Hinweis:** Einen Punkt gibt es nur, wenn jeweils die Schreibweise **und** die Bezeichnung der Wortart richtig sind. Halbe Punkte werden nicht vergeben.*

In der Antike war **das (A)**[1] Blau, **das (R)**[2] wir heute als selbstverständlich hinnehmen, eine seltene und teure Farbe. Es ist verblüffend, **dass (K)**[3] selbst im frühen Mittelalter Dichter den Himmel noch als weiß, rot oder golden, aber nie als blau bezeichneten, weil es noch kein einheitliches Wort dafür gab. **Das (D)**[4] änderte sich allmählich ab etwa dem 12. Jahrhundert, als z. B. die Kirche und Könige diese wertvolle Farbe für sich entdeckten. Blau gibt es heute in allen Schattierungen, und **das (A)**[5] meistverkaufte Kleidungsstück ist die „Blue Jeans".

Nach: Nicole Röndigs: FARBENLEHRE - Wieso die Farbe Blau erst spät entdeckt wurde, GEOlino, https://www.geo.de/geolino/forschung-und-technik/15962-rtkl-farbenlehre-wieso-die-farbe-blau-erst-spaet-entdeckt-wurde

***Hinweis:** **1)** Bestimmter Artikel zum Nomen „Blau". **2)** Relativpronomen, bezieht sich auf das vorangestellte Nomen „Blau" und kann mit „welches" ersetzt werden. **3)** Die Konjunktion „dass" leitet den Nebensatz ein, der dem einleitenden Hauptsatz Aussagekraft verleiht (sog. Aussagesatz). **4)** Das Demonstrativpronomen bezieht sich auf den im vorangegangenen Satz beschriebenen Zustand und nicht auf ein spezielles Nomen; ersetzbar mit „dies". **5)** Bestimmter Artikel zu dem Nomen „Kleidungsstück".*

4. ***Hinweis:** Für jeden richtig umgeformten Haupt- oder Nebensatz wird ein Punkt vergeben. Achte bei der Umwandlung darauf, die vorgegebene Zeitform beizubehalten. Bei fehlenden Satzgliedern oder falschem Tempus gibt es für den jeweiligen Satz keinen Punkt. Für Fehler in der Rechtschreibung und Zeichensetzung wird pro Satz ein halber Punkt abgezogen.*

Aktiv	Passiv
Mit Hocksprüngen trainiert man viele Muskeln.	**Mit Hocksprüngen werden viele Muskeln trainiert.**
Aus der gehockten Position springt man schnell vom Boden ab.	Aus der gehockten Position wird schnell vom Boden abgesprungen.
Während des Sprungs zieht man die Knie zur Brust.	**Während des Sprungs werden die Knie zur Brust gezogen.**
Nachdem man einen Sprung absolviert hat, leitet man sofort den nächsten ein.	Nachdem ein Sprung absolviert worden ist, wird sofort der nächste eingeleitet.

Hinweis: *Wie bei Kochrezepten findet sich in Übungsanleitungen in der Aktivform kein Subjekt in Gestalt eines Nomens oder Personalpronomens, stattdessen wird das allgemeine „man“ verwendet. Bei der Umformung zum Passiv wird aus dem Akkusativobjekt des Aktivsatzes das Subjekt (Satz 1: „viele Muskeln“). Das „man“ aus dem Aktivsatz verschwindet, sodass es keine handelnde Person mehr gibt. Das Verb benötigt dafür, je nach Zeitform, beim Passiv eine konjugierte Form des Hilfsverbs „werden“ („werden trainiert“). Umgekehrt muss man bei der Umwandlung von der Passiv- in die Aktivform ein Subjekt („man“) ergänzen, da das Subjekt des Passivsatzes zum Akkusativobjekt im Aktivsatz wird (Satz 4: „einen Sprung“; „den nächsten [Sprung]“). Satz 2 enthält statt des Akkusativobjekts zwei Präpositionalergänzungen („Aus der gehockten Position“, „vom Boden“), die bei der Umformung in den Aktivsatz unverändert übernommen werden. Aber auch hier muss, wie bei Satz 4, das Subjekt „man“ ergänzt werden.*

Abschlussprüfung Deutsch an Realschulen in Hessen
2022

Um dir die **Lösungen zur Prüfung 2022** schnellstmöglich zur Verfügung stellen zu können, bringen wir sie in digitaler Form heraus.

Sobald die Original-Prüfungsaufgaben 2022 freigegeben sind, können die dazugehörigen Lösungen als PDF auf der Plattform **MyStark** heruntergeladen werden (Zugangscode vgl. Umschlaginnenseite).

Prüfung 2022

www.stark-verlag.de/mystark